我为孩子做招生官

何亮 著

中国出版集团
中译出版社

图书在版编目(CIP)数据

我为孩子做招生官 / 何亮著. -- 北京：中译出版社，2024.6（2024.11重印）
    ISBN 978-7-5001-7731-9

Ⅰ.①我… Ⅱ.①何… Ⅲ.①Ⅳ.①留学教育－概况－美国 Ⅳ.① G649.712

中国国家版本图书馆 CIP 数据核字 (2024) 第 033602 号

我为孩子做招生官
WO WEI HAIZI ZUO ZHAOSHENGGUAN

出版发行 / 中译出版社
地　　址 / 北京市西城区新街口外大街28号普天德胜大厦主楼4层
电　　话 / （010）68005858，68358224（编辑部）
传　　真 / （010）68357870
邮　　编 / 100088
电子邮箱 / book@ctph.com.cn
网　　址 / http://www.ctph.com.cn

总 策 划 / 刘永淳
策划编辑 / 范　伟
责任编辑 / 范　伟
文字编辑 / 郑　南　　郝圣超
营销编辑 / 白雪圆　　郝圣超
封面设计 / 潘　峰
排　　版 / 潘　峰
印　　刷 / 山东新华印务有限公司
经　　销 / 新华书店

规　　格 / 880mm × 1230mm　1/32
印　　张 / 11.5
字　　数 / 260千字
版　　次 / 2024年6月第1版
印　　次 / 2024年11月第2次
ISBN 978-7-5001-7731-9　　定价：79.00元

版权所有　侵权必究
中 译 出 版 社

序 一

当前中国家庭和学生面对的留学选择,用"盲人摸象"这个成语来形容是分外贴切的。确认的未必是全部,不确认的似乎还有很多。套用狄更斯《双城记》里的一句话:"这是最好的时代,也是最坏的时代。"为什么要这样形容呢?信息时代的专业化媒体宣传,以及看似扁平化的信息,似乎让遥不可及的梦想变得触手可及,但自媒体中的海量信息却模糊了的遴选边界条件,又事实上加大了每个人触达梦想的选择难度。每个人都充满激情和梦想,但是如何实现梦想又非常地模糊和不确定。

现实生活中,很多家长和同学,关于留学的基本信息似乎比专业的老师、校长都更熟悉,一方面他们了解世界知名学校的录取规则，甚至能口耳相传很多不确定的"潜规则"；另一方面，要是真的拿出探究精神来追根究底，询问到底如何实现？就会发现很多信息来源总是指向缥缈，并不能用于执行。历史经验告诉我们，海市蜃楼是一种空气折射现象，空中哪里会有楼阁啊？！我们一定不要拿着自己的爱好，和专业人士的多年浸淫相提并论。

根据多年一线经验，聚焦面对家长想赢怕输的痛点，学生们渴望辉煌人生的愿望，学科老师一专多能、无法面面俱到的焦虑，我们发现，最能解决眼前需要的其实就是：跨过语言和信息隔离的藩篱、来源笃定、时常充分更新的"真知灼见"的留学方案系统。

这可不是谁都能交出漂亮答卷的工作。首先，业内的参与者，如优秀的教师、校长无法兼顾国内国际的学术优秀和观世界的长远视野；其次，再优秀的家长也难以在事业和家庭教育之间取得平衡；最后，接踵而至的不同国家留学信息的公众号推波助澜营造氛围。浸淫其中，不由让人提出问题：公立教育、国际教育、外国留学到底哪一项选择能让大家十年后也可以幸福地回望呢？

二十多年来，作为国内国际学校的从业者，我也是不断在一线摸索，力求能为每一位学生提供量身定制的留学方案。但也和大家一样面临着巨大的信息鸿沟的障碍。看似"轻舟已过万重山"，实际上"一山放出一山拦"！新的变化和困难确实是不断在出现。

藩篱终将被打破！眼前的困扰也许正在被一些实实在在推进变革和创新的人们所改变！

何亮多年立足于自身的成长，将身处一线的经验、每时每刻的现实求索，在大家都追求更精细颗粒度的当下，用传统的方式将理据和标准、信息和案例高度统一起来，给予家长和学生一些罕见的硬核参考理据，形成这本很有价值的留学路书和求学攻略。短短时间内，我也利用书上的信息和策略帮助了好几位留学家庭坚定了自己的选择。毫无疑问，来自前方战场的经验最朴素，也最有用！

曾子曰："士不可以不弘毅，任重而道远。仁以为己任，不亦重乎？死而后已，不亦远乎？""弘毅"应该是我们每一位准备留学的学生和家长共同期待的价值观吧！

是以为序。

王浩镔
北京耀中国际学校总经理
北京经开区耀华京港学校总经理
2024年2月

序 二

何亮老师告诉我，他的新书即将付梓。我为之感到欢欣鼓舞。我不知道该如何称呼这位亮总。他自称亮爸，很多家长学生叫他亮哥，据说还有很多老同事喊他亮叔。他是那种自带光环的明星，能写好几行的各种名头儿，哪一个亮出来都能使人暂时性失明。于我而言，这位小友是一位有料、有品还有趣的人。

他是深谙内情的人。对于出国留学这件事，自己亲身经历过哈佛申请和招生的双重角色，再加上为数以万计志在爬藤的娃指引过方向，他的脑子就像一台大型专业的存储器和处理器，能够随时为您提供入木三分的答疑解惑。

他是坚守原则的人。平时嬉笑怒骂的他，每每谈及学术诚信，都会恢复严肃。我早年在北京四中搭建国际课程体系，也曾顶住内外压力，和一众小伙伴一起，建立了成绩单和推荐信的高度诚信体系，绝不肯在底线问题上放水作假。如今我离开四中已经七年，昔日的同事偶尔还会给我打电话诉说家长的不理解。我当年的"名言"是，"任何相信作假可以长久的人，在道德水准和智力水平上，都不配做四中人。"与何老师这样的过来人同频，心有戚戚焉。

他是幽默风趣的人。无论是怎样沉重的话题，听他侃将出来，都有乐子。这不但是语言的艺术，更是一种人生的境界。不是自信到一定程度的人，谁敢如此自黑呢？黑夜给了我们黑暗的环境，却拦阻不了我们自带光明！

这本《我为孩子做招生官》是亮总十年磨一剑的倾心奉献，是欲言又止但如鲠在喉，不吐不快的心血结晶。必须力荐！

是为序！

石国鹏
深圳曼彻斯通城堡学校中方校长
北京四中国际校区前校长
2024 年 5 月

目 录

前 言 ··· 1

第一章 留学常见的问题和误区

1. 误区自查表 ··· 19
2. 关于"包装""塑形"和"整容" ···················· 22
3. 聪明优秀的孩子不一定能进最好的学校 ············ 26
4. 父母眼中的优秀孩子在同龄申请人中可能没什么
   竞争力 ··· 29
5. 成功的申请是否还能完全靠自己（上） ············ 32
6. 成功的申请是否还能完全靠自己（下） ············ 35
7. 不要通过卖"惨"博取学校同情 ····················· 39
8. 中国学生不是最辛苦的，美国学生一样苦 ········· 41
9. 如果取得美国护照或者去美国念高中仅仅是为了
   升大学，不一定能讨到便宜 ·························· 45
10. 国内外差异之让人无语的商科 ······················ 53
11. 时代背景在变化，就业观该刷新了 ················ 57
12. 你以为权威的推荐人或许并没用 ··················· 62

13. 自以为厉害的课外活动有一半是没用的…… 68

14. 没兴趣的完蛋，有一半兴趣的也没用…… 73

15. 你以为写得很棒？但一半的申请文书都惨不忍睹…… 75

第二章 了解美国大学招生办和招生官

1. 招生官是哪些人…… 87

2. 听懂招生官的话…… 96

3. 走进招生官的心…… 98

4. 招生官怎样读申请…… 100

5. 录取流程和理念大同小异…… 108

6. 关于亚裔面孔…… 110

7. 抢人大战，权利再转…… 114

第三章 牛校的逻辑：学术与领导力

1. 综合录取的有机性…… 119

2. 学术与分数的关系…… 123

3. 看得见的学术兴趣…… 128

4. 提前培养学术好奇心…… 133

5. 关于兴趣的几个提醒…… 135

6. 领导力：不等于当领导…… 137

7. 领导力：招生办的 20 年大帐…… 139

8. 领导力：关于课外活动的招生办视角…… 143

9. 领导力：关于课外活动的申请人视角…… 146

第四章 牛校铁律：五大原则

1. 聪明勤奋原则 ……………………………………… 151
2. 背景对抗原则 ……………………………………… 156
3. 一致互补原则 ……………………………………… 161
4. 证据展示原则 ……………………………………… 163
5. 有点人味原则 ……………………………………… 164

第五章 了解中介机构，用好中介机构

1. 了解标品类中介和服务类中介的区别 …………… 179
2. 选择合适的中介机构 ……………………………… 186
3. 选择留学顾问 ……………………………………… 199
4. 签署合同的注意事项 ……………………………… 216
5. 正确理解家庭、机构、顾问三者之间的关系 …… 221
6. 妥善处理家庭、机构、顾问三者之间的关系 …… 230
7. 机构和顾问如何更好地理解和服务家庭 ………… 246
8. 90%的中国家长在赴美留学的路上把孩子推偏了 … 255

第六章 说说高中留学、高考班和国际学校（国际部）

1. 中学留学 …………………………………………… 261
2. 高考班 ……………………………………………… 263
3. 国际学校（国际部）……………………………… 263
4. 国际学校适合什么样的孩子 ……………………… 266
5. 国际课程怎么选 …………………………………… 268

第七章 如何培养孩子，以及制定留学规划

1. 三个培养工具 ································· 281

2. 从小学到高三的培养建议 ················ 288

3. 留学规划 ······································· 305

4. 普通高中不普 ································ 313

5. 中外合作办学（美国方向）············· 322

6. 并不能保证录取的保录取 ················ 328

7. 日趋常态的英美联申 ······················· 335

后 记 最后的反思：优等生和后进生究竟差在哪儿···· 349

跋 ·· 352

前 言
致所有关心孩子的父母

过去十几年间,在跟大量家长讲述美国本科大学招生逻辑的过程中,我逐渐意识到:并不是"招生官"决定孩子的录取,实际上,每个家长【才是】孩子的"招生官"。家长认为未来的人才是什么样子,就会尽力把孩子培养成什么样子,所以有了《我为孩子做招生官》这本书。

在给本书命名的时候,我跟编辑团队还有过一番小小的争论,几经周折,最后依然采用了大家现在看到的书名,用了这个"我"字,它有三层美好的愿望:1、"我"并不是何亮,而是每一位心怀教育理想、全力托举下一代的父母；2."我"也是何亮从事教育规划十几年的经验总结，现实中不存在什么教育规划救世主，只要付他一笔钱或者听他的意见孩子就能实现"爬藤拔剑"的梦想，只有家长和孩子是最清楚自己情况、最能为自己负责的人。这个最负责的人如果还能花时间了解美国本科录取的真实规则，那就是自己在这件人生大事里最可靠的招生官；3."我"同时也是何亮对每个家庭的祝福，带着一点儿儒家文化"当仁不让"的意思，希望大家能够享受事情由我做主、家长和孩子共同成长的美好过程。因此，在读这本书的时候，每一位家长都可以将自己带入"我"的身份，从全新的角度，重新看待申请，看待孩子，看待教育。

我已经脱离留学中介行业很久了，这几年专心做留学教育媒体，一直在努力搭建一个帮助家庭避坑、挑选好老师好服务的小平台。但在10年前我打算写这本书时就有同行提醒我千万不要写这类书："家长不想学习！家长追求简单直接，你能给我办到什么学校、我付你多少钱，去干活吧……你写这玩意儿肯定没人看。"有熟悉当时社会现状的同行甚至调侃说："你在哈佛做过招生，这个经验确实有独一无二的价值，但你信不信，家长情愿花500万元买所谓的'常春藤联盟'保录取名额，也不愿意花50分钟把你的这本书看完？"

多年下来累积帮助的学生多了、在这个行业里看得多了，我发现同行前辈的这番"劝诫"有四个问题，所以这本书终于还是诞生了：

第一，如果家长和学生连美国招生办的真正流程规则都没有了解，他们怎么相信花这 500 万元就有用呢？钱花哪儿去了呢？这个问题就是现在市面上割韭菜没商量、跑路没得追的"保录取"。

第二，假如一个家庭支付高昂费用聘请的留学中介工作人员也不懂真正的留学事宜，该怎么办呢？

先不谈这种所谓 500 万元的"保录取"，就说很多家庭花费 10 万、20 万、40 万甚至更多的真金白银购买的留学咨询服务。家长默认花了大价钱聘用的中介机构工作人员肯定会很专业，机构也乐于推崇"价格是价值的货币表现"，便宜肯定没好货，好货肯定不便宜。但行业事实是，贵的也不一定是好货，至少在留学中介行业是这样。但假设他们聘用的留学中介工作人员真的不深谙留学事宜，或者说不懂真正的美国本科学校、尤其是排名靠前的那些名校如何录取学生，那家长和学生的目标还能顺利完成吗？家长支付的高额费用买到的是经验还是办公室租金、装修和广告费呢？这个问题就是现在市面上各种疯狂包装"7 年经验""多年老司机"的机构和个人，喊价上天、但其实没啥经验，行内的人都知道，看着上当受骗的学生家长，觉得很惋惜。

第三，假如他们聘用的留学中介工作人员确实很专业，但在某些内容上对家长和学生有所保留，不能或者不愿意提供最翔实的信息，又会出现怎样的结果呢？暂且不说美国、加拿大、英国、澳大利亚这些主流留学国家，即便是欧亚那些小众留学国家，各自也都有纷繁复杂的教育体系和学习项目，"颗粒度"极其精细，一个从业七八年的留学顾问都无法完全了解。在这种情况下，留学顾问因为诸多原因有意或无意地忽略一些信息，学生的整个人生轨迹就可能被改变，这又该怎么办？这个问题就是机构固有的问题，专做美国的顾问一定说美国好，专做澳洲的机构一定说澳洲香。

第四，假如家长支付了费用，但他们并不知道留学中介所做的每一件事情对录取结果究竟有没有意义、有多大意义，那他们如何仅凭支付费用就确保得到录取名额呢？

比如，中介现在都喜欢说"美国大学申请需要有10个活动把申请表填满"，所以每一个学生都应该"购买"中介推荐的所谓科研、夏校、游学、竞赛吗？当然不是。事实是，中介推荐的活动里有一半对申请都没什么帮助，但也没坏处。只不过家长学生并不知道是哪一半没用而已。保健品多买了两盒吃了吃，能有啥坏处呢。

俗话说："凡事不懂，必挨一刀。"

这是我多年"行走江湖"的经验。这一"刀"割走的可能是5万元，也可能是50万元，甚至是500万元。2023年7月，有一位抖音博主V某姐联合杭州的一所留学机构收取家长1,000万元，并承诺其孩子到哈佛大学上学，结果该留学机构和那位抖音博主同时携款潜逃。也许这都不算最坏的结果，能支付1,000万的家长，能对这些风险没有丝毫的意识吗？最坏的结果并不是钱没了，而是孩子可能被耽误1年、带偏3

年、埋的雷10年后爆掉，也就是金钱成本、时间成本、机会成本，一个比一个大。

多了解一些真相，这一"刀"就能挨得轻点儿，甚至不挨"刀"。孩子的事情尤其是这样，要慎重。

比如这些年出现的各种背景提升的项目。大家可以花钱提升科研、实习等背景，中介也愿意大力推广这类项目，因为一方面确实能优化学生的履历，让资质普通的学生看起来也"很有料"；另一方面中介也能赚取不菲的佣金。

但是这里边有很微妙的一点：一旦一项服务商品化，机构为了赚取最大商业利益（这里没有指责的意思，中性词，无可厚非），就不可能针对每个人个性化。但是美国一流大学录取学生，就是需要学生在基础学习上达标的同时跟别人不一样，也就是我常说的"区分度"。这二者就是矛盾的。

所以现在面临的问题是，大量中国申请人的科研履历甚至实习经历都非常相似，让这类买来的项目的含金量大打折扣，远非中介鼓吹的那般如"灵丹妙药"，当然，客观说也不是完全没用。对申请留学院校，它能帮学生达到60分的及格水平，或者用来申请普通院校可以有用。但再往上要冲一流学校，真正有意义的事情依然是从学生本身的兴趣和经历出发，因为这是无法复制和购买的。

不幸的是，上面的四个疑问其实就是留学中介行业的真实现状，而之所以存在这些乱象，说到底还是家长和学生对于美国大学真正的录取标准不够清楚，才导致了各种"浑水摸鱼"的发生。半开玩笑半当真，高考领域里这种事就少很多，因为但凡是个中国人都清楚基本规则是什么。

美国大学的本科学历应该是全世界最复杂、含金量最高的学历之一，本书的前半部分内容将揭开美国院校的录取真相。在这部分内容里，有志申请美国本科院校的家庭会发现，在实际申请操作的过程中，准备阶段所需的时间比自己预想的要长，美国大学招生办考察的视角比中介顾问所说的还要广、还要深。后半部分内容将为普通高中家庭精简地梳理一些常见的留学国家大学的本科录取标准和相关流程。汇总后大家会惊奇地发现，绝大多数高中家庭因为信息差自然放弃了本来可以有的十数条后路，而知道这些的家庭，只需提前1—2年做好一件事——汇总留学信息，就可以保留这十数条后路。

因此，我希望通过自己的努力能够推动中国留学行业的一点点进步，同时完成我从业10年的四个心愿：

1. 揭开真相。我希望本书能够让想去美国读本科的家庭了解美国高等学校录取的真相，清楚其招生办是如何想问题的。当了解了招生办是怎么想问题之后，关于美国大学本科录取的所有问题几乎可以迎刃而解，家长和学生能做到心中有数，从容应对。

2. 经验总结。我既在哈佛大学读过书，又在肯尼迪政府学院做过一年正规的招生委员，回国后从业10年。在过去的几年里，我曾经带领一个仅有5个人的工作室做到了全中国唯二的留学上市公司，团队人数从最初的5个人发展到1 500人，在10年里服务了十多万个中国家庭，也算是"阅人无数"。所以这本书能适配大部分中国家庭常见的留学情况。

3. 促进信息平等。我们想吃三文鱼可以从全球海淘，教育资源也可以。如果中国的学生和家长具有全球性视野和思考方式，那么他们的未来会截然不同。然而，很多中国普通高中学生家庭因为"留学贵""专心高考"等诸多刻板印象，自动放弃了至少10个国家顶尖大学的留学机会，实属可惜。

4. 推动留学行业服务能力向前走一步。留学中介行业历经20多年的发展，给大量的中国家庭提供帮助，创造了很多价值，但同时也暴露了一些问题，甚至让很多学生和家长有一些不好的体验。我希望梳理好这些问题，把这个行业好的方面继续发扬，帮助想要留学的家庭尽早发现问题，避免不好的体验发生，从而更好地达到自己的目标。

"我们会损失一个全国顶级的美国留学顾问，但是我们现在上市了，需要一个更加全神贯注的首席执行官。"这是顺顺留学通过和好未来（学而思）在纽交所换股上市后，团队里1 000多个小伙伴向我提出的共同诉求，所以后来我一直忙于公司的整体管理工作。我一直盼望着有人能写一本适合当下去美国留学的书籍。但10多年过去了，我都离开了留学行业，却依然没等到。

那就自己写吧！也许这就是我的使命。

这些年碰巧发生在我身上的一些事也在暗示我："这个事情必须由你来做，你不可以逃避。"似乎一切都是冥冥之中注定的。

所以10年后，**《我为孩子做招生官》**诞生了。根据我的经验，本书适合以下四类读者。

第一类：已经确定未来要到美国攻读本科或者计划英美双申的学生/家庭。

第二类：现在还未明确计划，但是已经有去美国攻读本科想法的学生/家庭。

第三类：预计高考很难考上中国重点大学的普通高中家庭，以及对未来成绩提前有预判的初二、初三学生/家庭。

第四类：希望提升美国本科留学申请业务能力、服务能力的留学中介从业人员。

以上这四类读者都可以在本书中获得巨大提升。

通过学习这本书，你将系统地了解美国大学本科录取的基本规则。想要了解美国大学本科录取真相的中国学生和家长，请不要错过这本书。

何亮

2024年3月

第一章

留学常见的问题和误区

我们在留学这件事情上面临几个挑战：第一个挑战是留学家庭自身的挑战；第二个挑战来自现有的留学中介服务行业；第三个挑战来自国外学校的招生办及工作人员；第四个挑战来自后疫情时代的竞争加剧。现在这些挑战杂糅在一起，让留学家庭面临的问题越来越多，越来越复杂。

先说家庭，我们现在常见的申请美国本科的家庭对应不同阶段大致分为三类：第一类是万分困惑型；第二类是盲目自信型；第三类是冲刺孤独型。

万分困惑型：这种情况常见于刚开始了解留学事项，或者到处打听但还是只有粗浅了解的家长。各家留学中介众说纷纭、千变万化，家长一时迷惑其中，晕头转向，最终导致彻底失去方向。家长经常出现的疑惑主要为：到底要上什么样的高中体系？应该在中国还是去美国上高中？要不要早一点去美国上初中？我的孩子应该从几岁开始规划和冲刺，才能进入排名前20的学校或是常青藤联盟？孩子每天的时间如此有限，究竟哪件事情更重要？孩子如何分配他的学习时间？普通高中和国际课程应该如何兼顾？究竟怎么做才能提高被常青藤录取的概率？

盲目自信型：一般来说，这种家庭对美国本科有所了解，但其实只知道些皮毛，但主观意识比较强烈，在"实战"的时候习惯于强行将中国高考体系套用在美国大学本科招生上。比如，"先高考再说""不急，等高考出分了再说""我孩子学习挺好的，在中国上个好学校都没问题，在美国肯定也没什么问题""我已经给孩子安排了很多课外活动，你不用操心"等。还有家庭会先咨询了解一下，听完之后的反应是："说白了还是分数最重要，等高二先刷完分数，SAT（勉强算作是美国高考，目前满分1 600）我们先考出1 500分再说。"诸如此类……

冲刺孤独型：这种常见于北上广深的"鸡娃"家庭。他们对美国本科有相当多的了解，甚至有的家长如数家珍，可以直接给一些从业不到5年的美国本科留学顾问培训了。这种家庭的知识储备已经相当充足，核心是需要在关键节点上做正确的判断和执行，确保全力冲刺美国顶流大学。其实这类家庭的比例很低，大概只有5%；另外有15%以为自己是这类家庭,其实是上一种盲目自信型。

同时,许多家庭和家庭之间彼此互相交流影响,中介制造焦虑推波助澜,让一些错误、但是很能击中中国家长情绪点的信息更大范围地传播,使得去美国留学的事情变得更加扑朔迷离。如果你的家庭恰好也存在这些情况,不要着急,后面会告诉大家解决的办法。

家庭表现如此可以理解,那留学中介机构呢?其实也很混乱。现在身处留学中介行业的工作人员对美国本科录取事宜好像都能说出个一二三,懂点真相的还算好,最怕的就是遇到一些不懂装懂还到处乱说的"假专家"和为了赚钱啥都敢说的"黑中介"。

申请美国本科,需要具备什么条件才能被录取?

美国本科申请要求

硬件成绩
GPA:申请美国排名前50的学校,建议GPA分数3.5分以上或者年级排名10。
托福分数:TOP50的学校要求100+。
SAT:申请美国TOP50大学,建议SAT分数1480+(ACT 31+)。

常春藤大学本科申请要求

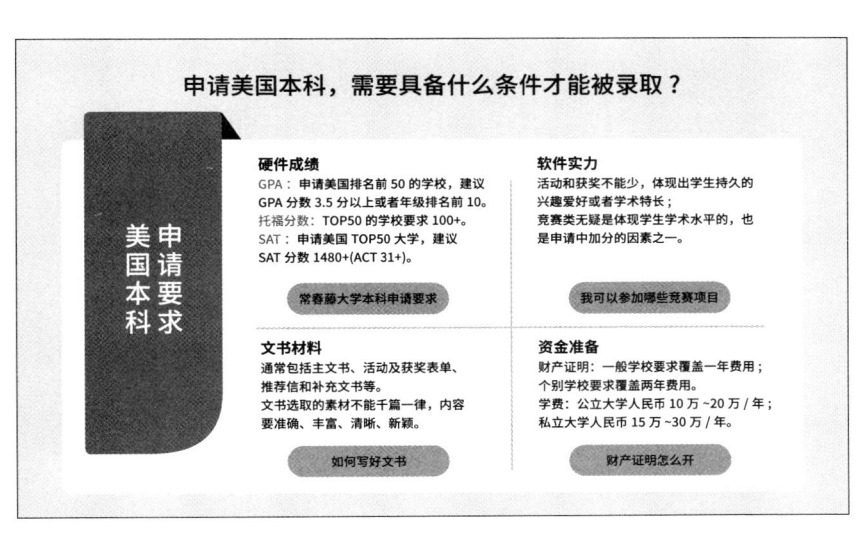

软件实力
活动和获奖不能少,体现出学生持久的兴趣爱好或者学术特长;
竞赛类无疑是体现学生学术水平的,也是申请中加分的因素之一。

我可以参加哪些竞赛项目

文书材料
通常包括主文书、活动及获奖表单、推荐信和补充文书等。
文书选取的素材不能千篇一律,内容要准确、丰富、清晰、新颖。

如何写好文书

资金准备
财产证明:一般学校要求覆盖一年费用;个别学校要求覆盖两年费用。
学费:公立大学人民币10万~20万/年;私立大学人民币15万~30万/年。

财产证明怎么开

图 1-1 美国本科申请要求的常见中介版本

但凡业内有点儿名气的留学机构或者踏踏实实做过3年以上美国本科留学的顾问，基本都可以把申请美国本科所需的材料说清楚，需要提供：成绩单、课外活动证明、标准化考试成绩、申请文书、推荐信等，这算是比较不错的，起码清楚申请美国本科需要准备什么材料。

可怕的是现在经常遇到一些不懂装懂的"牛鬼蛇神"，尤其是现在国内社交媒体发达，喜欢蹭热点或纯属为了营销夸大其词、弄虚作假的自媒体比比皆是[1]，不管是谁都能自称专家说两句，反正不用负责。比如我经常听到有人说："美国本科录取是玄学。"更让我感到匪夷所思的是，有很多人，甚至已经被录取、在美国读书乃至毕业多年的留美中国毕业生对此居然也深信不疑。这些发表"玄学"观点的有很多是社交媒体上粉丝量级比较大的博主和账号。甚至有些人信誓旦旦、充满鸡血地告诉你："美国本科的录取，招生官用15分钟就能决定你孩子的一生"。不得不说，这种说法真的很动人心弦、很能激发家长对孩子的爱和操劳，但不知道他们都是从哪里总结的这些所谓的"真相"，反正我在美国大学从事招生工作的经历告诉我：不是这样。

还有一些出于利益动机的说法，比如语言培训机构，会

---

[1] 有一说一，我本人也有自媒体账号，也会讲讲热点话题蹭一蹭或者标题党吸引下眼球，但首先要保证自己的从业经历真实，其次开头蹭完热点或者吸引眼球后，要确保落在足够专业的具体分析或者建议上，这是我做自媒体一直坚持的思路。

顺着家长心思说："您说得对，说到底还是要把分数提高，分数足够高才是上名校的前提。"在中国教育体系下长大的家长一听高分上名校这个事情立刻战斗力爆表、感觉说到了心坎儿里，转身就开始报各种课、买各种证，交起钱来毫不手软。

还有一些留学行业的从业者和机构会告诉你科研活动特别重要。比如我们前面提到的填满10项活动，建议你寒假、暑假、小长假，甚至周末要尽量多给孩子安排各种活动，对申请有益。课程、材料、项目，各种各样力量的介入让家长更加困惑。我会在本书后面的章节给大家全方面拆解跟留学中介有关的各个环节，让学生和家长可以按图索骥对比，到底该如何找到靠谱的中介。

相比以上两种挑战，其实最让人头疼的是美国大学招生办。因为招生办说话总是较含糊，本来它可以最权威地把这个事情说明白，但是它偏不。当然，中国和美国的教育体系和文化差异也有影响，大家话语体系不同，对录取标准的理解方式自然天差地别。家长和学生只要稍微研究一下美国大学的官网就会发现，它们的招生标准其实讲得非常清楚，如果你受过专业的招生训练，就会知道这群美国人讲的都是真话，只是他们没有解释，我们又不在他们的话语体系内。

其实美国大学官网说的是实情，但是没有受过招生训练的普通人甚至有些留学顾问是看不懂的。比如下面这段来自普林斯顿大学官网关于分数线的回答。

PRINCETON UNIVERSITY
Undergraduate Admission

| 非美国公民的申请在录取过程中是否受到区别对待？ | + |

| 国际学生有资格获得申请费减免吗？ | + |

| 国际学生有资格获得经济援助吗？ | + |

录取是否需要最低平均成绩、班级排名或考试成绩？
一般来说，我们最有希望的候选人往往成绩优秀，在标准化考试中取得相对较高的分数。这些标准虽然重要，但本身并不能全面反映每个学生的学业成绩或潜力。我们会对学生学业准备的各个方面进行评估。

图 1-2 普林斯顿大学官网 2023 年版关于分数线的回答

再比如我们来看一个家长常问的问题："请问，申请学校过程中提交的各个材料、各个东西有没有不同的权重？"几乎所有家长都会关心这个问题。

答案是：这个问题没有固定答案。招生官审核材料时，除了要看学生的成绩单和学业表现，还要看学生的思维活跃性、积极性、创造性、韧性、独立思考的能力等，乃至学生的学术好奇心和他所处社群的社会影响力。除了学术，还要考查学生在课外活动中表现出的才华和兴趣……因此没有固定具象的计算公式。

我相信即使你亲自打电话咨询招生办，得到的答案大概率也是这样。我知道在普通的中国家庭眼里，甚至在普通的留学中介眼里，这个答案就是一套含糊的外交辞令。听起来没有错，但是从申请指导性上看实际作用不大。就像一个不懂英语的中国人遇到一个不懂汉语的外国人，谁都听不懂对方在说什么——鸡同鸭讲。本书会正确解读招生办的语言，让你了解招生办的要求。

本来家长就已经很困惑，中介已经够混乱，招生办说话也云里雾里，这一切已经足够折磨学生和家长，结果前几年还暴发新冠肺炎疫情。在后疫情时代的新形势下，申请顶尖学校越来越难。我们现在能看到几个新的留学趋势：

越来越多申请人采取双申、多申和混申。很多优秀的学生之前只申请美国的大学，现在越来越多地采取英美双申，甚至多地区混申，连着香港地区、新加坡一起申请；或者把美国、加拿大、英国、澳大利亚的学校全申请一遍。大家希望保持更多的选择性。

申请学校的系统变得越来越技术化，多申请一个学校非常容易，但凡了解一点美国本科申请，你就知道有"通用申请"（Common Application）系统和 UC 系统。这些系统现在做得越来越好，多交 50—100 美元，同样的文书可以提交多个学校。

在新冠肺炎疫情严重的时候经常要上网课，所以学校在招生上变得很犹豫，录取也随之变得更加困难。因为网课让学生与学校之间的关系不够紧密。很多学生大一之后退学或者转学，学校会认为学生把自己当跳板，所以学校在下发录取通知的时候会更加谨慎，这种情况也让录取的难度有所增加。再加上一些国际课程体系在中国越来越成熟，导致学生同时申请美、加、英、澳等多国学校越来越简单。比如，因为 A-Level（英国高中开设的大学预修课）这样的体系原本就支持英美双申，所以各国学校收到的申请也会增加。诸如以上，这些后疫情时代的新形势显然让顶尖学校的申请变得更艰难，也让家长和学生越发感到困惑。

新冠肺炎疫情之后申请也没有变得更容易。无论是特殊的经济和就业形势，还是连续掀起高潮达到1342万的高考人数（2024年）和474万的考研人数（2023年），都让申请形势变得更加激烈。

如何解决上述问题呢？实际上这个事情也没有那么复杂。做个简单的类比：上北大是考试，上哈佛是应聘；如果你用应聘的思维去理解美国本科，所有的问题似乎都可以迎刃而解。

我以绝大多数家长和孩子都能更好理解的"应聘"来把这件事情讲明白。如果你正在找一份心目中梦想的工作，大致会经历哪些过程？我们回忆下这个过程就能明白：

第一，了解这家公司的基本信息，包括一些人员信息，企业文化，招聘岗位需求等；第二，精心准备一份简历，既简明扼要，又要突出自己的优势；第三，了解一些常见的面试问题，优化自己的答案；第四，根据面试官的一些表情、语气等随机应变调整自己的答案；第五，和其他候选人一起交流面试的心得体会，评估自己被成功录取的可能性等。

类比"应聘"其实就是一个冲刺梦校的过程。冲刺梦想学校都需要准备什么呢？一共5个部分：学术表现、标化成绩、课外表现、文书、特权。关于这些内容，本书后面都会讲到。

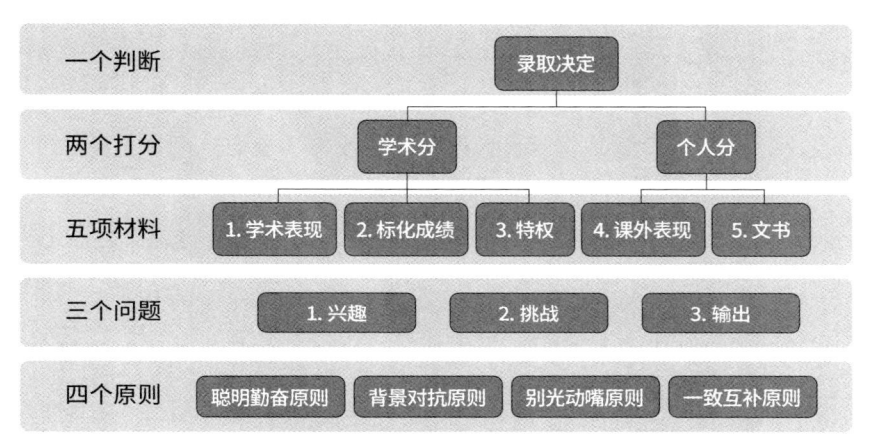

一个判断	录取决定				
两个打分	学术分		个人分		
五项材料	1.学术表现	2.标化成绩	3.特权	4.课外表现	5.文书
三个问题	1.兴趣	2.挑战	3.输出		
四个原则	聪明勤奋原则	背景对抗原则	别光动嘴原则	一致互补原则	

图 1-3 美国本科的录取要素

1. 误区自查表

这里列举了我从业以来在家长学生里高频出现或者不够专业的中介经常宣传的一些思维误区，欢迎大家对照自己对号入座。

第二列"指导行动"是指家长学生按照有问题的思维会产生的一系列问题行为；第三列"指导结果"是问题行为产生的结果；第四列"美国学校思维"是指在招生过程中美国大学的实际思维方式；第五列是按照美国大学思维看待申请应该采取的正确选择。建议把第一列"中国家长思维"和第四列"美国学校思维"对照看，把第二列"指导行动"和第五列"正确选择"对照看。这里我对内容暂时不详细展开，急于了解详细内容的可以先跳到第三章和第四章阅读。

表 1-1 思维误区

中国家长思维	指导行动	指导结果	美国学校思维	正确选择
商科以后好就业，能赚钱	选商科专业；引导，甚至告诉孩子学商科	大部分学生被迫接受了商科的"建议"	大学是套开放课程体系，专业不重要	关键是进好学校，专业不重要，大二前确定专业
计算机好就业，能赚钱	选计算机专业，甚至引导孩子学计算机	大部分学生被迫成为理工生，放弃了自己喜爱的社科专业	用中国国内的思维直接以计算机申请本科竞争非常严重，看不到真正优秀的学生申请可以进他专业非常强（见后文）的色彩非常严重。其他专业非常优秀的学生申请可以进"大常青藤院校"，申请计算机专业只能去排名前 30 的学校	要么讲好自己真正的计算机原生兴趣而不是堆叠履历（见后文），要么先进再换，先进更好的学校然后再换真心喜欢的专业
生物方向竞争激烈不好申请	绕开生物工程、化学工程技术、环境科学与工程、材料科学工程专业	大部分学生被迫放弃自己心仪的专业	生化环材是厚积薄发类的科目，如果深入研究，可以读硕博至读博，前途光明	完全可以读
学出剑、高尔夫等更容易上常青藤大学	把大量资源和金钱投入"高端活动"，甚至告诉学生他的兴趣就在这些活动上	大部分学生浪费了时间和金钱，做自己不感兴趣的事，对申请没有帮助的活动，等到申请时可能相互雷同	做什么不重要，怎么做，怎么想才重要。想看到孩子在感兴趣的领域积极投入，现状的表现。大部分申请人低估了小众运动在名校的难度	核心是感兴趣，能出好结果的运动

第一章 留学常见的问题和误区

续表

中国家长思维	指导行动	指导结果	美国学校思维	正确选择
托福达到115分；SAT分数达到1530分才算有"入场券"	报各种辅导班，把大量时间投入刷分，几乎没有课外活动时间	学生的托福分数很高，但是申请学校时却因为活动履历只能去那些要求托福成绩90分的学校	托福成绩仅仅是一个很小的方面，可以用其他成绩来弥补，需要学生综合全面地发展	分数适度即可，大量的英语阅读、写作以及学习英语原版学科内容，可以自然而然提高英语分数，同时也准备了综合素质
AP（美国大学先修课程）需要学够8门课	给学生报大量AP课程，学生竭尽全力地学，累得喘不过气	AP成绩差强人意，有5分也有4分，没有竞赛、没有科研时间，没有大量的科研	AP成绩是证明孩子学术能力的一种方式，但不是唯一的方式，竞赛、科研、夏校，甚至实习都是证明方式之一，核心是兴趣和挑战	其他学术履历只要挑战性足够，跟AP的作用一样
一定要找名人写推荐信	想尽各种方法找到知名人士出具推荐信	如愿拿到推荐信，推荐信内容实是知名人士，推荐信内容完全属实：仅仅是跟学生一起吃了几次饭，聊过一些感兴趣的话题而已	针对美国的大学，学生的班主任或任课老师出具的与学生息息相关的推荐信更重要	找熟悉的人，有严肃学术交往的人推荐份量更重
要分数，要竞赛，要科研，要10项活动，我们家有很多资源可以用	堆叠，只要高大上，名头响，就往上堆，买，大力出奇迹，我砸也要把它给砸蒙了	履历"丰富"、名头响，但是录取结果匹配不上家长的预期和资源投入度	学生对什么问题有强烈的好奇心？有什么证据证明学生自发、主动、充满激情地探索和追求？学生有没有挑战自己？有没有希望用这个挑战影响别人？为什么要堆这么多不相关的东西？说明家里很有钱吗？	莫问外求，首先找到学生自己的激情所在，兴趣所在，围绕这个兴趣负责的长期探索、挑战、执行、分享、引领，3个也好10个也好，无所谓，不相关的事情可以不做

2. 关于"包装""塑形"和"整容"

无论在美国还是在中国，如今的招生和申请理念，都和以前有很大的差别。5—10年前，学生独立申请学校是默认选项，父母的参与、外部顾问的指导都要"偷偷"进行。现在，对美国大学的招生官来说，父母的参与和外部顾问的指导已经变成不管怎么样都会存在的事情，所以不知是有心还是无意，"学生应该独立申请"的官方已经说法变成了"学生在申请中应该表达自己的声音"。

这种变化不是空穴来风。这里无意去做任何评判，不管你是否喜欢这种观念的转变，认为这是有争议、不公平也好，认为是堕落也罢，它都是整个社会及教育系统观念的变化带来的结果，总之这并不是单一某个学校、某个家庭可以单方面抵御的。一方面，在这个竞争愈加激烈的时代，学校和社会都已经认识到，能够成功的申请人要么是善于包装和推销自己的人，要么是善于利用资源把自己的父母、老师和外部顾问"请"进来协助自己的人。另一方面，这个时代的申请人，尤其是在中国大陆，已经不像我们那一代学生把父母和别人的帮助看作"另类""无能""没出息"的表现，他们并不抵触，反而愿意并欣然接受父母和其他人的参与。这并不代表这代学生变得软弱，相反，我倒认为是灵活应变的表现，是懂得资源整合和利益最大化的操盘手。在这种社会环境下，父母的放任不管反而容易导致孩子在竞争中处于劣势。

或许，关键的差别在于学生的资质和他人帮助的尺度，而造假则是不能触碰的道德与法律底线。对能干的人帮扶一把，相当于提供一个发挥才干的平台，无疑善事一桩；将毫无能力的人强推一把，或许有烂泥巴扶不上墙之疑。

以前，参加培训班考高分被认为是悄悄进行不可分享的秘密，尤其在美国，基本等同于作弊。找人帮忙指导自己的申请材料也都被认为是"差生"才需要做的事，有违公平。但如今，学校的老师也会帮学生进行检查，各种培训班和申请训练营更是百花齐放。中国一线城市越来越多的父母越来越早地参与其中，甚至从初二就开始在校外为孩子寻找留学顾问，在申请时聘请多位留学顾问"保驾护航"。

所有申请人都在不遗余力地对自己进行包装，即便是填写申请表都是在包装，见怪不怪。其实大家对包装这个词的负面印象更多的是来自界限问题。在学生对自我的包装上，任何修辞和语言上的美化都是可以接受的，但凭空编造是万万不可取的。招生官本来就预料到申请材料存在一定程度的美化，就像企业的人力资源经理看简历一样。

凭空编造的材料造成的危害则会远远延伸到申请之外：首先，凭空编造的信息很可能会在后续的材料审查和面试中被有经验的招生官和面试官识破，断送学生进入学校的机会；其次，即便是蒙混过关，父母也在用事实告诉孩子："在你人生的重要时刻，可以通过撒谎、欺骗和其他手段获取想要的结果"，这会对孩子成长路途中的认知存在误导，肯定不可取；最后，此类的造假，相当于永远在孩子头上挂上一柄随时可能落下的达摩克利斯之剑，一旦遇到举报、查处或其他关联事件，很可能让孩子在未来如日中天之时身陷丑闻，并被吊销学位。这个炸弹无期限、不定期、爆炸杀伤力不可预知，任何对孩子有光明期待的人都应该对此感到畏惧。

为了下文说明更方便，我们要区分"包装""塑形"和"整容"三个概念。简单来说，如果一个学生缺乏体育活动的经历，比如只在小学六年级打过2次球，那么"包装"就相当于说学生"曾经打过乒乓球、网球"，造假则直接说"这个学生是运动健将、拿过冠军"，而"塑形"则是带领学生真的长期坚持乒乓球和网球运动。

我强烈认为，"塑形"是父母和老师在积极正面地真正地帮助学生，是授人以渔，是在延续家庭或家族的精神财富；而"包装"则徘徊在道德底线的边缘，如果没有强有力的调控指引，主观和客观上都会给学生的长期发展带来不利影响。

招生官通常也都会建议家长专注于"塑形"，培养学生的兴趣、才艺和特长，不要去"包装"，但并不会告诉家长如何塑形，如何系统地塑形。非常不幸的是，目前市场上大部分外部顾问专注于包装，甚至是造假，对塑形没有耐心。毕竟塑形是需要时间的长期积累和多方共同努力才能成就的，这样对于顾问而言，单个成本太高，短期收益太低，再加上同龄学生父母一般又并不愿意分享，所以经常能见到太多迷茫、一知半解又充满戒心的父母，甚至能见到已经走上了塑形道路的家庭短期内没看到效果,中途又转向短期购买堆叠履历道路的,非常可惜。

关于如何有效地"塑形"和正确地"包装",在理论上没有固定的逻辑,更多的是从我个人的教育实践出发,遇事而感,希望能够帮助中国的父母理清在这方面遇到的部分问题,既探讨"塑形",又涵盖"包装",从根本上解决孩子的留学规划和执行问题。

想要有效地完成"塑形",首先需要家长和孩子对留学申请有一个长线的规划与认知。肯定不是临阵磨枪,而是需要未雨绸缪。本科留学申请,应该在孩子上高一(10年级)甚至上初三(9年级)时就开始准备,选定感兴趣的方向,进行相关的背景提升规划,只有这样才可以在申请季交出一份满意的申请材料。千万不要掉以轻心,提前下手、尽早规划和准备才是王道。但是家长也不要替孩子做主,选择的一定是孩子自己真正的兴趣所在才可能全身心投入,也只有这样才可以真正帮助申请人成功申请到理想的学校。

此外,还涉及另一个概念——"整容"。"塑形"是招生办提倡的建议,并且对学生个人发展有益的做法,但是目前在国内变成了标准化的"整容":不顾自身特点和条件,成批量地去参与甚至购买商业化的竞赛、科研、实习、夏校等一系列背景提升项目。这件事的正面是,说明北上广深的很多家长已经意识到美国本科乃至英国本科都是一个从9年级就开始考查的体系,准备的时间也越来越提前,这是好事。反面则是整容得有点尴尬：你说它是包装吧，它确实是学生本人实打实的经历；但你说它是塑形吧，它又没有对学生本人的素质有系统性的本质改善。换句话说，过多地在意"必须有某某竞赛""必须有2段科研"，或者说单一标准的高考血脉天性又让"塑形"走样了。

听说美国数学竞赛（AMC）好，大家都去AMC10、12；听说英国物理奥林匹克竞赛（BPhO）有用，慢慢就变成人人参加BPhO；听说暑期科研有用，大家都开始卷哈佛教授、牛津教授暑期课题。

这种做法非常像我们在电视剧里看见的各种整容美女。单看肯定不错，可是美女们长得都一样，已经分不出来谁是谁了。这样没有区分度的申请人，在美国本科的招生中反而不容易脱颖而出。相反，我们能记住一些人，因为他们每个人都有自己的特点，一眼就能认出来。有自己的特点才是好的申请人。这就涉及我们接下来要说的区分度概念。

3. 聪明优秀的孩子不一定能进最好的学校

经常能听见家长抱怨说："这么聪明优秀的孩子，为什么进不了常青藤？我们也知道美国大学不光看分数，也看其他综合素质。但我们孩子的考试分数不差，各项活动表现也优秀，为什么不录取？"

这问到了一个很本质的问题，为什么录取这个学生而不录取另一个学生？或者可以浓缩成一个问题："为什么是我？"这是一个听起来很官方，但值得所有家长、学生、留学顾问坐下来严肃思考的问题。

其实不只家长郁闷，我在美国大学招生办工作时也很郁闷。

"为什么是这个孩子？"

一份申请材料摆在面前，明明是一个成绩优秀、刻苦努力、排名靠前、全面发展、特长突出、社团骨干的孩子，还有名牌高中知名班主任的推荐信，但为什么招生官犹犹豫豫就是无法决定录取他？

是因为聪明、优秀后面还差了一个区分度（独特性）！

区分度往往被中国家长忽视，因为我们习惯于高考体系下的分数系统，中国家长习惯于集体主义思维，而美国名牌大学的录取偏偏是逐个申请人录取，录取的都是与众不同的学生，是按照个体主义思维在工作。

换个说法，只要你敢把标准列出来，中国的父母和学生就能变成你标准下的完美候选人。然后成千上万的父母、"北大、清华"班和培训班就开始前仆后继。

但是，学校的管理者不是我们。美国这个以个体主义思维立国的国家就是要按照他们骨子里的个体主义找不一样的人，所以他们就是坚持不给你"标准"（其实他们自己也拿不出很清晰的标准）。

再换一个角度理解招生办。

聪明代表智商高，优秀说明情商高，但如果真的坐在招生办的办公室里，会发现聪明优秀的申请人（至少在申请材料上表现得聪明优秀）比比皆是，满足这两个基本要求后，区分度是杀出重围的关键，因为区分度会涉及三个核心问题：

第一个问题：这个学生哪里与众不同？

第二个问题：这个学生被录取后能否最有效地利用这个宝贵名额所提供的机会？

第三个问题：这个学生被录取后给班级和学校乃至社会做出的贡献能有多大？

无论学校是否明确要求学生回答这几个问题，学生都必须认真且真实地以各种形式回答！

即使你的孩子成绩真得很优秀，背景也很好，但是没有区分度，那仅仅只能满足招生办的基本要求——这个学生可以胜任我们的课业、可以顺利毕业。但这只是录取任何一个学生的基本条件，并不能确保被录取；如果这个孩子有其他人完全无法比拟的独一无二的特点，那么这就是被录取的最大筹码——他能给学校带来的东西，带给其他同学的东西，自然也就是学校决定录取他的关键因素。

区分度中还有一个内容对录取比较重要：是个人而不是机器。我面对面的时候偶尔喜欢调侃一些刷分高手，也是这个意思。我将在后面"牛校铁律：有点人味原则"的部分再详细介绍。

4. 父母眼中的优秀孩子在同龄申请人中可能没什么竞争力

坦率来说，回国后我接触过很多中上等成绩学生的父母，他们最喜欢说："我们打算让孩子申请哈佛、耶鲁和斯坦福大学，孩子也同意。当然，我们知道这些学校很难申请，但如果排名低于前20的学校，我们就不能接受了，孩子也觉得没意义。"

几乎每一次我都要冒着聊不下去的风险，暗示道："您知道美国排名前20的学校每年在中国招多少学生吗？哈佛、耶鲁、斯坦福以及全部常青藤学校呢？"实际上，我是真心想明确地告知这些家长："请正确认识自己的孩子、自己的虚荣心和学校的录取竞争性。"

如果家长曾经作为招生办工作人员面对过来自全世界各地的申请材料，就能意识到，莫说哈佛、耶鲁、斯坦福大学，排名前20学校的竞争异常激烈，优秀的孩子多到超乎想象。作为家长包括我自己作为一个家长，我们可能都不得不接受一个事实：我们的孩子和同龄人相比并没有我们认为的那样优秀。其实，能进排名前30的学校的孩子都已经足够优秀。

人性使然，无论学生相比其他同龄人有何劣势，家长眼中的孩子永远是最优秀、最完美的。

但招生官不是学生的父母，不可能也没有义务去感受家长的那份挚爱。招生官的时间有限，不可能像父母一样深入了解学生，虽然他们也会尽力了解学生。招生办的任务是为学校筛选优秀的新生，而非评出最受父母喜爱的孩子。

每个买彩票的人都认为自己会是中头奖的那个人，学生家长也必须意识到，如果坐在招生官的位子上，横向来看，自己眼中的优秀孩子很大可能只是泛泛之辈。这并不是贬低孩子的努力，只是普通才是常态。

有的时候只有看到一些"别人家的孩子"才能真正意识到，别人的录取并没有什么暗箱操作，或者自己的孩子落榜也并不是"没走后门"或者有歧视。

2014年毕业于美国圣地亚哥峡谷峰（Canyon Crest）高中的吴双双（Catherine Wu）申请了哈佛、耶鲁、普林斯顿和麻省理工大学，也申请了西海岸的斯坦福大学、加州理工学院和加州伯克利大学，并全部被录取。最后，吴双双选择了哈佛大学，生物科学专业。

吴双双打开名校大门的钥匙是什么？

首先，肯定是学习成绩足够好，她的SAT成绩2 400满分（当时还是2 400的满分），AP修完17课，涵盖数、理、化、生、计算机以及社会科学多个科目，每科都是最高的5分。这里请注意，只是吴双双得了SAT满分，并不是要SAT满分或者接近满分才能录取哈佛。这个点特别容易引起中国家长的分数共鸣，机构再一煽风点火，就很容易又跑偏了去猛刷分、猛刷AP。其实，吴双双即便没有满分，也大概率会被哈佛录取。

其次，要出类拔萃还必须有自己的特色，专精某一项学科。2013年，吴双双入选美国生物奥林匹克代表队，参加瑞士第24届国际生物奥林匹克竞赛，并且赢得一枚金牌。

最后，名校并非单纯培养科学家，同时也培养小区领袖，很重视学生的组织能力、社会回馈意识、服务志向。在很多人的传统观念里，认为女孩不适合学习数学和科学等理工学科。但吴双双认为，女孩也要认真学习STEM课程(科学、技术、工程和数学)，将来才可能更好地服务和回馈社会。因此，她创办了"女孩科学俱乐部"，并利用周末的时间组织会员去辅导低收入家庭中就读小学和初中的女孩，学习STEM课程和计算机知识。活动通常在某个女孩的家中进行，集中辅导，培养兴趣，为她们升入高中做好准备。

单个层面看，吴双双好像印证了很多家长理解的泛泛的公式：成绩+竞赛+志愿者。"我孩子也是在做这三个啊！"但成绩满分+顶级竞赛金牌+志愿活动完美对接，三个方面同时做到第一的概率是很小的。

如果非要说名校录取有公式，那公式就是：证据证明的学术兴趣+挑战自己+影响他人的领导力潜质+区分度，这才是名校无法拒绝的申请者。吴双双走的路线是公式前三项拉满，那么即便是很多人走的路线，依然可以登顶。这条路线需要强天赋、真学霸，我总结为"在绝对的实力面前，一切技巧都是土鸡瓦狗"。以哈佛为例，每年发出的2000个本科录取里，有大概三分之一到一半的学生是这样的。

对于大部分申请人，如果做不到吴双双那样前三项拉满，那么在区分度上走小众道路做出成绩，依然可以登顶。这条路线可以靠足够提前的规划和坚定不移地执行实现，在哈佛本科的录取里同样占到三分之一到一半。

大众道路做到顶级，小众道路做出成绩，总要占一头，这才是区分度、独特性的秘密。

5. 成功的申请是否还能完全靠自己（上）

从自己申请，到招生办工作，再到帮助学生申请学校。这么多年下来，我非常遗憾地发现一个时代过去了，就是那种"天纵之才"的学生完全凭自己的直觉和兴趣就可以直接升入名校的时代。这类"纯天然"的成功肯定还是有的，只不过概率已经低到成为一个统计学意义上的"不可能"事件。或许寒门难出贵子的讨论放在美国一流名校的录取上比放在国内高考领域更加贴切一些。

讲一个客观现象：近10年来我所知道的所有进入常青藤乃至大藤的学生，背后都有一大片网络和资源的支持。

当然，我也不是在宣扬"有钱才能常青藤"的论调，这完全是博眼球的言论，而且所有讲这种话的没有一个常青藤出身的，甚至连都没有在美国学习过。事实上，从一流学校学校本身到各个藤校的校友会，其实大家心照不宣地在试图给寒门子弟更多的照顾，这一点也可以参考后面的背景对抗原则的部分。

我想借用前面"塑形"概念表达的是，现在大家"军备竞赛"都已经向前延申进入到了塑形阶段，真正有认知的家庭早就看不上纯包装了，导致纯天然在这个时代根本就跟别人不在一条起跑线上，杀出来难上加难。以南京为例，基本上有计划的家庭在 9 年级入学后都会陆陆续续考察和签下合适的机构顾问，配合学校内的课程和老师参与塑形，这已经是几乎整个南京国际路线的风气，在这个认知上真的吊打北方部分省会城市至今依然浓重的"高二分数考出来，下学期再说"。至于大家每年春天看到的录取差异，就是这种军备竞赛的自然结果。

我在哈佛期间评阅申请材料时，都能想象到这些申请人当年父母风雨无阻地送孩子去练习芭蕾，帮助孩子寻找参加演出的机会，在台下逐渐看到孩子的进步；能猜想到妈妈每天驱车送孩子到附近的社区做义工，并帮助孩子准备和宣传；更能猜测出父亲作为儿子的兄弟会提供的各类支持。

回到国内后，我开始做升学指导，帮助很多学生进入世界名校，更是亲眼看到父母为孩子在初中乃至小学就开始的规划和动用的心思。自己也亲自跟着学生三年，一步一步一起走过来，看到学生从"学渣"变成"黑马"，敢和"学霸"一较长短。

漂亮的履历绝非凭空而降，需要尽早地规划和脚踏实地地打造。我们可以说临时包装有道德瑕疵，但如果一个家庭的努力已经延伸到了 9 年级，还是道德问题吗？如果延伸到了 5 年级，这会儿不但不是道德问题，恐怕所有人都还要由衷赞叹一声：这是有教育理念和前瞻性的家庭。

直白一点讲，兴趣是学生自己的，经历需要学生自己去体验和创造，我也绝不赞成快餐式地在申请年份编造，但机会需要父母和顾问帮忙寻找和提供。经历中的体验更需要专业的引导，至少在起步阶段肯定是这样。一切都放任学生自己经历的做法有失教育本义。

技术上讲，一些学校看重的经历和品质的打造需要时间，甚至一些活动还有语言、和先期经历的要求，临时抱佛脚就一切都来不及了。

现在越来越多家长希望学生高考（或未来考研）留学双线走，这是当前比较普遍的中国特色。如果提前四年准备，完全有希望成功，如果提前一年准备为时已晚。

毕竟高考和考研是考试体系，而出国留学（尤其是美国方向）是招聘体系，这是完全不同的两套逻辑。在传统的考试体系中，仅仅需要我们在决定胜负的一战中考出好成绩。任务单一、目标明确、方法清晰，就是做题。所以孩子本人对事情的掌控度可以在95%以上，父母纯粹辅助。

而美国留学申请从学生角度看特别像应聘，从家长角度看更像是一个多个子任务彼此关联、齐头并进的项目。并不是单一因素决胜负、单个子任务的结果定成败。竞争不激烈的时候，项目容错度比较高，家庭选择让孩子自主完成、犯错成长，结果不会太偏离预期。但现在竞争激烈，容错度很低，大部分孩子又基本没有过多任务大项目推进能力，这种情况下把这一切的准备工作全部都交给孩子一个人来完成，结果偏离预期的可能性就比较高。

6. 成功的申请是否还能完全靠自己（下）

不要相信"这个孩子是完全凭着自己的能力取得这样的成就"。这句话有一些标题党，我不是想否认孩子的天赋和主观能动性，相反我经常会说"相信生命的韧性和奇迹"。我这里想表达的是：竞争的压力。

其实学生完全靠自己的力量被常青藤、排名前 20 的学校录取并不是完全不可能，但经手过这么多案例后，在这个时代，在大多数情况下我不相信普通家庭能做到。

原因不在孩子，而是竞争激烈、卷起来了。优秀的学生几乎已经没有时间在寻找机会的同时又保证学习成绩名列前茅。他们只能努力学习并充分利用这些机会。因此，寻找机会的任务很大程度上都落在了亲友团身上。

无论媒体怎么宣传，学校多么吹捧，其他父母怎么告诉你，一个学生是如何独立自主地在中国西北地区建立 10 个图书馆的，你只需要笑而不语即可。事实是，没有哪个名校录取生是完全凭借自己的力量达成如此成绩的。

为了说明现在的情况，我稍微偏离一下出国留学，我们先看一下我们惯常思维里认为以考试为主的国内体系里的一个现象。下面是北京市第 23 届金鹏科技论坛的部分获奖项目：

表 1-2 北京市第 23 届金鹏科技论坛的部分获奖项目

项目分类	区名称	项目名称	报送单位	学生姓名	获奖等级
发明创造类	东城区	基于多模态人机交互功能的中医药知识科普"小助教"	北京市东城区和平里第一小学	刘宗益	一等奖
发明创造类	朝阳区	外挂式开锁器	北京市朝阳区白家庄小学	景逸轩	一等奖
发明创造类	丰台区	助理小Q眼肌训练仪	中国人民大学附属中学丰台学校	程梓豪	一等奖
发明创造类	海淀区	自适应各种节奏型目可自动变速的可视化节拍器	北京市海淀区翠微小学	潘昱辰	一等奖
发明创造类	经开区	采集拭子自动化拆包装项目	北京市第二中学经开区学校	张家骏	一等奖
发明创造类	西城区	耄耋陪伴机器人	北京师范大学亚太实验学校，北京师范大学亚太实验学校，北京师范大学亚太实验学校	胡雨恬 邵睿廷 郭禹赫	一等奖
发明创造类	海淀区	围棋教学和比赛智能辅助装置	中国人民大学附属中学实验小学，中国人民大学附属中学实验小学，中国人民大学附属中学实验小学	赵晟越 胡钦如 丁梓禾	一等奖
发明创造类	西城区	关于优化饮料包装糖分标识、引导健康消费的调查研究	北京第二实验小学	王鹿鸣	一等奖
发明创造类	朝阳区	揪出零食中的小刺客小学生对零食中反式脂肪酸认知现状的调查	北京市朝阳区星河实验小学	梁凯淋	一等奖
发明创造类	朝阳区	这碘怎么看——关于有无碘盐的膳食健康调查与研究	北京市星河实验学校国美分校	董同悦	一等奖
发明创造类	海淀区	小学生厨房操作安全隐患及预防对策研究	北京市海淀区定慧里小学	倪姵瑶	一等奖

我本人当时看到这个获奖目录只有一个评价：小升博了解一下。

如果父母指望一个15岁的孩子给自己制订一套出国学习计划，结果大多数是无疾而终的，剩下一部分有毅力、高要求的学生也会因为缺少经验或者没有时间而无法执行。

我并不是武断地认为没有任何人可以完全通过自己的努力被"哈耶普斯麻"录取，而是阐述一下我接触的实际情况：我经手和听说的几乎所有"爬藤"成功的学生，背后都有亲友团或外部顾问的支持。他们的主要任务之一就是寻找各种机会，包括竞赛、出访、研究、兼职、义工，而学生则要倾情"演出"。

偶然遇到几个说自己DIY（Do It Yourself）申请到常青藤学校的，同学之间一打开话匣子，都会告诉你他们背后有庞大资源和支持的真相，小孩子之间几乎是没有秘密的。

说自己DIY的部分动机是出于极度谨慎的自我保护，可以理解，因为本来大学招生办都是要求大学申请由申请人独立完成，当下其实所有的中介都是在打擦边球，为学校所不喜。不喜到你刚点开"通用申请"页面，就要弹窗要求确认身份：是代理还是学生本人？如果是学生本人，还要承诺是由自己完成。所以理论上来说，大学完全可以因为你的申请由中介操刀而认定你作弊而被取消录取。

另外，这两年的竞争激烈也导致了很多奇怪现象的发生。比如北师大附属实验中学24年早申被MIT录取的李罗罗遭遇网暴，被集体举报要求MIT撤回录取。我还就此事专门发过一条视频请大家理解学校录取的真实规则。因为举报的理由仔细看下来都是一些非常中国高考式地解读别人的背景甚至国籍，比如奖项不够强、不够牛。所有的举报通篇只能表现出对美国录取逻辑的一无所知，甚至背后能够看到赤裸裸地一句话"把她的录取撤了，发给我孩子"。莫名其妙，但背后的真正原因就是竞争激烈了。

所以，这种情况下，亲友团的支持有意义吗？当然有。同样优秀的学生，在亲友团强有力的支持下更容易进入常青藤的战场，而其他学生却可能进不去。如此一来差别就开始出现了，毕竟同样水平的选手，牌好的就是能赢。就像"哈耶普斯麻"的招生办经常说的，如果名额能放开，申请学生们的条件好到我们可以多录3倍、5倍的学生。所以学生本身都是非常优秀的，只要让他们进入更高水平的战场，他们就能稳操胜券，差别就此出现。

家长和孩子都请牢记：只要没有弄虚作假、只要是真实地让孩子经历、创造、执行而不是挂名，那么孩子利用家长的关系与能力，获得一些机会，比如出访、夏校、实习、兼职等，对孩子和对家长都是好事，无需任何心理负担。

家长通过几十年的奋斗可以给孩子一个更好的机会，提供一些优质的资源帮助孩子日后的留学申请成功，这个值得诟病吗？答案是没有任何问题！就像家长攒了一辈子的钱，全部留给子女一样，人之常情、天经地义。

孩子无需任何思想负担，家长能够提供比别人更多的资源，只要充分利用、真实打磨自己的兴趣、克服困难迎接挑战、带动他人，那使用家长资源就没有任何问题。你要做的是充分利用这些资源，认真完成活动、深刻反思，并且充分发掘，争取从中获得比别人更加深刻的感悟以及后续参与更加深入的活动。

所以在确定留学的家庭中，不管现在的情况如何，不要有任何吝惜和保留，竭尽全力去给孩子提供最有力的支持，孩子也不要有任何负担，最大化利用这些资源，才是最佳的申请模式。

总结成一句话，只要是把资源用在正道上、用在孩子本人能力的提升上，那多多益善、不用任何思想负担。

7. 不要通过卖"惨"博取学校同情

曾经遇到过一个很有意思的问题："您从哈佛那么好的学校毕业，还在那里做过招生，回国又做了十几年教育行业。那您怎么培养自己的孩子呢？"

写下这段文字的时候，我的儿子还不到四岁，我基本是放养加蒙特梭利教育，如果一定要说我有意识地做了些什么，那就是我从他2岁开始反复告诉他一句话：哭是没有用的。

这个世界不是围绕某个人转的，有时间去哭，不如先想想怎么办。不过毕竟是个4岁不到的孩子，虽然他也早就能随口说出来这句话，也时常边哭边告诉自己说：哭是没有用的。我并不反对他哭,相反,他哭的时候我甚至会告诉他:"你想哭是很自然的事情。"我依然会让他发泄一会儿,我只是希望他从小就知道要坚强,"君子自强不息"。

申请名校是一样的,哭是没有用的。名校录取学生的唯一原因是申请人足够优秀,而不是谁的经历更凄惨,可以说丝毫不存在一丝"怜悯之心"。

老板涨薪的原因是员工未来能持续带来更大贡献,而不是员工家庭需要。银行房贷的考虑是借款人有没有能力还钱,而不是借款人有多需要。救急不救穷,给亲戚朋友帮忙,也是帮能站起来的人,而不是烂泥扶不上墙的人。

把这些主要矛盾想清楚,就知道为什么不要在申请中卖惨。你觉得自己学习辛苦,试问哪个想上哈佛的学生不辛苦?你说自己边打工边上学,那一定有至少100个申请人在上学同时还要打三份工!你说自己来自边远山区,非洲贫困战乱国家的申请人请了解一下。

所以,想通过卖惨来给申请加分,就是做梦!卖惨不是不可以,而是要目的正确。卖惨的目的如果是卖惨本身,那就没用,甚至显得申请人很不成熟,反而会减分。但如果卖惨一带而过,目的是展示自己在这么恶劣艰苦的环境下还取得了非常了不起的成就,这就对了!

因为学校录取的是优秀的你,而不是悲惨的你。鲁迅先生笔下的祥林嫂了解一下。

8. 中国学生不是最辛苦的，美国学生一样苦

美国学生可以轻松欢乐地度过高中时光，而反观中国学生为了进入名牌大学则往往需要脱一层皮，这种有趣的印象对比往往来自电视电影作品。只能说，这种美国影视作品的描绘更多适用于美国当地的普通学生。那些立志去常青藤、排名前20院校的美国学生在学习的过程中，几乎和中国学生一样辛苦，无一例外。这些美国学生既要保持优良的学分成绩，又要修习很多大学先修课（AP），课后还要准备学术能力测试（SAT），还要努力做社区活动、参加演出、带领社团。

这样的结果不是一蹴而就的，实际上是由美国大学招生方式的变化一点一点积累起来的。我尽量用简短的篇幅让读者看到这些变化，理解目前实行的学生录取标准背后的故事。

从"二战"开始前，直至20世纪50年代，整个美国的高中毕业生都很少，好的大学一般都集中从富人家庭和私立学校直接招生，所以出现了很多所谓的预备学校甚至直升学校，比如哈佛大学有很多新生都是从新罕布什尔州的菲利普斯学院直接招收，耶鲁大学则大多是从麻省的安多弗学校招生。这个时期能够入学的关键是生在"对"的家庭，而在美国的西班牙裔、黑人、黄种人都机会渺茫。在当时，一位申请人同时申请3—4所学校就已经很多了。

美国黑人民权运动后，美国的名牌大学在二十世纪

六七十年代重视校园多样化，开始从各个族裔里寻找最优秀的学生。1978年，最高法院以5∶4通过的平权法案则直接允许招生官将少数族裔身份作为加分项，各个学校为了招揽这些经济上相对落后家庭的优秀学生，更是抛出了无视经济状况的奖学金政策（Need-Blind Policy），即保证学生上得起学。但这样的政策自然会造成学校财政上的紧张，因此学校也开始寻找能够额外付钱的生源，范围从美国国内扩展到海外。

随后，哈佛率先采用SAT成绩作为学术能力的表现审核申请人，但SAT随之带来的问题也开始展现，学校也意识到SAT成绩高的申请人不一定比成绩低一些的申请人更优秀，因此，学校录取学生时也更多地开始参考学生的课外活动、文化经历等。但这样做工作量也更大，于是各个学校都开始扩编招生办公室。

招生办的扩编和申请量互为因果，因为招生官的职责之一就是为学校招生进行市场营销。到二十世纪八九十年代，申请量开始猛增，一方面，少数族裔的申请人越来越多，第一代或第二代移民家庭都不停地告诉孩子，只有那些大品牌名校才能给家族增添荣耀；另一方面，"二战"后婴儿潮时期出生的那代人越来越多地达到中产甚至更高收入水平，他们希望子女获得更好的教育。

这段时间有两个事件对竞争的激烈化推波助澜。一个是20世纪80年代卡普兰教育作为SAT考试培训的先驱兴起，越来越多经济上可以负担培训费的美国家庭把学生送去培训。

另一个是美国大学申请公共网申系统的推出让申请更加便利，学生可以不必为每个申请学校填写不同的表格，70%的内容只需要填写一次即可。

这种竞争的激化尤其遭到一些教育家的反对，因为原本的平权观念现在可能再次被颠覆，富人的家庭有更多的资源让子女参加考试培训。这迫使招生办更加注重考查学生除了SAT等标准化考试成绩以外的诸多因素，例如平时的在校成绩、家庭和教育环境、领导力等品质，以及学生的独特性。

从家庭因素来看，美国学生面临的压力相对于他们国家的环境来说不一定比中国学生少。可怜天下父母心，美国的父母也希望在告诉别人自己的孩子在哈佛、布朗、卫斯理大学上学时，听见别人"哇"的一声惊叹，美国的父母也希望孩子能够完成他们未竟的事业和梦想。美国的高中生也一样受到同辈的压力，希望自己能成为翘楚。

虚荣也好、梦想也好，总的来说，在这样的历史背景下，美国学生，尤其是试图进入好学校的美国学生，身上的负担一点都不比中国学生轻，他们面临同样激烈的竞争，最多只是负担的形式不一样而已。

当然，SAT的故事依然在展开。疫情期间，各个大学纷纷推出选考政策（Test-optional），学生可以选择免考SAT提交申请。一方面确实照顾了疫情的实际情况，另一方面也践行了削弱特权的政治正确理念。但凡事有因果，这一政策也导致全球范围的申请人大幅度上升，因为不交SAT也可以申哈佛，谁都不想错过试一试的机会。

这中间还有一段小插曲。选考期间，国内很多中介开始头头是道地鼓励大家从事更多的课外活动、甚至购买付费的背景提升项目，但我一直坚持鼓励有条件的学生参加 SAT 考试。我的理由是，SAT 在美国怎么折腾、怎么追求平权故事我不管，但是中国学生能去美国读书的本来家庭条件就不会太差、为什么要掩耳盗铃呢？而且，按照我接受的招生办训练，SAT 承担的任务无可替代：把各地申请人放在一套标准下比较一次。这个任务是在校成绩、科研、夏校、推荐信都无法取代的，招生办可以选择更关注在校成绩、科研这些，但依然无法取代 SAT 的这个任务。虽然 SAT 并不会像中国高考一样发挥一锤定音的功能，但它的这个任务是招生判断里的必备参考因素。如果在众多的学生信息里没有这个因素，将极大地增加招生办工作人员的甄别难度、降低效率。曾经有不少人调侃我，"哈佛都说可以不考了，但哈佛出来的亮哥说还要考"。压力挺大的，但是我既然受过招生的专业训练，就不应该随波逐流。我那会儿只能自嘲：对啊，至少邻居 MIT 坚持跟我一样的判断。因为 MIT 是唯一一所在疫情期间都坚持要申请人提交 SAT 的牛校。

然而，故事依然没有结束。2024 年 6 月，哈佛、布朗、耶鲁、达特茅斯、MIT、康奈尔、斯坦福陆续宣布结束选考政策、恢复提交 SAT 的要求，我找了几个招生办的人一打听，果然是因为招生质量下降，不得不恢复。因为选考导致申请量增大、大家都来试,而没有 SAT 作为参考、相当于学生的一个非常重要的智力因素学校看不到、成了半盲选。所以招生办打工人私下吐槽:"校长的平权情怀我们都支持,但是筛选工作量增大、难度增大都给到我们打工人了,录不好还是要被骂。难啊!"

接下来压力给到哥伦比亚大学,之前说永久取消 SAT/ACT 的强制性要求,现在是要情怀还是要生源质量?这个永久是不是说得有点满?期待看后续,这算是招生人秒懂的小八卦了吧。

9. 如果取得美国护照或者去美国念高中仅仅是为了升大学,不一定能讨到便宜

之前总有一个说法:去美国上高中比留在中国上高中更容易在大学申请的时候占据优势,录取率会高很多。提出这种说法的人还会拿出很多分析数据印证。确实在前几年,很多中国学生即使标准化成绩不低,录取效果也很难比得上美国学生。似乎这个说法就是现实,越来越多的留学中介和家长也认可了这个逻辑:出国留学要趁早,美国高中比中国高中更容易得到美国大学的青睐。

而实际情况究竟如何呢?实事求是地说,没有任何令人信服的证据能够证明美高比国内更容易申请名校。

我一直试图向家长解释"美国高中不一定更容易上好的

美国本科"，但收效甚微。后来我就从 2022 年 12 月早申放榜开始坚持拆解录取案例，好多留学中介和家长才慢慢理解了我讲的原理。

我想跟大家说，"美国高中录取结果更好"这个现象事出有因，并且这个现象已经越来越不明显了。

首先，前些年的美国高中容易录取进美国本科是"幸存者偏差"。能够上好的美国高中的学生，要在初二、初三拿出 100+ 的托福成绩和 90% 甚至 95% 以上的美国中学入学考试成绩（SSAT），这本来就是能力出众的学生。这些学生本来考上排名前 20 和常青藤院校的概率就更高。有点类似北京的中国人民大学附属中学、深圳的深圳中学，考上北京大学和清华大学的概率就是会更高，因为生源已经经过一轮严格筛选了。

其次，美国本科录取是掐尖逻辑，宁要鸡头不要凤尾，不是我们的高考分数线一视同仁逻辑。具体的解释参考后面的"背景对抗原则"，总之是有一套逻辑来筛选在同等教育资源水平下的拔尖人才。同样的学生，如果去了美国高中只能成为中等生，不一定比在中国国际学校当头部学生被录取概率更大。

再次，现在简单的信息越来越透明，早就有很多北上广深的家庭把孩子送到了美国读高中，加上这么多年积累的当地美国华人社群，连学而思都卷到了美东大湾区，美国的本地的高中早就卷起来了。硅谷妈妈已经是一个不亚于海淀妈妈、徐汇妈妈、甚至有过之而无不及的群体了。冈恩高中（Gunn High School）那位被谷歌录用、但是 16 所一流大学全部拒绝的史丹利·钟，他的履历和背后的内卷程度，跟国内一线城市的学生有什么区别？

最后，确实有一些"歧视"。什么样的歧视？什么原因导致我们国内的高中生在申请的时候会受到"歧视"呢？归根结底源于不了解。

在留学还不够规范的年代，我们国内的高中和留学中介对学生的一些信息处理不够细致，导致美国的招生办没办法或者很难从相关材料中得知申请人的具体情况。既然无法确认这个申请人是否优秀，他们采取的最保险的措施就是：优先录取我更熟悉的人、更信任的学校的学生。这就导致从数据上来看美国高中生的录取率似乎更高一些。

究竟有哪些信息处理得不够细致呢？我们来盘点一下，这些因素在选高中的时候也可以用来咨询并进行比对，帮助你选择更符合招生办喜好的学校：

成绩单的开具形式。每个学生最重要的申请资料就是学生的在校成绩，俗称 GPA。每个高中都会给本校学生开具成绩单，提交美国大学，但是展现的形式却不相同。有的学校只提供成绩（满分 4.0、5.0 等不一而足），没有科目的具体分级；有的学校会提供课程的难度说明（荣誉课程，进阶课程，挑战课程等），甚至有 GPA 折合比对；有的学校会提供学生的年级排名，从第一名到最后一名；有的学校会提供学生的排名区间（前 20%，中间 50%，最后 30% 等）。

美国招生办最喜欢什么形式的成绩单呢？就是有课程说

明、年级排名的成绩单，这是美国大学最喜欢的。为什么？因为美国大学想要录取聪明且勤奋的学生，这个维度的成绩单最容易说明学生是否具备这个素质。具体的排名可以明确判断一个学生在同等教育资源情况下的利用和榨取能力，因为是相同的国家、相同的城市、相同的学校、相同的师资、同龄的同学，表现好能够充分说明学生的聪明努力程度。同时，课程说明可以让学校判断学生的努力程度，如果学生为了一个较高的平时成绩，而故意选择一些难度较低的荣誉课程，不去挑战自己的极限，这样的申请人是招生办避之唯恐不及的。

而相应的，如果学校只能给出排名区间，这样对于招生办而言，只会进行模糊匹配，就是说，如果学校给出的排名是所有学生的前20%，那么大学也只能认为这个学生处于10%左右。那么对于第一名、第二名的学生就很吃亏，同时对于在20%的学生就十分占便宜，这也就让招生办无法从成绩上区分这前20%学生的具体情况，这自然不是大学最想看到的结果。

招生办最不想看到的成绩单，就是只有成绩没有课程分级，甚至无法看出学生的具体排名的成绩单。比如同一个学科两个申请人，一个是进阶课程（相当于高考难度），一个是荣誉课程（相当于会考课程），他们都只提供一个成绩，这样就完全无法比较两个学生的情况。如果一所学校100多个甚至更多的学生资料混在一起，这就让大学的招生办特别无奈，这样的成绩单的参考性是最低的，甚至可能造成招生办战略性地放弃一批该校学生。

这种事情基本上不会出现在美国高中，美国的大学对美国本土的高中足够熟悉，每个州甚至某些城市都会有专门的招生官来负责，即便是之前没有过接触的学校，也可以轻易从其他渠道得到该学校的相关信息，这就可以在很大程度上避免大学由于对中学不了解而不去录取该学校学生的情况。

当然，如果需要大学的招生官了解全世界每个国家每所学校的大体情况，这就太强人所难了。所以只能由中学这边来研究大学的招生特点，从而让自己学校的学生更容易得到录取通知书。而一些没有这方面经验的学校就比较吃亏，有可能导致学生申请受到很大的影响。

推荐信的开具形式。提交给招生办的材料中，除了成绩单还有推荐信，也非常讲究门道。有些学校会统一安排老师，把师资进行协调，学校是唯一的推荐信出口；有的学校没有顾及这部分的工作，放任由老师自行安排，而对老师的工作量完全没有考量，这就导致有些老师没有精力做这个工作。而很多中介顾问在提供文书修改的同时，也会代写推荐信。最终导致许多推荐信是由中介机构老师或者学生自行书写的。

代写的推荐信很容易被发现。比如某学校几十个学生同时申请一所大学，其中同一名数学老师写了十封推荐信，每一封推荐信行文、用词、架构都大相径庭，唯独对申请人的评价大同小异，"这个孩子是我见过最聪明，勤奋的孩子等"。招生办得到这样的推荐信会怎么想呢？招生办的人再怎么不懂中国国情，也会求稳：既然这么重要的申请资料都不能保证真实性，那这个学校的学生的成绩单、课外活动等资料的真实性也同样难以保证，保险起见，这个学校的学生还是别录了吧。

所以由学校来规划，统一出具推荐信是对学生非常有利的方式，可以协调老师工作量，保证推荐信的质量，特别是保证推荐信的真实性，这一点对于学校的整体口碑而言是非常重要的。所以家长和学生在择校的时候，如果遇到对推荐信有规划的学校，应该会是一个很不错的选择。

随着国内学校和中介随着留学行业的发展，这方面的专业度也日趋完善，现在这些问题已经比行业刚开始的时候好多了，所以说，我们以前认为的招生"歧视"现在已经基本不存在了。

不过还有一点不知大家是否想明白了，美国高中为什么有录取优势？是因为美国招生办对美国高中的学生更了解，也更相信美国高中出具的资料，而美国高中也会更加真实地反映申请人的所有情况。所以并不是所有中国学生都适合去美国读高中，因为你的缺点和优点都会在美国高中被更直接，甚至被放大地展示在美国大学招生办的桌子上。

既然说到这儿，顺便聊一下到底怎样的中国学生适合去美国上高中吧。

自己想去。成年前的孩子到异国他乡生活学习，是需要克服很多困难的，这些困难往往在成年人这里很难想到或者公情。篇幅所限，我很难把这些年遇到的低龄出国情况一一列举，但是只要是孩子自己想去的，往往都能克服大多数困难；如果是爸妈觉得很好想让孩子去、但孩子自己动力不足的，基本遇到一点困难就很容易放大、退缩，严重影响读书。

自主学习能力强的学生。青春期的孩子离家远行，谁都管不到，如果没有很强的自主学习能力，再好的苗子也难免会长歪。这一点在中国家庭中尤其明显，有不少家庭对孩子管束很严，不让做这个，不让做那个，孩子被管束得束手束脚；但这个孩子并不是自己主观上形成的这种学习生活模式。一旦离开了家长的视野，家长管不着，瞬间原形毕露，大家都知道美国的环境相对于中国而言，诱惑更多，危险也更多。这对于被管够了、渴望自由的青春期孩子来说是有危险的事情。先不说孩子学习如何，最起码不能学坏了吧。

在小学和初中已经适应了集体环境下独立自主生活的学生。在美国高中不管是选择住学校还是寄宿家庭，都需要孩子有独立处事和在集体中与他人融洽相处的生活能力，要是孩子在面临繁重的学业之时，还被大量的生活琐事烦扰，学习效率肯定会大打折扣，得不偿失。相反，如果孩子从小被培养得可以生活自理，无论和同学、室友、老师相处都能游刃有余，那无疑是出国留学的加分项。

父母一方可以出国陪读的学生。即便孩子再懂事、再自觉、生活能力再强，毕竟也只是十几岁的青春期少男少女，独自一人很难应付所有的学习生活事宜。强烈建议本科之前留学的家庭有条件的话应有家长进行陪读，任何人都无法替代家长的作用。如果家长可以陪读，无疑是孩子提早出国最大的加分项；如果家长无法陪读，还希望孩子提前出国，那就需要从小对孩子进行正确的教育，完全让孩子学会自主学习，与人相处，家长没在身边的时候孩子也能独当一面，独立去处理生活和学习上的事儿。

当然也不可否认，早点出国也有诸多好处：语言能力更强，更容易适应当地的风俗文化，标化考试更方便等。不过凡事有利必有弊，绝不是越早出国越好，最终还是要根据学生个人实际情况具体分析，趋利避害，选择最适合自己的才是最好的。

美国高中令人困惑的另一个原因是幸存者偏差。能够在十四五岁的年龄就拿下托福100分、SAT到90%，这样的学生本来大概率就是同龄人中的佼佼者，相当于已经被筛选过一遍，这批人中间有更高的名校录取率本来就是水到渠成的事情。

此外，还有一个类似美国高中的问题就是"美国护照更好录取"，这种片面论断掩盖了一个真实的技术性问题。

美国大学大多以私立大学为主，各个学校都可以制定自己的招生政策，而不是类似国内主要采取统一招生。所以美国护照是否有用其实完全取决于大学自己的招生政策。

比如以哈佛、麻省理工为代表的七所学校施行的是不区分国籍，美国本土和国际生一个标准。对于这些学校，持有美国护照就没有意义。甚至普林斯顿招生办明确表示，他们更注重学生的实际教育背景。比如你持有美国护照,但其实从小到大都是在中国接受教育,对他们来说你就是个中国学生;更极端一些,一个美国家庭的孩子从小生长在中国,对他们来说也是个中国学生。跟护照没有关系。

还有一些学校区分得更细,比如芝加哥大学,甚至会区分是不是美国公民在国外接受的高中教育,根据实际情况匹配不同的招生审核。

所以,真的很难说拿着美国护照就更容易被录取,一切都要看学校的招生政策。

学校要看学生的潜质,而非简单地看学生现在的环境质量有多高多好。[1]

10. 国内外差异之让人无语的商科

思考题:为什么哈佛本科没有金融、会计、市场营销专业?不但本科,研究生也没有这样的硕士专业!为什么?

仅仅是哈佛吗?为什么耶鲁、普林斯顿这些常青藤的绝对顶流学校都类似?普林斯顿甚至到现在都没有单独的商学院。

商科是中国留学生选择的大热门专业。研究生申请选择商科可以理解,商科的硕士对于部分冷门本科专业来讲确实有就业帮助,尤其是国内一些大学出于立山头或者过度迎合

---

[1] 参考阅读"耶鲁前招生官:中国优秀生为何无缘耶鲁哈佛"。(http://edu.163.com/14/0317/09/9NHGCULE00294IIH.html)

社会市场需求的原因，设置一些过度细分的本科专业，比如旅游管理、国际经济与贸易等。但本科专业扎堆选商科在美国教育体系下就未免有些南辕北辙。

这个要从中美社会和办学理念的差异讲起。用表格对比一下：

从对比中可以看到，两个国家的社会和办学理念都自成一套体系，在本国的体系里都是合理的选择和结果，但是留学生涉及两个体系的交融，往往就造成了中国家长用自己体系的惯性思维去指挥另一套体系里行动的事情，结果反而帮倒忙，没有利用好另一套体系里最有价值的部分。

商科专业就是典型例子。我们注意到，美国越好的大学越难见到金融会计之类的本科专业，在一个把大学体系研究了300多年而且处在全世界一流的国家里出现这种设置，绝对是有原因的。一方面，美国大学教育体系里最精髓的地方在于其通识培养的部分，是从知识到人格的全面塑造。本科过早地选定一个专业，既忽视了主线，也并没有适应美国乃至中国雇主的胃口。另一方面，美国这个国家以商业立国，比所有人都清楚：商业是边干边学出来的。美国的教育者们早就想明白了，大学四年是人生中塑造人格、思维方式和价值观的最重要时期。这四年时光应该是学习人类社会最基本、最重要的东西，例如STEAM（科学、技术、工程、艺术、数学）、历史、心理、政府等学科，这些学科需要很系统、很专注地花大量时间去思考和揣摩。相反，商科的内容用纯课堂

表 1-3 中美社会和办学理念的差异

		中国		美国
	理念	本土结果	理念	本土结果
初高中	高考指挥棒下的分数和目标；	分数绝对地位	综合录取指挥棒下培养完整的人，通识教育	成绩重要的同时开始培养领导力、团队意识、兴趣爱好，以及未来人生的规划并制定简单计划
大学	指挥棒变为就业和考研；院系招生指标管理体系下专业不得随意变更；本科毕业之后赶紧直接研究生，不要浪费时间	高考志愿需要填报专业；专业受社会需求影响、过度细分，教学方式重知识掌握、重单向灌输；专业不得随意变更	大学的任务如下：1) 培养全面健全的社会人；2) 帮助学生找到兴趣和激情；3) 过度细分和世俗的专业设置和大学的目标不符；就业需要的基本素质在本科阶段完成，如果没有后续专业的需要可以不用再读后续学位；对研究有兴趣的可以直接申请 Ph.D（等同于国内的直博），有特别专业需要的可以读职业化学位 JD（法学）、MPA（公共管理）、MBA（工商管理）、MD（医学），这些学位都不要求本科专业，只要本科毕业就行	申请大学可以不定专业；入学后更换专业非常普遍，靠前的学校里前两年只学基础通识课程，大一下学期明确定专业，甚至在好的学校里，期仍然没有设置好的专业可以导师同意自创专业；基于通识教育的理念，本科专业设置并不细分，只设大类（细分方向的设置是研究生和博士阶段的事），越顶级的学校越不设"俗"的专业，比如排名前20的学校连会计学专业都限少看到；本科毕业后除了有学术兴趣的走上直博，大部分学生都直接就业

续表

		中国		美国
	理念	本土结果	理念	本土结果
研究生	就业的标配；本科换专业后的就业训练班	读完本科最好继续上；内容和本科教育并无太大区别，所以一般读本校研究生都会发现还是同样的老师，把本科上过的内容再学一遍	研究生是很专业很贵的学位，很多学生贷款上学，应该读清楚了自己的兴趣点，而且职业发展确实需要再回来念，不念也不一定差	学生就业几年后觉得确实有必要才会读研究生，而且会仔细权衡交的学费和花的时间是否值得
就业（雇主）	有这么多研究生为什么还要选本科生；稳定的公务员或国企是家长期望中的首选，没有那么多的资源和精力搞培训，其他的情商培养、靠自己感悟，所以专业很重要，一定要对口；对于大家趋之若鹜的专业也是一定卡人，减少麻烦的办法	本科毕业之后一定要紧把专业选热门了；专业一定要公务员，要公有能匹配稳定工作的要求，要么就是能看到现在能立刻挣钱的专业，这两个标准一结合，商科成功当之无愧的首选，适用面广，而且跟挣钱直接打交道	本科生虽然年轻但是可塑性好，而且只要筛选得当，会很勤奋；学校教会学生怎么做人，怎么配合团队，剩下的东西在美国发达的商业社会体系里边干边学最快	除了很特殊的行业，一般雇主把本科毕业和普通专业研究生作为同类应聘者，研究生并不一定有优势，职业收入差距也没有国内大，所以每个人都觉得自己选的职业很好，专业集中度并不像国内高
小结	这是一个指挥棒老换的体系，所以再聪明的孩子也要走点冤枉路	小时候爸妈嫌我不够胖，上学了嫌我成绩不够好，上大学嫌我还不去挣钱，毕业了嫌我还不这结婚；爸妈总是对的	这是一个指挥棒一直相同的体系，但上学以后从小就都我们上条街但大学以后开始我们门条街	最多把你供到大学，剩下的路自己走吧，开心就好

的方法学习是很低效的，课堂上学的内容大部分也无法在工作中使用。所以用大学最重要的四年时光，去学那些在工作中可以迅速掌握、而放弃那些很难掌握但对人生有更本质帮助的学科，这是最错误的一笔账。

再换一种说法，学习基础学科的人转学商科是很容易的事（甚至都不用专门学习），而大学四年学习商科的人转基础学科非常难，但偏偏基础学科会在人生二十多岁往后的职业生涯里开始发挥更强悍的作用。一个例子就是全球著名的四大会计师事务所、三大咨询公司、所有的投资银行在校园招聘时都不看专业，而中国学生在这些公司里就业的往往是一些学习基础学科出身的学生，因为这些老牌公司很清楚，只要人挑对了，工作中需要的商业知识培训2个月就绰绰有余了，但要培训人的思维习惯可就成本高昂了，而大学的基础学科把这些事情都做好了，完美！

结论：除非孩子真的对商科有挡不住的热情，请先"笨"一点，引导他学那些看着有点累甚至有点"曲高和寡"的基础学科。退一万步讲，本科学完后，再转商科研究生或MBA也有大把机会。反过来可不是这样哦！

11. 时代背景在变化，就业观该刷新了

说到就业，无论问学生或家长，都常见一种说法，"毕业后我打算先在美国工作两年后再回来"。恕我直言，这种不过

脑子、人云亦云的答案会给自己的人生埋下隐患。

我的问题是：为什么非要工作两年后再回来？

很多学生想都不想就会告诉我"既然上了学，在那边感受一下工作氛围和文化"之类的答案。

那么我再追问一句："为什么要通过工作去感受呢？对你的职业发展有什么帮助呢？"

这时候，我建议你先别急着回答我，想想再说。

大部分人其实发现自己也没仔细想过，只是觉得应该这样。那么这个想法是怎么来的呢？很大程度上是别人告诉你的经验，听学长听前辈讲自己经历的时候分享来的，甚或是二手、三手得来的经验。

我并不是要说"毕业后在美国工作两三年再回来"是错的。事实上，对于部分人的计划，确实在美国先工作几年是更合适的选择。我只是想提醒你两点：这是规划人生大事，要自己把前因后果想清楚，不要被别人牵着走；中美两国的国情在近5—10年发生了很大变化，10年前在美国工作几年再回来肯定是对的，但现在不一样了（注意，不是说现在这么做就一定错了，只是不像10年前那么正确，或者开始因人而异了）。因为这个情况的变化，以前对的路径现在看起来要考虑一下再说。

我们详细聊聊这些年的变化，就会知道我为什么要追问学生。

"毕业后在美国工作两三年再回来"这个智慧诞生于上一

代的留学生，大体上是2005年前毕业的一代，那是一个怎样的时代背景呢？中国加入世贸组织不久，正处于大规模开放进程中，制度红利、人口红利的释放逐步进入高点（大家是否记得2006—2007年的中国资本市场是历史上最大的牛市）。那个时候，美国的一切都远远跑在中国前面，国内的海归人才也是非常短缺，选择在当时回国的海归一定程度上还带着冒险性质，虽然国家已经跑在开放的路上，但还有不少地方不明朗。所以海归们即便回来，也是通过大型跨国企业派驻的形式回来，他们大多数会先到中国香港，这样风险小很多。一方面本土企业普遍缺乏国际视野，一方面经济的强劲又推动着国企和民企日渐膨胀的全球化野心，但凡在海外有着比较不错经历的海归都极其紧俏。譬如，你从美国毕业并且在美国的顶级投行哪怕只工作过2年，也会被国内的金融机构大佬们求贤若渴，抛出各种优厚条件。高校环境中，也不像现在博士满地走，哪怕是个名校的硕士都有可能在国内很好的学校里获得教职。所以自然形成了能留在美国本土工作就在美国本土，美国不行就转英国，英国不行就到中国香港的逻辑。那个时候的人才引进，哪怕证明为"水土不服"，也更多被视为是"我们为高级人才营造的环境和条件不够""这是我们全球化过程中必须付出的成本"。不客气地说，当时国内的企事业单位发展很快，对海归人才市场也不算了解，"能有就不错了，先顶上再说"，毕竟物以稀为贵。

时移事易。2005年开始的大繁荣让越来越多海外高级人才看到了国内发展的大趋势，意识到这不是个短期情况，再加上国内企事业单位一茬一茬地收割，海外人才开始回流。2008年，美国大学尤其是本科体系正式向中国生源打开了大门，意味着人才供给端进一步增加，从2012年前后开始，留学已经从精英产品变成了大众化产品。除了供给端增加，跨入2010年前后，国内最迫切的海归人才需求缺口得到缓解，国内的用人单位对招聘海归人才及后续育留也积累了经验，区分度也进一步提高，"人力部门不但知道学校情况，连学校主要专业的排名也都清楚，口味也开始挑了。"从大势上看，中国人突然意识到，我们有自己的国情，美国依然在大部分领域是领先我们的，但我们有些领域是美国人也搞不出来的。比如原来的互联网是事事学硅谷，后来发现淘宝这样的平台只能在中国跑起来，方便的互联网外卖平台也只能在中国大规模搞起来。从前一个阶段的暴发户心态——见城里啥都觉得好，照单全收，逐步变得理智和批判。国内人力系统在招聘一个海归也会仔细想想："学校够不够好？在美国工作过但是工作得怎么样？融入本土团队能接地气吗？算了，背景很好，但可能还是不及我这几个一路打拼过来的土兄弟好用。"北大、清华、人大、复旦这样的学校招聘要求也水涨船高，若不是牛校毕业或者牛导的博士，教职岗位想都别想。这个时候，如果应聘的海龟再稍微有点"水土不服"，那就很容易被扣上一个"眼高手低、不接地气"帽子。

中美的差距在缩小，数据时代的中国可能因为人口规模带来的数据优势并肩甚至可能全面赶超美国，这样的大背景下，美国工作经验可能没有前些年那么吃香了，而早接地气、早出江湖、早积累资历和信任，反而对以后在国内的发展帮助更多，说白了，占个好坑可能比锻炼两年更有用。

　　换个角度，当今这个时代在国外毕业，而后工作两三年，实在是很尴尬的阶段：两三年的初级岗位经历现在国内并不算高级人才，届时回国没什么加分优势，相反可能因为没啥积累不了解国情，需要从头来过。所以，最好的策略是要么毕业之后立刻回国、抓住国内变化快速产生的机遇，这是我当年的选择；要么就一口气待得足够久，让自己成为跨国企业的高管或者高级科研人员，然后再高姿态回归，不过那基本就是 8 年开外的事了，真待到那个时候，因为工作生活圈子的逐渐稳定，恐怕更难下定回来的决心。

　　时代的趋势已经越来越明显，2016 年出国人员约 54 万人，归国人员约 43 万人，2021 年归国人员 78 万人首次超过出国人员，2022 年归国人员人数更是一口气破了百万，这中间固然有疫情的影响，但大趋势已经形成，连传统的留学中介机构都开始逐步向留学后市场转型，甚至不少创业团队已经开始攻打和布局留学生回国就业的战场。新的留学就业时代早就开启，再回头看前任美国总统特朗普上台后对 OPT、H1B 乃至 J1 签证采取的紧缩政策，这些政策的紧缩直至目前的拜登时代依旧未能完全放开，撑死在 2024 年有一些"一人一签"的小修补、压制一下印度留学生群体擅长的小钻营。

但相比时代的大势，这些都只是小浪花而已。

简单来讲我的结论是：如果是长期国内发展，越早回来越好，甚至在出国前就要开始通过各种途径布局后续发展。当然，此建议不适用这些人群：打算定居海外者、特别精尖的专业尤其是纯科研人员人群。

12. 你以为权威的推荐人或许并没用

推荐信是一个充满了真真假假的神奇的存在。很多中国家长因为不太懂美国本科招生办的录取原则，也不太习惯综合录取的体系，所以强行用自己多年在中国高考体系和社会中累积的行事经验，强行脑补。造成的结果就是，让推荐信完全走样。

推荐信，实际上是让整个申请材料包更完整的一部分。学生展示个人特质的所有材料，都是辅助选项，它的核心作用是提升你的长板，弥补你的短板，这大多数是来自学生本身的反映。而推荐信在所有申请材料中，有一个独特的优势：它来自第三方视角。

仔细想一下，申请人提交的所有材料：学术表现，这是客观和真实的反映；课外表现，这是已经无可改变的过往的客观经历；文书，就是综合之前的学术表现或者课外表现，以自己的视角把最精彩的地方展现出来。所有这些内容都有一个特点，叫"王婆卖瓜，自卖自夸"。可信度有多高并不好衡量。所以此时更需要有一个第三方来验证申请人的"自证"。

前面我们说过美国本科筛选学生是招聘逻辑。怎么才能知道面试者说的话是否真实呢？最简单且直接的做法：背景调查。

背景调查对象往往都是他以前的上级、同事以及合作对象。对于面试者第一次见面试官所说的内容，面谈后面试官可私下询问面试者以前的同事或上级，看一看到底是不是真如他所说的那样。

美国社会当下的职场依然是推荐信制度。如果老板觉得你很好，哪怕你换一个工作，也愿意给你写一封推荐信。拿着上一任老板的推荐信，找新的工作就会非常容易。美国到现在都是一个信用背书、个人信用非常重要的社会体系，推荐信的作用也反映在学校里，所以录取学生和招聘的逻辑几乎一样。这是美国社会一大特点。

推荐信对录取结果起着加强或者削弱的作用。如果推荐人信中所讲的事情能够在一定程度上映射或者举证材料，就能给申请人提交的材料加分，那么加分有固定的算法或者系数吗？答案是：没有。如果推荐信里讲的内容和申请人提交的材料有冲突，或者推荐信丝毫没有提申请人自己标榜的各种优势和亮点，实际上这份申请材料的可信度就已经打折扣了，这就是推荐信的作用。如果非要给推荐信的重要性打个分，我依然打不出来。

但是，我可以帮助你用一套中国家长可以更好理解的公式来看待它：**推荐信效力 = 推荐人熟悉程度 × 学术或工作关系和时长 × 推荐程度 × 推荐人量级**。推荐信需要通盘看待的，同时推荐人的选择也应慎重考虑。

以申请人角度，真正好的推荐人有三个常见来源：

第一，你所在高中的升学指导顾问或班主任，通常从四个因素衡量推荐人的权威性。

推荐人的熟悉程度：从岗位上来讲，你们两个应该非常熟悉，这项得分很高。

学术和工作场景：他可能教了你一年、两年甚至三年，这个长度非常之长，这项得分也很高。

推荐的程度：他给你写的推荐信能到什么样的程度，这个取决于你和他之间的互相作用，这项的影响力也很高。

推荐人的量级：他可能不是大牛，但他是最熟悉你真实情况的人，所以这个量级在招生办眼里实际上也是不低的。

对于与学生长期相处的高中升学指导顾问或班主任来讲，前三个因素得分都可以非常高。第四个因素，对招生办而言权威性也很高，所以这样的推荐信可以给予你大力的帮助。

第二，学生的任课教师。

除了具备上面高中升学指导顾问及班主任的所有优势，任课教师跟学生之间还有一个"学术交往"的过程，因为他负责执教一门具体的课程，在招生办眼里他是非常有资格针对他们最关心的问题做出评价的：这个学生是不是一个好学生？如果学生在某一个学术兴趣上的追求和表现能得到任课教师的肯定，那对招生办简直是完美的，比任何人都有用。

第三，学生的课题研究导师。

类似于任课教师。这通常是任课教师无法写推荐信或者不能写出强有力的推荐信时的一个良好补充。

我们的学生和家长往往会在推荐信的人选问题上掉入一个最大的陷阱，这个陷阱通常会成为反面教材，这就是所谓的"名人效应"。

我原来在哈佛肯尼迪招生办工作的时候，每年都不知道要收到多少奇奇怪怪的"大牛"推荐信，包括并不限于国王、王子、总理、总统、前总统、前总理、总干事、首席执行官以及知名律所合伙人写的推荐信等。从学生和家长的角度出发，他们会认为，只要具备一定社会效应的"名人推荐"都会让推荐信锦上添花，殊不知这并非最优选择。

招生办并非不尊重那些有威望之士，而是这种类型的推荐信在一定程度上违背了推荐信的效力公式。

举个例子，哪怕是因为某个学生父母给克林顿募捐了或者跟克林顿机缘巧合地喝了酒，然后告诉他："我家孩子要申请学校，希望他帮忙写封推荐信。"（如果大家跟克林顿打过交道就知道，他有很强的让人共情的能力，他能面对 1 000 人演讲，让在场的每个人都感觉他在对自己说话，这个人非常厉害）哪怕他真的帮忙写了，即便是克林顿亲笔，他出具的推荐信能直观反映你家孩子的真实情况并说服招生办吗？

首先，这是美国前总统，是从西方信用体系出来的，不会在推荐信这种事情上撒谎，更不值得为你撒谎。他会写清楚他跟你的孩子是怎么认识的，比如他会说这是我朋友的孩子，我们一年见过一两回。招生办一看这个推荐人跟孩子不怎么熟悉，第一个推荐人熟悉程度得分就会很低；而且克林顿跟这个孩子也没有工作或者学术上的任何关系，第二个熟悉程度得分就又低了；当然他可能会说这个孩子非常棒，有多么好，这种情况的第三个维度的推荐程度可能比较高，但也高不到哪里去。毕竟即便孩子再优秀、父母和他的关系再好，也不会好到克林顿直接说："哇，这个孩子是我见过的最优秀的孩子。"第四个推荐维度上来看，克林顿本身的名人效应，他的量级固然很好，但问题是前面两个推荐人熟悉得分看起来基本就是0分。我再次强调：这四个维度是相乘的关系，任何数乘以0是什么结果大家都清楚。

所以并非招生办不尊重前总统，而是推荐人在推荐信里也会实事求是地讲明孩子的情况，不会违背真实情况说一些很过分的话。如此这个与你关系并不紧密的人所写的推荐信拿过来一看就没什么用。很多人用了自己的人情，最后却拿到一个没有用的东西。

这里可以给读者分享一个非常有名的案例。

哈佛大学当年录取过一名学生。这名学生的一个推荐人是一位在他们学校周边专门负责打扫卫生的清洁工。这个清洁工是墨西哥裔，他的母语不是英语，英语讲得磕磕巴巴，他为这个学生亲笔撰写的英语推荐信中还有严重的语法问题。

有的家长可能会觉得这样的推荐信是否会让招生办贻笑大方。但请注意：招生办录取的是申请人，不是推荐人。学生的申请文书绝对不能有语法问题，但是作为推荐人他有语法问题，完全可以理解，这根本不是问题。因为招生办只需要从推荐人的信里了解这个申请人。

虽然清洁工的推荐信通篇是充满错误语法的话，但是他的意思表达得很清楚。第一，他讲清楚了他跟申请人是什么关系，他为什么认为这个学生是一个非常具有潜力的年轻人，讲了很多具体的案例，让招生办看到了这个学生是真的愿意为那些非法移民家庭和外族人的后裔做很多事情，这也是他们两个人认识的原因。而且，他跟这个学生认识了三年，熟悉程度够高。第二，这个学生本来就是想突出自己给非法移民后裔做的志愿活动，清洁工写的经历非常符合他们的工作场景。第三，清洁工写的推荐信中推荐力度非常高，充分体现并赞扬了这个学生的优秀。第四，这个推荐人虽然只是一个无名角色，是一个连英语表达都不熟练的人，他甚至是一个在社会上没有任何名望与职位优势的弱势群体，但是他在招生办眼里的量级足够高。稍作对比就知道，这个人的推荐信力度要比前总统克林顿的推荐力度大得多。这个案例充分说明了一点，"名人效应"固然会在一定程度上显得分量更重，但与学生有关系的人才能让招生办充分信服推荐信的真实有效性。所以，家长与学生千万不可盲目踏入"名人效应"陷阱，否则得不偿失。

艺术类的学生稍微特殊一点，艺术类的特长生必须提交一份所在领域艺术老师的推荐信。对于走普通学术路线的学生，一般只需要两封推荐信，找学生就读过的两个学校的任课教师就已经足够了。

实际上，我们每一个学生都可以找到非常有力度的推荐信来源。不需要让家长花费时间和金钱做那些没有任何意义的事情，找一堆名人写推荐信没有任何意义。不如在任课老师的课堂上好好表现，和任课老师一起做一些有意义的探讨和课题，让他发现你是一个非常优秀的学生并真心愿意推荐你，这样的推荐信推荐力度是非常大的。

13. 自以为厉害的课外活动有一半是没用的

一讲到课外活动，大家想的基本都是一些形式主义。在招生办眼里，他们更渴望看到活动背后的东西，而不是活动本身。在这个问题上，我们中国学生和家长有三类常见问题：

第一类：缺乏领导力或者行动得太晚。每年一到申请季，就有很多申请人在不停地刷分，最后刷出了一个哈佛、耶鲁要求的分数，但课外表现只能达到一个排名前三十左右学校的水平。他们大把的宝贵时间、投入在刷分上的金钱和精力以及因为刷分而产生的过高期待，全部都浪费掉了。这就是行动太晚或者说缺乏领导力的体现。

第二类：活动经历同质化。10年前刚开始的时候，申请人的活动就是老三样（模拟联合国、植树造林、敬老院志愿者），10年之后的活动好像更加多样化了，但最后才发现只是改头换面变成了新三样（边远山区支教、极地科考、机器人），很多学生的活动经历严重同质化。可以参考前面章节"区分度"的问题。

第三类：活动经历非常发散。前面所讲的同质化是指将一批学生放在一起，活动和经历基本都差不多。但是放在某个学生个人身上就有些矛盾，其活动经历非常发散，看不出来这个学生究竟喜欢什么。

我们中国的大部分家长和学生，不是特别在意孩子和自己的兴趣是什么。因为在过去的教育体制里不提倡、不鼓励这些和考分无关的事情。总是说孩子喜欢就去试试吧，但是家长并不擅长引导孩子，或者孩子自发的意愿不够强，没有把简单的兴趣变成有个性的特长，所以兴趣往往没有得到大的发挥。这就导致在接触美国本科录取体制的时候，家长会自作聪明地以为：孩子好好刷分，我来包办一切。尤其是随着现在很多中国家长的整体经济水平和财富聚集的程度越来越高，他们会动用很多资源：之前我包办不了，现在可以包办；我有资源，有预算。那谁去办呢？于是，中介就成了他们的包办代理商。因为有了需求，所以中介行业应运而生。

当我还在做上市留学公司 CEO 的时候，因为体量大，每天会有众多专门提供各种项目的机构踏破门槛来寻求合作，他们一般都会承诺能给我们的学生提供各类优质项目。实际上，就是因为孩子没有兴趣或者找不到兴趣，家长想去包办，才产生了一系列的市场需求，有钱赚，中介就开始发展各项包办业务。

中介包办究竟是好事还是坏事？市场上卖的活动能不能买？怎么用？

客观地讲，这件事情好坏兼具。好处是对于中等水平的学生来讲，确实事半功倍。中介把兴趣包装商品化了，当一件事物商品化之后，就注定它是可以通过金钱渠道获得的，它已经成为一种市场化行为的交易物品。对于很多家长来说，钱不是问题，钱能解决的都不是问题，所以他们往往会担心这样的东西即便是花了钱也买不到的。当然，坏处也很明显，对于好的学生或者说对于想冲刺常青藤院校、想冲刺排名前30的学校的学生来说，这种包办是有问题的。一件事物一旦被商品化就具有营利性，它被推向市场肯定是要追求营收规模和最大利润。因此，它要被卖给尽可能多的有需求的人，自然就会不可避免地产生同质化。而一个没有特殊兴趣点的同质化的活动，在世界上最好的常青藤院校看来，它是加分项还是减分项呢？

总有家长在问我：老师，请你告诉我，我的孩子要参加什么样的活动才能被斯坦福录取？我的孩子要参加哪些活动才能进哈佛大学？你只要告诉我，我们家长无所不能，我们可以全部拿下。但可惜的是，这个问题本身就错了。错在哪里？我可以明确地告诉大家，对于招生办来说，录取是没有活动清单的，没有任何人敢说参加了活动清单上的事情就一定可以被录取。所以提出这个问题本身就是一个错误。招生办真正寻找的是在这个活动中学生的投入程度如何？一年投入多少周？一周投入多少小时？在这个活动中参与的深度怎么样？在这个活动中承担什么样的责任？做出了什么样的成绩？学生展现出了怎样的素质……这些才是招生办的脑回路和关注焦点。所以，活动厉害不厉害、是否高大上，是一个考虑，但对于他们来讲是次要因素。

我们家长经常想象的是：这个活动厉害，如果我家孩子去了，申请就稳了；这个活动没啥名气，即便是我家孩子自己组织的，他做了大量的工作，乃至是整个活动的灵魂，对申请也没用。事实完全不是这样！

如何能够在课外表现的环节得到招生官的青睐？说起来简单，做起来其实也并不复杂，就是需要家长真正去挖掘孩子的天赋和培养他们的兴趣。不要想当然，更不要强人所难。如果孩子不喜欢编程，不能因为编程是当下社会的流行趋势，就硬逼着孩子去学，报一大堆编程类兴趣班，不但不会学出成果，还会耽误大量时间，浪费大量金钱。"强扭的瓜不甜"这句老话放在当下也依旧合适。

而且即使通过一些关系和运作把孩子编程的成果包装出来，让它在申请材料中看起来像一个还不错的课外活动，但这样做存在一定的风险，不但很难得到优势体现，甚至在事发东窗后有可能被贴上不诚信的标签。名校的招生办每年都会面试大量的学生,什么活动是包装出来的,什么活动是真正靠兴趣支撑的,什么活动是学生倾注心力积累出的成果,招生办都可以轻而易举地识别出来。

其实不难分辨:如果一个孩子通过自己的努力可以在FTC大赛上获得一个有含金量的奖项,那么在准备和参加比赛的过程中,孩子一定会有很多感悟和收获;不管在文书还是推荐信中都可以得到印证,这些资料也可以辅助印证孩子的活动和兴趣。毕竟是自己费尽千辛万苦才得到的成果,冷暖自知,自然可以下笔如有神,那样的文书也是非常惊艳的。配上这个过程中带过孩子的教练、老师写的推荐信,这就是非常完美的证据链条,可以轻而易举地让招生办脑补出一个有着明确爱好、清晰目标、脚踏实地,并取得良好成果的有志青年。反之,如果是一个包装出来的成果,孩子在这个过程之中并没有真实的收获感想,自然也就没法儿写出高质量的文书,甚至都不敢写这个题材,同时也很难得到辅导老师、教练对孩子诚意满满的推荐。在招生办眼中,家长费尽心力包装出来的活动成果没有任何意义,甚至还会起反作用。

请大家一定要记住:你的课外表现和兴趣、学术都需要相互匹配印证,而这些环节和要素一旦可以得到完美的印证,对你的申请而言会是一件非常有利的事情。更多这方面的分析,请参考本书第四章"一致互补原则"。

14. 没兴趣的完蛋，有一半兴趣的也没用

我很喜欢问家长和学生同样的两个问题："喜欢钻研什么？对什么感兴趣？"当你看到这个问题的时候也可以思考5秒钟，如果你作为学生家长，5秒钟内无法准确回答我的问题，那么你没有通过"兴趣测试"，这意味着你和你的孩子在美国教育体系的道路上开局不利，落了下风。

我回国后接触了不计其数的学生和家长，经验整理了一个大样本，基本可以反映中国家庭的普遍情况：大约50%的家长对于这个问题完全处于无法回答的状态，剩下50%中有一半能回答，但回答的是他们自己希望孩子拥有的兴趣。所以我的推论是：50%的家长并没有留意或鼓励孩子的兴趣；25%的家长留意了，但是选择性忽略，并且强加了家长未完成的夙愿，我甚至碰到过学生在我的再三鼓励下勇敢地说出了自己动画制作的爱好，我认为非常酷炫，但家长立刻纠正："不对，你一向喜欢的是数学，你以后的职业应该是做金融。"这非常讽刺；而剩下25%的家长相对比较幸运，可惜大部分都集中在一线城市。

对我来说，"没有留意"和"知道但不鼓励，甚至打压"是等同的，都算没有兴趣。对于招生办来说，没有实际行动的兴趣口说无凭，就等于没有。

美国大学采取综合评估的录取制度，既然能跟高考体系区分，就必然有它的原因。最直接的体现就是，美国的顶级

院校并没有分数线的概念[1]，所以像托福、SAT、留学研究生入学考试之类的标准考试，只要达到学校总体上可以接受的区间，分数高低浮动差别不大。招生办的具体逻辑请参看"学术和分数"。分数之外最核心的因素就是通过各种证据或证据的组合来判断申请人的学术好奇心，也就是通常讲的兴趣。

换句话说，如果没有兴趣，你也不是进不了好学校，但是你只能选择去拼分，硬生生地把自己逼回高考体系的规则中，不过基本与好学校中的顶级学校绝缘了（顶级学校永远有比你的分数还高同时有明确学术兴趣和研究方向的竞争者）。有了能够展示的兴趣，你才真正走进美国顶级学校招生办的视野范围，而且才有可能敲开顶级学校的大门。

所以，家长需要在孩子平时的学习和生活中发现孩子的真实兴趣，不是将自己未完成的梦想强加给孩子，也不是根据自己的主观经验来指导孩子。兴趣必须是孩子发自内心喜欢的，这才是属于他自己的兴趣。当发现兴趣之后，还有非常关键的一环：甄别与引导。很多孩子会对很多方向都有兴趣，今天喜欢滑冰，明天喜欢游泳，后天又喜欢下棋。这其

---

[1] 非要说分数线也有，比如不低于池子里平均分数的一个标准差，但这个主要用于体育生，勉强算一个大家通常意义上想要的分数线。标准差的概念可能对部分读者不友好，简单来说，就是可以低于平均分、但不能低于多数人（比如三分之二）。即便是这样强加给美国学校一个分数线概念，但相信大家也能看到这个所谓分数线也比国内意义的分数线松弛多了。

实并不是兴趣，而是好奇，好奇的东西可以有很多，作为家长，在时间和经济允许的情况下可以让孩子逐一去尝试，但是在尝试的过程中要陪同孩子进行甄别，"去好奇"化。或者让这个兴趣永远停留在好奇的阶段，把它当作一个游戏，在孩子很累的时候可以通过这个令人好奇的游戏放松一下，我们最终的目的是找到孩子真正的兴趣。在确定孩子真正的兴趣之后，家长的作用就是引导、鼓励并肯定孩子的兴趣，给孩子对接资源，在孩子遇到瓶颈的时候给予最及时而强有力的支持。但是切记不要强迫，即使经过一段时间尝试孩子发现这个兴趣并不是自己真正喜欢的，也要包容，不要因为投入了就一定要求回报，故而逼着孩子一定要做出成绩。这是不可取的，最终兴趣反倒会成为孩子的负担。如果可以在孩子初中甚至小学的时候就发现并开始培养孩子的兴趣，这无疑是在申请的道路上领先其他人的巨大优势。

15. 你以为写得很棒？但一半的申请文书都惨不忍睹

在正式讲解文书之前，通过下图我们可以提前感受一下文书究竟是什么。我列举了 2023—2024 年两大系统的文书题目，其实连续 10 年都没有什么太大变化。最大的系统是 Common（目前是美国本科申请使用最广的申请系统），其次就是加州大学的系统。只需要看一下这些题目，就能大概明白文书是什么了。

2023—2024 Common 题目	2021—2022 加州系统题目
1. 有些学生有一个背景、身份、兴趣或者技能，它如此重要以至于不被分享的话，这些学生的申请就是不完整的。如果你是这样的学生，那么分享你的故事。	1. 描述一次你曾对他人有积极影响、解决过矛盾纠纷，或为团队做出贡献的领导力经历。
2. 从挫折中得到的经验教训能帮助我们获得成功。回忆你面对挑战、挫折或者失败的一次经历。它是如何影响你的，以及你从中学到了什么？	2. 每个人都有创造力的一面，可以通过很多形式表现出来：解决问题、创新思维、艺术创造力等。描述你是如何展现你的创造力的。
3. 回顾一次你质疑或挑战某种观念的经历。是什么触发了你的思考呢？结果如何？	3. 描述自己最大的天赋或技能，以及你是如何发展和展现它们的。
4. 想想别人为你做的事情，这些事情以令人惊讶的方式令你高兴或感恩，这种感恩又是如何影响或激励你的？	4. 描述一次你曾充分利用某个重要的教育机会或战胜某个教育相关的困难的经历。
5. 讨论一个激发你成长并且让你对自己或者他人产生新的认识的成就、事件或者感悟。	5. 描述你曾面临过的最重大的一次挑战，以及你是如何战胜挑战的。这次经历对你的学业表现有何影响？
6. 描述一个让你流连其中，甚至忘记时间的话题、想法、理念。为什么它吸引你？你想多学习时，会寻求什么/谁的帮助？	6. 哪一门学科能够激发你的兴趣，你是如何在课内外学习这门学科的？
7. 题目自拟，可以是之前写好的文章，或者任何你自创的选题。	7. 你曾做过对你的学校或社区有益的事情吗？
	8. 除了你在前面申请中已经提到的，你认为是什么能够让你从 UC 所有的申请人中脱颖而出？

图 1-4 2023—2024 Common 和加州大学的系统文书题目

这个地方很细碎但是很重要，因为招生办相当于把它的要求已经以文书题目的方式告诉你了。招生办就是通过题目挖掘申请人的一系列关键内容：兴趣和天赋是什么？遇到什么困难和怎么应对挑战？什么事情会让你忘记时间、激发你的兴趣、充满动力去做？你有没有对他人有过积极的影响，对学校或社会做出什么贡献？

我重复一次：招生办的真正标准已经用这种方式公开告诉所有人了。各位家长注意不要被半懂不懂的中介用二手信息、扭曲信息忽悠了。

所以这么多年来，市面上对文书的解读一直存在一定的误导性，因为文书既容易让大家高估它的重要性，又容易让大家轻视它的重要性。

首先，一些新闻媒体和留学机构过度渲染，容易让大家高估文书的重要性。其实在招生过程中，虽然并不存在明确的占比公式，但从我的招生工作经验来估计变成我们国内家长好理解的说法，学术表现占比可达到60%—70%，文书仅占5%—15%。所以招生办绝不会凭一篇文书就决定你的录取，不存在"一篇文书打动招生官"。文书可以在学生通过招生办对整体材料评估之后推进录取，但并不是单一存在的因素。

在留学市场发展的几十年中，很多中介其实并没有充分理解或清楚地传达招生办的意愿，我们的家长也不是非常清楚地理解美国大学到底是怎么录取的。所以最后大家将错就错达成了非常简单的一个"非正式"共识，美国的本科录取需要：平时的成绩单、标准化考试分数、课外活动和文书。

于是录取就变成了一个公式。大家会发现，学生自身成绩的好坏跟中介没有什么关系；标准化考试跟语言培训机构有关系，跟中介却没有太大关系；课外活动是一个长期的工作，大部分学生在找到中介准备申请的时候已经是高二下学期了，再安排活动早就来不及了，所以中介在课外活动方面也做不了什么。

这样看来，中介工作的作用就好像只剩文书了。所以在一定程度上，中介为了体现自己收费的合理性，就需要给大家留下文书重要得了不得的印象。

所以文书重不重要？我可以给你明确答案：重要。但是它的重要性的确也被过分高估了。

那为什么又说它被轻视了呢？这就是我在上面很勉强地给了大家一个其实并不存在的占比公式的原因。再次强调，上面说的占比在招生办里不存在，完全是我用经验估了一个比例，只是为了方便家长和学生理解，仅此而已。因为如果真的存在文书文书在申请中所起的根本性作用并不是靠所谓的5%—15%的占比，如果是靠这个占比，那我直接放弃它好了，毕竟如此低的占比倒不如把其他占比更高的东西做好。然而，文书并不是以这种方式起作用的。

文书的重要性体现在它可以对其他材料加成或者削弱，这才是文书的真正作用。所以从这个角度来看，文书的作用往往又被低估了。请大家跟着我的思路重新认识"文书"。

文书是高三上半学期呈现的，这是它具有迷惑性和欺骗性的一点。如果它想对其他三项起到全面加成的作用，就会发现它需要吸收非常多素材。这些素材往往都来自过去三年的积累。

文书对于招生办来说有两个关注要点：第一是内容，第二是学生的写作能力。写作能力与学生用多少高级的词汇没有太大关系，只要没有语法错误就好，但是你的思维能力会通过写作表现出来。招生办真正从文书里得到的信息是通过文书内容发现学生的思考和逻辑能力，甚至以小见大，想象这个学生到底是怎样的一个人。

文书写得好就会对你学术水平的所有材料形成系数加成，

极大增加了你的录取概率。这才是发挥文书真正作用的地方。

既然文书这么重要，那么怎么才能写出好的文书呢？

文书的公式其实就是"五三二"：五分靠选题，三分靠结构，两分靠行文。

理解这个公式有多重要呢？我举两个例子。

第一个，大部分家长和孩子非常重视文书，所以会非常在意文书写出来之后，有没有专业人士或外教帮忙修改润色。甚至很多家长经常会说："我家认识一个美国的教授，他答应帮我们的孩子润色一下文书。"很多的中介会对家长说："我们这边有外教、面试官、校友、大牛，等孩子的材料文书写好之后，可以帮忙修改。"

这种办法看起来挺不错，文书在写好之后交给牛人去润色一下，很有安全感。尤其是改改语法错误，调整遣词造句，就像文章交给出版社过审似的。文书被各种修改、哪怕改得面目全非、红红蓝蓝一大片修改标记，你反而会特别高兴，认为这个中介费花得很值，改得多代表找的人很用心，孩子的文书质量也更高了。

但这是错误的。我们回到上面的公式，你会发现上面描述的这个过程其实是把大部分精力花在最后两分的行文润色的部分，但这部分其实对文书的质量没有决定性影响。真正决定性影响的是前面的五分和三分。等家长和孩子醒悟的时候，会发现时间已经来不及甚至为此付出了非常高昂的代价。这是我在这个行业看到的，并感到特别遗憾的事情。

第二个例子，我的一个小习惯。我从招生办出来后，回国带了10年学生、指导学生改了10年文书。我在学生文书这个事情上很较真，所以有个小习惯：每年10月开始我是拒绝帮朋友孩子改文书的。因为这个习惯，我每年都得罪朋友、但我每年都坚持。

猜猜为什么？提示一下：跟五三二的公式有关系。如果你不往下看就能想明白，那你是真的理解五三二公式了。

答案：因为10月才开始找我改的文书，我已经起不了什么大作用了。直白点说，屎上雕花只能砸了我自己的招牌。

每年11月1日早申请截止，10月份总是会有很多老同事、老朋友、长辈、朋友托关系找到我，都很客气、真诚，听说我有两把刷子、能不能给他们的孩子看看文书、简单修改一下。

姑且不说我自己有付费的学生需要我认真指导，真的非常忙碌。就算是我真的有时间，我也发现拿到手的文书选题有问题、文书的故事节奏有问题，就是前面五和三的部分出了问题，但这个时间窗口根本来不及重新调整、重新选材、重写重改。

换句话说，家长和很多中介不懂，**以为好的文书是五三二里的那个二的问题，但其实拿到手的文书，绝大多数都是五和三的问题。**

这会儿我就极度尴尬：帮着改的话，要在短时间内付出推倒重来的精力，那会对不起真金白银付了几十万的学生和家长；不帮着改、说点场面话"已经很好了"甚至随便改改语法对付对付，那一方面对不起对方的面子、另一方面就变成了"亮哥改过的文书"、然而学生录取很糟，那自己的牌子也砸了。

所以我就干脆一律拒绝，但中国这个人情社会，难免就得罪人，真的很难两全。讲这个例子，是为了让大家理解，要写好一篇好文书、达到增光添彩促进录取的作用，**真正最重要的精力应该花在"五分靠选题、三分靠结构"上，抓重点抓主要矛盾，这八分抓住、大局已定**，后面的行文语法都是小事了、翻不了车。所以我在当时自己公司的工作风格都是：所有重点学生的文书请从 8 月开始，让我在五和三的环节介入，不要 10 月份基本定稿了才让我看、让我去干那个两分的工作。

当然我现在已经不做辅导业务、专心做帮家长学生找到靠谱机构的信息平台。把这个原则公布出来，是希望大家能少走弯路、把力量用在重要的事情上。

理解完"五三二"公式的重要性之后，我们仔细拆解一下：

五分靠选题。意思是文书的成败核心取决于文章抓取的内容能否准确表达想要的中心思想。可以回想一下前面列举的 common 题目和加州系统题目，不用想题目的原文，只需要回想起我刚才提到的一些关键词。学生在过去的两三年里有没有积累过类似经历的片段？挑选的素材能不能印证中心思想？一切都源于对真实的充分挖掘，所以叫五分靠选题。

家长、学生也好，中介顾问也罢，如果意识不到选题的决定性作用，不在上面倾注精力，最后就会吃亏。中介往往会给家长和学生发一张信息采集表，让申请人把上面所有的信息和自己以前的一些故事写下来，然后等待。如此导致的结果就是等到你的第一稿文书出来了，你的文书却不一定合格。这就是不理解五分靠选题的结果，因为你们在最重要的环节都没有抓住重点，导致后续在错误的选题下疯狂改措辞、改语法。好听点叫"在错误的方向上疯狂努力"，难听点就是"屎上雕花"。

到了美国留学申请季，家长和学生一定要注意，文书选题最好在真实的基础上进行充分挖掘：要真实热爱，源于真实。

在真实热爱的基础上，让学生显得与众不同，就要充分挖掘。当学生选择一个真实的素材，可以让招生办眼前一亮，但作为家长和留学顾问应该进一步挖掘素材的深度，把它再往前推一步。因为仅靠抓住注意力是不足以让招生办作出决定的。

招生办每年见过无数优秀的学生，但凡学生有点儿什么小心思他们都能看出来。所以这时除了抓住眼球，应该再使把劲儿，展示出招生办真正想看的内容。招生办希望看到学生付出时间和热情，用行动不停地挑战和提升自己，以此来证明这是学生真实的并在不断摸索的兴趣。

所以在申请之前，家长和顾问必须花费大量的时间把学生所有的经历、兴趣、课外活动等素材整理一遍，尽量用招生办的视角把所有东西扫描一遍，这个过程必不可少。绝不是把中介甩过来的表格填完就宣告结束了。没有任何讨论、任何挖掘，那样的申请一定会落选。

三分靠结构，两分靠行文。一篇文章有了中心思想和主要内容，接下来就是怎么讲故事，究竟是用开门见山的正序法，还是用果及因的倒叙法，应该采取怎样起承转合的变化等。很多学生的文书写不好，不是英文水平问题，而是连语文作文都写不好。三分靠结构，我们要知道结构的力量远比字词的力量要大。行文这部分，哪怕找一个英文专业的大学生都可以帮你改得语句通顺，但对你的申请结果几乎不会有太大的影响。

如果你想不明白应该怎么行文，有一个最好的方法就是去看一些经典的美国大片（不要看连续剧，去看美国的商业大片，《复仇者联盟》也好，《侏罗纪公园》也好），你会发现它们都是非常美国化的叙述。这些商业大片的剧情通常都是在很小的平民化事情中，出现了一个惊天的大冲突、大矛盾。紧接着就会有一个英雄般的角色出现，他可能只是个小人物，他也有迷茫彷徨的时候，但是一定会鼓起勇气战胜一切困难、挑战一切难关。最后出现一个契机调动他内心对胜利的渴望，不顾一切向邪恶势力发起最终宣战，最终他成功了，一切又恢复了平静。最后，一般都会有一个升华的总结，但都非常短。这种情节非常符合美国的价值观。

或许真正美好的事物是没有定式的，那些惊艳的文书通常都是一些天才的神来之笔。但是你不妨试着按照美国大片的模式写你的文书,大概率也不会有问题。

最后一个小揭秘,帮助大家再强化一下重视写文书的五三二公式。有不少读者可能在这本书之前已经在短视频上认识我了。我的短视频能得到不少粉丝的支持,主要是大家觉得有帮助、专业度足够、不是那种只能浅浅说一些吸眼球的话题。其实,除了专业度上确实是因为我在美国做过招生了解很多招生办角度的规则,还有一个很重要的原因是:我的每一条视频其实都是一篇小文书。亲自指导学生写文书带了10年,这套方法已经融在了我的脑子里,我的每一条短视频其实也是五、三、二。

惊不惊喜?!意不意外?!

第二章

了解美国大学招生办和招生官

1. 招生官是哪些人

随着家长的理性提升和留学热度的逐渐升高,我们会发现社交平台上好像到处都是"招生官""面试官"。我希望在此给大家讲清楚各种称谓背后的含义和对应的工作职责,帮助大家做出准确的判断和找到能够帮助自己的人。

(1) 现任招生官

他们是整个录取过程中最有发言权的人。但遗憾的是,除了可以解释学校的招生政策和聊聊学生的情况,现任招生官并不能一对一地帮助和辅导学生(排名略靠后的学校可能会提供现场面试机会)。因为他们是现任招生官,受到严格的纪律约束,为防止利益冲突和黑幕发生,绝对不能向学生提供个性化指导。

现任招生官的主要工作有两项：扩大生源和资格审查。在第一项职能中，招生官只是一位市场推广人员。习惯于国内招生办思维的人往往忽略了美国大学招生官的首项职能，把招生官出于为推广学校或扩大生源工作需要而给予的申请鼓励当成青睐。有的家长不无自豪地说"我带着孩子见了某学校的招生官，这位招生官说孩子的资质不错，鼓励我们申请他们学校，我认为他对我的孩子是充分认可的，孩子的录取可能性会很高。"我对此类说法的答复是"如果招生官没有给你一个申请代码或者没有明显'不正常'地和你热聊，那么这位招生官只是鼓励你申请，以扩大申请基数而已"。

当承担市场推广这个职能的时候，现任招生官（尤其是缺生源的学校）也乐于和留学机构合作，因为机构出于宣传考虑很乐于为其提供帮助，而现任招生官也通过留学机构找到了有现成生源的平台，同时也不必做出什么承诺。

当然，毕竟招生官的工作是给学校招到好学生，如果某个学生条件确实很好，在各类场合下遇到做市场推广的招生官，也确实有可能得到招生官的青睐，甚至给到当场面试的机会。

每年夏季到秋季做完市场推广后，招生官就要转入自己的第二项职能：资格审查。每个招生官在每个申请季多则需要阅读1 000—1 500份申请，通过申请材料来判断学生的合格程度，给出录取或不录取的结论。基于第二项职能，现任招生官在当年的申请中是最了解学校政策、每个申请人的情况以及决定录取背后原因的。

但正因为他是现任"裁判",所以招生办的纪律限制现任招生官向学生提供任何个性化的指导,他们只能传达学校的政策。面对紧追不放的家长、学生甚至高中老师时,招生官们自有一套"外交辞令"拒绝个性化的评价、指导和暗示。

结论:现任招生官可以提供学校权威信息,但不能个性化指导学生。

(2)前任招生官

前任招生官是最能够帮到学生的一群人。如果他们能够理解中国学生和家长的难题,洞悉中国的教育体制,能够用中国人的语言完全传递美国招生办的思维,毫无疑问,这会使对中国学生的帮助最大化。他们以前作为招生官坐在桌子的另一端,深度了解他所就职的学校怎么看待学生和评价学生的材料。所以,他们同样能够反过来按照招生办的思路帮助学生准备好申请材料。更好的是,他们已经不再受现任招生官的纪律约束,可以向学生提供个性化的指导。

但值得注意的是,如果前任招生官不能理解中国的教育体制和中国家长、学生的特殊难题,给出的意见和指导往往是站在美国学生的角度,对中国学生则流于表层。比如"追寻孩子的内心和兴趣"(中国大部分孩子的现状是只考虑应试教育的结果,根本没想过自己内心的兴趣在哪里)。又比如"面试时只要放轻松,展现自己"(中国大部分学生的现状是不知道如何展现自己)。另外,也要注意家长和学生能否时常面对面接触到前任招生官，一个仅通过邮件和电话指导学生的前任招生官的帮助一定会打折扣。

总结：前任招生官最能帮助学生提升，但也取决于他是否了解中国教育、理解中国家庭，能否用中国人的思维沟通，以及能否常驻国内。

这里我要讲清楚，即便是我在哈佛的官方招生经历，直接岗位也是在哈佛研究生院之一的肯尼迪学院工作，并没有在哈佛本科的直接工作经历。但也许命运就是要让我打开本科招生这个黑匣子，面试我进到肯尼迪学院招生办的老板是在本科工作的，他非常认可我作为一个土生土长的中国学生参加竞选的经历，把我招了进去。而我们那一级新的招生委员在实际工作分案子之前，是由我的老板和另一位资深招生官全面培训后再上岗。他真的教给我很多，给我讲了本科和研究生录取有什么相同和不同，讲了很多他亲手处理的申请和招生办的案例，他是我在招生工作上的师父。回想起来，我不仅是肯尼迪学院那一届唯一一个中国籍的招生委员，而且能被他连着本科招生一起教一起带也是独一份的运气。

所以大家出国留学真的要突破自己的舒适圈、勇敢挑战自己。回想起来，2010年参加肯尼迪学院学生会的竞选，并打败美国本土竞争者真是我人生的转折点。如果没有这个"第一"，我就不会被招进招生办；如果当年没有进招生办，也许到现在全国还没有人能说清美国招生办究竟是怎么看材料、想问题的，也不会有现在的我。也许我就回去干投行了，现在应该是个快秃顶的董事总经理或者在哪家上市或者即将上市公司的首席财务官或者董事长秘书吧？

当时只知道是寻常之事，哪能想到看似平淡无奇地接受培训、师父传授、讨论录取，竟然是迄今为止全中国独一份、不可再复制的"奇遇"？！打开这一切的"钥匙"，就是参加竞选的那个决定。

（3）面试官

总体来说，面试官对招生的影响取决于是什么面试官。面试官分为两个群体，现任招生官担任的面试官和校友担任的面试官。但无论哪类面试官，在面试这个阶段前[1]，招生办的材料评审已经完毕，对申请人已经有了倾向性意见，面试只是一个核查过程。一般来说，只要面试结果不出人意料（特别好，例如让面试官彻底震惊；特别差，例如怀疑造假），倾向性意见一般都会成为最后决定。

面试官的第一个群体是由现任招生官担任，这一类绝对是有录取话语权的，比如我在做招生工作时期在哈佛的师父。他们本来是审核学生的材料，非常清楚学生的优势和劣势，对于学生的情况已经了然于心，面试是帮助他们确认判断、解答疑问的环节。虽然现任招生官有纪律约束，无法帮助学生，只能做出招生判断，但是如果学生在面试环节确实取得了此类面试官的好感，无疑对申请是有正面帮助的。

1　除了类似麻省理工学院和普林斯顿大学这样极少数在审查材料前面试的学校。

第二个群体则是校友面试官，这是在市场上以及社交平台上最容易见到、且最容易因为响亮的头衔而被高估的一类职位，因为他们在招生过程中从来没有坐在桌子的另一端参与过申请材料评审。只要不是面试表现特别好或者特别差的学生，这类面试官通常对其录取结果没有太大影响。比较直白的是麻省理工，直接于2023年取消了中国区总面试官这个岗位。

原因很简单：第一，这类面试官完全没有参与学生材料评审和讨论的过程，对学校的录取标准、运作机制等实际操作没有概念。对于招生办来说，校友面试官更多的是为招生办收集信息服务的"非专业志愿者"。校友面试官接触不到学生的申请材料，这也是招生办有意为之。招生办通常会把学生的基本信息提供给校友面试官，协调面试，确保面试顺利进行。几乎只有到学校中国区总面试官这个级别，才会对招生过程有一定影响。第二，招生办很清楚，校友是没有经过招生训练的"志愿者"，也没有参与评审材料的过程，很容易因为对学校的感情和同面试者的个人因素而做出对于招生而言并不专业的判断。第三，如之前提到的，在面试之前，招生办的基本判断已经做出，更多的是希望担任面试官的校友协助收集和确认信息。所以，招生办通常会给校友面试官提供面试"必问"的问题，以供招生办反馈核查信息，剩下的则任由校友面试官发挥。

我回国后经常被一些家长礼貌地说"您是面试官……"，

我心里都会嘀咕,"不,我不是面试官不是志愿者,我是正儿八经读材料打分录取或者拒绝的。"不过,我也很清楚家长一般这么说其实都是尊敬和善意,主要原因还是国内大学没有这东西大家不熟悉,家长市面上的各种宣传搞得家长很晕分不清。这里把这些区别讲清楚,请家长学生注意。

不过,也不能因此而轻视校友面试官。除了因为校友面试官毕竟还承担着帮学校收集核查信息、写评语的任务,能有好的反馈总是好事,还有一个原因是可以从校友招生官的交流里得到很多有用信息。正因为校友招生官不是受过专业招生训练的人员,所以和校友交流的时候一般没有太多招生办的套话、官话,校友的心态一般也比较放松,能够给面试的学生很多关于学校的真实感受和信息。另外,如果能聊到校友自身的职业和发展,也能给学生和家庭很多关于未来选择和规划的帮助,非常有价值。

总结:两类面试官处于不同的原因,对学生的帮助都很有限。现任招生官担任面试官受纪律约束,而校友面试官则完全没有参与到材料评审的过程,仅承担向招生办单方面提供核查信息的任务。如果非要比较,取得第一个面试官群体的喜爱帮助会更大。但是,如果想获得关于学校更多真实的信息以及未来发展相关的信息,校友面试官是非常优质的信息来源。

(4) 名校毕业生

除非踏踏实实指导学生2—3年以上,否则名校毕业生是所有类别里可以提供帮助最少的一类,因为提供的帮助只基于个人的单一经验,既不像现任或前任招生官一样坐在招生办桌子对面阅人无数,也不像面试官一样多多少少会和学校招生办有所交流。

举一个大家都熟悉的例子,当你走在北大校园里,遇到一个学生问:"你是怎么考上北大的?"这位学生必定可以侃侃而谈;但如果你问:"北大招生办是怎么录取学生的[1]?",这位同学大概率回答不上来。

说起来,这几年因为种种原因,美国前20英国G5的很多毕业生回国后都从事了留学咨询工作。我经常建议家长学生挑选这种名校背景海归的时候要注意他的从业年限,也是因为上面的原因。因为好学校毕业的人往往对中档学校和学生的情况无感,需要至少三年的从业时间去理解更多的学校招生画像、理解"不是所有学生都是学霸",也就是要从他们的个人经历变成学生工作经验,才能完成一名合格留学顾问的蜕变。

反过来,一位名校毕业生如果连续3年及以上指导各种类型的学生申请各个多个学校,就会成为一个上限很高、指导质量优秀的顾问,开始真的成熟了。

这类海归背景的顾问怎么才算好,详细的介绍我放在了后面"用好中介"的部分。

---

[1] 现在的北大清华已经不完全靠高考分数录取学生。据统计,一半左右的北大清华本科新生都有强基、特长等各种类型的加分。

(5) 招生办助理 / 校园大使

还有一些因为招生办比较忙,临时缺人手打杂或者需要找学生代言的情况,这类人被称为招生办助理,他们的工作一般都是协助招生办归档、整理资料、分发材料或者撰写学校招生推广材料,也有部分学校会请学生利用课余时间做招生代表,协助学校回答一些来访人或申请人的问题,以及带领到校访问的家庭进行参观。但无一例外,他们的工作跟招生的评审工作完全没有关系。不过,他们可以从这些经历中得知学校如何处理"不速之客"——奖状、个人书籍等招生办并不需要的材料。几类总结为以下表格,供大家参考:

表 2-1 招生官情况汇总

职位 / 身份	主要工作	对真实规则的了解	决定权等级	对你的帮助
现任招生官	1. 推销学校并促进申请; 2. 评审申请,决定录取与否	直接操刀者,知道录取或拒绝的过程和原因	最大,直接	了解学校最新的数据和动向,偏宏观禁止向学生提供个性化建议
前任招生官	曾经的上一类人	了解机制,但不了解现在的申请人	没有,但清楚决定的机制	理论上最大,因为了解录取的所有细节,可以提供个性化指导。但需要能够参与细致指导而不是光挂名,如果能理解中国学生的特点和苦恼则效果最大

续表

职位/身份	主要工作	对真实规则的了解	决定权等级	对你的帮助
面试官——招生官	材料评审之后面试学生	直接操刀者，知道录取或拒绝的过程和原因	最大，直接	同招生官
面试官——校友	根据招生办的指令和分配面试学生	有建议权，但大部分不了解招生决策过程，看不到申请材料。确认招生办已有的倾向	有建议权，但并不清楚决策机制。如果不是面试者表现很好或很糟，一般影响不大。具体因学校而异	有但有限，并不参与评审或决策过程
名校毕业生	无	有申请经历	没有	个人经验

2. 听懂招生官的话

很多人以为或者想象招生官坐在办公室里，对一份份申请评头论足，执掌"生杀"大权，也为此希望能够有机会接触到神秘的招生官，从他们宝贵的只言片语中获得申请的指引，增加成功概率。

但在接触和听取招生官的建议时，必须要考虑当时的场合并了解招生官的另外一个角色——市场推销员。

每年的秋季学期，美国各个名牌大学的"抢人大战"即刻拉开序幕。这个时候的招生官要花费大量的时间和财力在路上，通常会每人负责一个区域，到各个高中去开"校园宣讲会"，密集的时候，一天甚至可能要访问 4 所学校。这个时候，招生官主要的工作是"推销"学校，吸引尽可能多的学生申请本校。不管招生官心中多么清楚"大部分的申请人都会被拒绝，他们其实只是花了 50—100 美元买了一个被拒绝的机会"，但此刻他都要极力宣传包括学校的学习、运动、食物乃至冰箱等各个方面，宣扬学校的开放、公正、平等、优质，归根结底就是要传达如下的信息：这个学校很棒，欢迎所有人申请。甚至在场的学生和家长都会觉得"这个学校的门槛没有我想象得那么高，我也可以一试"。会让他们产生一种很容易被这个学校录取的侥幸心态。

之所以这么做，也有排名的因素。在大家熟悉的排名体系里，有一个重要指标叫作录取率，即发录取通知书的数量除以申请人的数量，这个比率越低，就显得学校越热门，排名越好。所以吸引最大数量的申请人是招生办一项重要的任务。

再者，申请人越多，可挑选的余地就越大，更容易为学校招到优秀的学生，否则各个系的教授会直接向学校抱怨生源不好。

此外，抢人成功，不管是抢来学术小明星还是运动天才，都可以让校友对学校更加忠诚、更愿意为学校捐钱、捐资源。

钱和资源越多，抢人就更加容易。

这番"抢人大战"序幕大概要到每年的 11 月份才会落幕，彼时招生官们要回到办公室，准备开始阅读整理好的申请材料。于是，权力完全反转，你的申请已经提交，轮到招生官们开始挑剔了。

3. 走进招生官的心

招生官也是人，要想了解他们的偏好，就需要了解他们整体的背景。

大体上，在招生办里专职的招生官有两类人，年龄大的和年轻的（姑且当作冷笑话）。

一般来说，年龄大的招生官要么在各个学校的招生办工作做过很多年，要么是之前从事过多样化的职业，丰富的社会阅历和从业经验让他们可以理解并预测十几岁学生的想法和未来的发展轨迹。他们之前的经历可能是做过政府公职，可能做过英语老师，可能做过教育非营利组织，也可能做过和民权相关的律师，一般以公共领域的工作经历居多。他们挑选学生一般比较慎重，且懂得规避风险。

年轻的招生官一般是这个学校的最新毕业生或者其他同档次学校的最新毕业生。这类招生官年轻、热情，他们的想法多，挑选学生时也相对敢于冒险。

总体来说，现在一流学校的招生官构成随着学生主体成分的多样化而变得多样化,他们作为一个全新团队,能够把对不同背景的理解和经历带给招生办这个整体,还能够为学校挑选出多姿多彩的新生班级。回想我当时作为唯一的亚洲面孔进入招生办工作,一定程度上也是得益于学校招生战略的多样化。

但千万不要认为拥有某种背景的招生官会偏好类似背景的学生,他们只是把对这种背景的理解和经历带给招生办,而非自我偏好。实际上,据我观察,并没有发现黑皮肤的招生官会优先录取黑人学生,或者有贫困地区公立学校教育背景的同事会优先录取更多类似背景的学生,为他们代言。

说到底招生官还是学校的工作人员,要按学校的章程办事以及按学校的要求录取。如果录取的生源后期无法达到学校的要求,不能顺利毕业,那么不管是招生官还是招生办的工作人员都会被问责。所以所有的招生官都是很专业与负责的,没有人会为了人情而"放水"。而且每一位学生的资料也不会只由一位招生官来审核,一位招生官负责一审,然后换另一位招生官负责二审,最后由招生主任或者副主任确定是否录取。换句话说,即使真的想放水,也放不出去,要是一审二审意见反差很大,招生办会针对申请人直接开会讨论。无论是录取还是拒绝一位申请人,都会有充分的理由,在这种情况下,即使有放水的心,也没有人能轻易做到。

4. 招生官怎样读申请

从11月底开始到次年的2月份,是招生官集中阅读申请材料的时段。这个时候招生官的生活看起来让人感觉很惬意,可以不用去办公室,自己在家里躲在火炉边,泡上咖啡看申请。可惜我当年享受不到,需要一边上课准备毕业论文,一边完成招生办的工作。没有火炉,也没有人给我泡咖啡。所以我的大部分工作是在哈佛广场上的美国银行对面的那家星巴克的二楼完成的。

实际上,这份工作一点也不轻松。一般来说一天要阅读30份左右的申请材料,工作时长在12个小时左右。一份申请材料大约需要花费20分钟甚至1个小时。这样的工作一周要进行6天,会持续8—10周。

在进行单个评阅时,各个学校的评价形式有所不同。有的是直接给每份材料打一个总体分数,如我当时的工作;有的是直接给材料一个"录取""拒绝"或"考虑"的评价(当然,有的学校会分出四档甚至五档评价)。

这个阶段,所有的硬件信息(包括在校成绩、SAT或美国大学入学考试、托福等标准化的考试成绩),甚至部分领导力经历都会格式化地呈现在表格上,真实且客观,一眼望去高下立见。不少学校还会把核心的成绩信息放在首页,但是不同于中国家长的高考式猜想,这个成绩只是让招生官扫一眼(真的是一眼)做个迅速的初始了解,我们可以把它理解为系统的初始值，仅仅用于了解而已。

在读完整个申请材料之前，这些受过职业训练的招生官不会轻易做出判断，因为有很多申请人的材料初始值并不算最优秀的，但是越往后读越精彩，最后成功被录取。接下来，招生官先从成绩单着手，开始仔细了解申请人的各个模块信息。此时，所有软性因素的重要性开始体现，包括各篇长短文章、家庭和教育背景信息、推荐信等，因为这是整个申请最人性化、个性化的部分，也是招生官最好奇的部分，当然也是花费时间最多的部分。

审阅流程为什么如此？请大家根据前面提到的招生官的工作情况想象一下，一天12个小时，每周连续6天马不停蹄地阅读申请材料。如果全是硬件信息和冷冰冰的数字成绩，招生官会像机器人一样，重复枯燥乏味的工作，机械化的阅读流程一定会让他们疯掉。所以硬件信息虽然重要，但是阅读审核起来简单、透明，花费的时间并不多。软性信息不透明，却是高强度工作的最好调剂，招生官花费的时间也最多。如果在这个招生官花费时间最多的部分充分表现，是很容易让招生官"爱"上你的。

记住，每份申请的评价本来就有很多主观因素。另外，招生官是最善于为自己的决定寻找合理理由的职业之一。

阅读软性信息，尤其是阅读学生的文章，是招生官工作过程中最欢乐的时刻，这种欢乐在大量硬件信息造成的无聊中会被放大。我曾经被几篇文章逗得哈哈大笑，有时也会边读边抱怨。也有同事分享学生的文章，大家一起为一些文章而感叹，甚至落泪。

更重要的是，如果所有材料完成闭环，那么优秀且真挚的文章可能创造前面所讲的区分度而"一击必杀"！虽然大部分文章在程序上会被两位甚至更多的人阅读，但依然存在"快速通道"。如果一份申请有血有肉，所有材料信息在逻辑上也吻合、一致互补完成闭环，让招生官觉得这是个很明显的优秀生源，那么可以越过其他阅读人直接递交给招生办主任。如果招生办主任有同感，会直接录取。

虽然是个主观程序，但招生官也有指导的原则。一份材料一般都会被分解成学术、课外和个性三个大模块，申请人按照这三个模块提交信息，招生办用我后面讲解的几个原则去分析所有材料，回答兴趣、挑战、贡献这三方面关键问题，就可以下录取判断。

有兴趣的家长学生可以去 www.commonapp.org 网站看看每年的申请表格，你会惊奇地发现，原来网申表格都是按这三个模块划分的。毕竟，网申表格是各个学校招生办需求的结晶。

下面是网上流传的一个哥伦比亚大学本科录取的真实案例。其实这个案例是由我的老部下贾姬配合哥伦比亚大学本科招生办的一位招生官翻译完成的，包含非常多的录取逻辑，

1　前耶鲁招生官：想进常春藤，中学需要这样读，http://edu.sina.com.cn/a/2014-07-03/1056244918.shtml。

这也是我每次公开分享时最喜欢和大家讨论的一个案例。案例涉及录取中的"背景对抗""片段折射"等很多中国学生和家长从来没有接触过的方法。

在这里我全文引用，需要中国家庭理解的重点句我标出并在括号里简单提示一下原则，具体原则可以到本书的"牛校铁律"部分对照：

申请者： 鲍勃，男，国际生，平均学分绩点是百分制的97分，对数学感兴趣。我查看了他的成绩单以确认平均学分绩点是否一致，结果平均学分绩点错误。虽然招生部希望简化我的工作，但是他们却没注意这名学生其实就读过两所高中。97分只是其中一所学校的成绩，因此我不得不重新计算。在审阅他的学校档案之后，我发现这是一所重点学校，根据该校的平均学分绩点计算方式，我重新计算的结果为92分，因此该学生9年级的成绩不是特别优异，他也不是该校最优秀的学生（背景对抗原则）。

确定平均学分绩点之后，我开始看学校档案，从这里我可以得知难度最大的课程是哪些。我查看了该生所选择的课程。这个档案很详细，它记录了该生每一科的最高成绩！我从中得知原来他选择了11年级难度最大的数学课。而除他之外，班里只有5名学生选择了此课程，他取得了最高分，这一点特别厉害（挑战）。关于英语，他选择的是常规英语课程，但除此之外学校还提供了2个难度更大的英语课程。他的英语成绩还不错，我开始疑惑他选择常规英语课程的原因，是因为他的学校不允许选择难度更大的英语课，还是他自己主动选择更简单的英语课程？他是否更关心高分平均学分绩点（聪明勤奋原则）？我在招生官发言区留下了备注，我们内部的交流术语："人文科学选课难度较低，数学成绩优异，推荐信需待明确（一致互补原则）。"

课外活动：该生在学校没有过任何担任学生干部的经历。只有在数学组中赢过一次市级竞赛，排名第三，这还算不错。他创建过一个独立的项目，这从某种程度上说，可以算是一种领导力的表现。他创造了一个决定级别的数学公式。我当时极度渴望了解更多关于这个数学公式的信息，非常希望他能将此写进一篇文书（兴趣＋一致互补原则）！他参加了8科AP课程考试，但是学校并不提供AP课程。这可能是我在任职招生官中遇到的比较特殊的一位学生，我对此感到很遗憾。这种情况的产生似乎是某人给了他错误的建议和引导。他本可以花更多时间发展自己的领导力，而不是看重这些没有必要的考试。

考试成绩：这位学生的考试成绩非常优异，SAT总分2150，SAT2中的物理、数学和化学成绩满分。文学成绩740分也很令人钦佩，尽管他选择了难度较低的英语课程，但仍然表现优秀，这是我没料想到的。他的托福成绩是105分，这有一点点让人不安，比我想象的要低一些。然而不管怎样，他的考试成绩和我之前所知的一致，这名学生学术表现优异。当然了，我并不那么在意他的考试分数，因为成绩优异只是一名好学生的表现，而不是一名好学生的原因。好学生的考试成绩都很优秀，鲍勃只是其中一位。我会喜欢他的性格吗？

文书：鲍勃的文书平淡无奇。当我们在审阅完文书之后感觉并无特别之处，也没有任何情感波动，我们称之为平淡无奇。他写的是关于他在一个小村庄参加志愿者的活动经历，他在那里教书。在这一季招生中，我已经不是第一次审阅诸如此类的文书了。但是后来我又在他平淡无奇的文书中发现了一些独特之处："我看着这些学生，来自学校的校友们自豪地帮助这些孩子，这些年轻的乡村学生们也快乐地玩耍着，但我却为此难过。我感觉他们并不了解对方，但是我了解。因为在我生命中的大多数时间里，我就是一个来自小乡村的男孩。"

自我认知、社会感知，这是很有深度的东西。虽然这并不是一篇措辞精美的文书，没有华丽的辞藻，但是我在意的并不是措辞，而是文书中表露的情感。他拥有将自己置身环境之外去理性分析环境的能力。我专心致志地审阅了文书其他的部分，尝试了解这篇志愿者文书与我审阅过的和将要审阅的同类文书的不同之处。我深深地陷入"思维涌动"之中，我想深入了解他是谁、他的想法，以及这篇文书和老师的推荐信、课程、成绩和期望的联系。我写下了这样的备注："这个学生很优秀。"在我看来这不仅仅是一篇关于志愿者活动的文书，我们在乎学生在文书中展现出思考问题的方式。我知道，这名学生会很好地适应世界各地的生活环境，他会从他人身上学习、分析问题、处理并解决生活中的困难。他可以加入我们的团体当中，成为一名优秀的贡献者。

补充文书： 他在文书中提到了他创造的数学公式，并将此作为申请数学学习的理由之一，这二者之间的关联天衣无缝（一致性原则）。虽然我也为文书中的一些语法错误而有所失望，他书写这篇文书时似乎并没有像书写其他文书那样用心，但是我对他的表现仍然感觉还不错。

面试： 总分5分，得分4分，总体来说还不错。我接着审阅面试报告，面试者说这名学生特别木讷，但是他让你感觉木讷的人理应征服这个世界。这位面试者备注说，这名学生没有英语交流障碍，上课应该没有问题。

还好，我对此特别欣慰，继续完成了我的报告："在整个申请阶段，他是我认为最好的学生，但是我们最好在审阅完所有学生的材料后再做出最后的决定。无论是他的考试成绩还是背景，都让他从所有来自同一所高中的学生中脱颖而出，**但是难度较低的英语课程可能是个弱势，这意味着我们可能会找到更具优势的学生。他的托福考试成绩确实低于我们通常招收的国际生的托福考试平均分要求。**"

我将该生的申请材料存入电子等候区，我们称之为委员会讨论清单。两个月后，我重新查看鲍勃的材料，那个时候我已经审阅过很多托福考试成绩、领导力、学术研究和推荐信的材料了，但是并没有一个学生在各个方面都比他优越的。

比起和鲍勃来自同一所高中的其他同学，我还是更喜欢他。

我和其他不是特别了解鲍勃情况的同事展开了讨论，在审阅完同一地区的400名申请者的材料后再决定是否录取鲍勃。在完成了所有的审阅工作，只录取了4名学生后，我们的注意力又回到鲍勃身上。经过长时间的沟通，我能从其他招生官的眼神中看到希望，我们一致决定录取鲍勃！

鲍勃能够被成功录取并不是因为他比其他学生都优秀，而是我们发现，鲍勃对数学充满热情（兴趣），他有学习之余提升其他方面的决心，以及他具有分析社会情境的能力等，他将会比来自同一地区的其他学校和同一所高中的其他同学给课堂带来更多的积极影响（贡献），他值得被发现。于是他成为来自同一地区400名申请者中第5个被录取的学生。

案例结束。录取没有玄学，只有规则，只是你不懂。如果你懂了，就会发现真的没有所谓的"低分高录"，只不过是你忽略了孩子除了托福105这个"低分"之外的履历有多么优秀而已。

所以美国招生办评估申请人是高维的，而我们国内理解好学生是单一维度的。

我把这个差别总结成了下面这张表，最上面的一行是国内家长习惯、中介鼓吹的单一维度"清单"，所以大家按清单罗列、堆叠、砸开录取大门。而大学招生办对学生的评估是下面整张表格，各个纬度和因素相互关联与印证，让他们的录取体系看起来似乎有点儿神秘，但实际上规则清晰、合理合情。如果你想去美国名校，那你必须要超越中介口径、理解更高的维度，才能有的放矢，直击要害。

表 2-2 招生官的评估维度

	成绩	课外活动	文书
兴趣	学术兴趣、阅读	激情	真素材 + 深挖掘
挑战	高难度课程、项目	影响、挫折、成就	反思和潜力
输出	写作、表达	引领、激发、贡献	人生切片

5. 录取流程和理念大同小异

每个学校的录取过程都会存在一些小的差异。比如哈佛会高度依赖由招生官组成的各个小型委员会来讨论学生情况，而斯坦福等学校倾向于少用这种在他们看来嘈杂混乱同时掩盖学生原本形象的方式，还有很多学校则在这二者之间，甚至还有极少数学校比较依靠教授而非专职的招生官（比如康奈尔，但一般来说本科录取比较依靠专职招生官，而研究生录取大多数是由教授进行），但总体流程和理念都是类似的。

首先，招生办的工作人员会筛掉那些明显不合格的申请人，以此节省宝贵的精力。处理完毕后，每一位申请人的材料都会被统一放在厚纸皮的文件夹里，文件夹上按照名字进行编码，并按照申请人的重要背景贴上彩色标签，"校友子女""少数族裔"等都是用不同颜色的标签来提示招生官的。当然，这些标签也会缓慢地变化，比如"少数族裔"这个标签就历经波折，最早没有、平权法案后又要特殊优待增加了这个标签，2023年哈佛败诉、最高法院要求去掉种族因素后，这个标签再次消失。

其次，每位申请人的材料至少会被两位招生官阅读并分别给出意见。第一位一般是负责申请人所在高中地区的招生官，他最了解本区情况，甚至这个申请人在他访校的时候聊过天、就是由招生官本人鼓励申请的；另一位阅读人则是在其他现任招生官中随机挑选。这样两人的阅读可以互补。一方面，是平衡个人因素或者防止利益冲突的钳制；另一方面，一位招生官可以向招生办提供本地区和高中的信息，另外一位招生官则可以横跨所有申请人所在地区进行比较。

一般来说，如果同一位申请人的两位阅读者意见一致，则可以报经招生办主任同意，直接录取或拒绝。如果不一致，则需要通过委员会进行商议和表决。根据过去的实际情况来看，有三分之一到一半的申请人会经历到委员会商议表决这个层面。

对于参加早申请（EA/ED）的学生，每年12月初的时候招生官会聚在一起组成委员会，由负责该地区的招生官逐个简单陈述学生的情况，委员会讨论每个学生的录取问题，一般是投票表决。委员会的召开通常在发布通知书的前几天，也标志着整个评审过程的落幕。对于大部分申请人来说，这是决定他们命运的会议，但是由于人数众多，每个学生只有5分钟的时间被讨论。

部分学校为了抢到被顶尖院校延迟或拒绝的申请人，还会增加第二轮早申请环节，通常会在第二年的2月份公布结果。比如，在哈佛早申请中被拒绝的申请人可以参与埃默里、塔夫茨等一流大学的第二轮早申请，撤回其他学校的申请。如果成功，则可以在同年2月拿到学校的录取通知书。

审查早申请的同时，正常申请（RD）的申请材料也陆续而至。过完圣诞节，一般的正常申请也就都截止了，接下来的几个月招生官的生活就比较两点一线，专心读申请。剩下的流程和早申请保持一致。

6. 关于亚裔面孔

无论是从平权法案的要求来讲，还是从目前的社会风气来看，美国优秀的大学都希望增加学生群体乃至整个学校的多样性，这意味着少数族裔在申请中确实占据优势。

在申请表格里，招生办会询问学生的种族身份，有点类似我们国家高考的少数民族加分政策。不同的是，这个完全是以信任为基础，不需要看"少数族裔证"。如果你自称是亚裔，招生办会默认你讲的是实话。所以从技术上来讲，作为读者的你若自称有拉美血统（直到学校见到你之前都没有问题），就能通过审核。

但这个政策对亚裔以及中国籍的申请人就不是那么明确了。

首先，小部分学校已经明确表示不会考虑任何申请人的种族背景。这其实是个哲学差异，因为有人认为，平权法案要求给少数族裔特别的照顾本身就是在歧视少数族裔。这尤其以加州大学系统为代表，大概是因为少数族裔人口数量在加州已经不是少数了吧。

其次，部分学校会单独把亚裔剔除，不承认亚裔的少数族裔优惠政策。大家可以争辩说这在一定程度上对亚裔是不公平的，但亚裔父母重视教育在全球是出了名的，对子女的学习和管束严厉也是出了名的，对名牌学校的疯狂痴迷更是出了名的，亚裔学生的高分更是众人皆知。这种形象在美国，甚至会被人不无嫉妒地称为"功利""作弊"。以大家熟知的SAT考试来说，亚裔考生比白人考生的成绩高100—150分被认为是理所应当的事情，比拉美、非裔学生高出300分也是很正常的事情。

我曾在招生办"抗议"过其他招生官对亚裔学生的"区别对待"，但最终不了了之。当时，我多少感到招生官对亚裔学生不够宽容，比如同样一个成绩单上的C+，如果是非亚裔的其他族裔学生，招生官往往会认为或试图找出证据证明这不是学生的主观原因。如果是亚裔学生，招生官则八成会认为是学生自己的问题。

有意思的是，2023年发生了一件堪称美国大学招生历史里程碑的一件事：美国最高法院裁定哈佛大学在招生过程中涉嫌对族裔的歧视。在英美案例法系下，这个裁定就相当于立法了。事情的后果就是不仅哈佛，其他大学在招生过程中也不能再考虑族裔的因素，这相当于推翻了当年为了照顾少数族裔的平权法案与此对应，提交录取申请的CA系统也于2024年宣布学生可以选择是否填写自己的族裔信息。

说实话，作为招生过程的真实参与者，我觉得美国大学挺冤枉的。当年说要主动照顾少数族裔、要求立法的是学生、家长和潜在的美国大学申请者，现在说大学违法、要求不能再考虑族裔因素的也是你们。

但如果真的理解了招生过程和大学的目标，亚裔在哈佛败诉这件事上并不会得到太多好处，原因就是亚裔太能卷自己了。

前文提到的史丹利·钟被16所名校拒绝的案例中，亚裔要求美国大学公开招生标准。但大家看到现在应该也能明白，美国大学不是不公开自己的招生标准，而是他们无法拿出一套在亚洲人脑海中清晰明确的标准。其实大学这套录取机制非常像企业在招聘人才时讨论要不要给一个候选人发录取通知的过程，确实存在一些基本的硬件标准，但最后是否雇用这个人其实是很多因素和讨论决定的，不一定是歧视谁，不一定是谁走了关系，也不一定能写出清晰的标准和数字指标。

假设美国大学真的有这么一套能够明确列出比如分数、奖项这些硬件标准，那么以亚裔的能力，一定是直接对着标准一条一条拿到满级。

那么只有两个结果：一是估计校园里 70% 是亚裔学生；二是校园将变成一个竞争激烈的校园。美国大学在全球独步天下、引以为傲的自由思维，以及规则之外的创新就会逐渐消失殆尽。

这两个结果都是不可能出现的，所以中国申请人不要幻想美国大学的录取哪一天会像高考一样。美国大学最怕的就是用某一个、某一次的单一分数衡量学生，所以这个诞生于美国社会理念的招生体系本身就在理念上抵制中国高考思想。

但习惯考试的中国家长面临的尴尬也可以理解："虽然我们也知道美国不全看英语考试，但其他人的英语分数都很高，我们如果不提高英语成绩，不就更没希望了么？"其实破解这种困境，记住两个原理就行：

第一，招生官的确会先看一眼 SAT 和托福考试成绩，但并不代表是招生办最看重的东西。招生办是从综合成绩单、学校报告和推荐信等全套材料，先总体评判学生的兴趣、挑战、贡献等，同时参考 SAT 和托福考试成绩来下判断。中国的家长对成绩过度神化，是来源于高考体系的潜意识。

第二，边际收益递减。为了最后的 SAT 成绩能再高 20 分或托福考试成绩能再高 5 分付出的努力会极其巨大，但如果把同样的努力用来巩固和深化学术兴趣、迎接挑战、做出贡献，最后得到的录取结果要更好。

7. 抢人大战，权利再转

很多人以为发完录取通知书之后，学校才会极尽全力地吸引学生选择自己。但是，作为招生官来说，读完申请材料的时候抢人大战就已经开始了，此时的权利再度反转。

当我们评完申请时，即便是对已经决定录取的学生，也会有所区分。会有部分学生被我们顺手贴上"热门申请人"的标签，意思是"我很想要这个学生，要全力拿下"！

这个时候，录取机器就会再次转动。

好的学校之间都有君子协定，在3月中旬之前不让学生知道录取结果，以避免恶性抢占生源。

然而，招生办总会找到其他办法"眉目传情"。首先，他们会找到热心的大学在校学生，热心的在校生主动去和这个学生接触，介绍这个学校。当然，也有些学校是在发录取通知书后才做这件事。这个时候学校通常会这样做：一个是寻找热情、有耐心和说服力的在校学生，这样能让申请人感觉良好；其次，在发布录取通知之前，学校的工作人员和这位热心的在校生都不能向外透露录取情况。但有的学校会请教授直接联系学生。

同时，对于部分热门学生，招生官会直接批注，让学校承担所有开支邀请学生访问校园。等待学生的必然是极尽所能的热烈欢迎。

更有甚者，有的学校还会发出暧昧的"意向信"，意思是我们非常看好你，如果其他学校的录取通知到了，请"一定不要急着接受"云云。

此外，学校之间的君子协定并没有制约招生官和高中的沟通。对于招生官打交道比较久并且是重要生源的高中，只要高中的负责老师确保不会把招生办的录取结果提前泄漏给学生，那么招生官还是比较乐意在录取结果出来后尽快通知高中的。一方面，如果是正面的录取消息，这等于给高中留下一个美好的印象，那么在学生后续比较和选择录取学校的时候，高中会影响学生选择这所学校；另一方面，如果是负面的录取消息，那么等于是给高中一段时间去消化、酝酿如何缓解学生和家长的情绪。

录取通知一旦发送，抢人大战就会变得更加激烈和明显了。招生办会极尽所能，比如在录取通知书上写上很个性化的评语，这些评语往往来自学生的申请文书和兴趣点。斯坦福大学当年更是派出了平时受到严加保护的切尔西·克林顿接待到访的已录取新生。接下来各种聚会、校友交流、说明会都向新生涌来，目的只有一个："我们很棒，来这里一定没错！"

第三章

牛校的逻辑：学术与领导力

1. 综合录取的有机性

"综合录取"这个概念很神奇,经历过的人都知道它的内涵,但是要给它下一个定义却很难。就像物理学家用了一堆概念来描述质量,高深到已经没有人能听懂希格斯场是什么了,但依然无法给出质量的准确解释。为此我还专门搜索了一下"综合录取"的定义:所谓高校综合评价录取是指在高考改革试点省的试点高等院校录取新生时,综合考量考生的高考成绩、高校考核结论、高中学业水平测试成绩、综合素质评价以及高校自身培养特色要求等5个维度的内容,对高考成绩达到本二批次省控线的入选考生综合评价,择优录取。

想必诸位跟我有一样的感觉:每个字都读懂了,依然不知道在说什么。我试图站在一个普通家长的角度去理解,简单来说,综合录取就是按照社会对一个优秀青年的核心要求去衡量一个学生的潜力：学习好、爱学习、爱挑战、爱集体、有特点。再直白点说就是五讲四美三热爱、德智体美劳全面发展的优秀青年。

如果在我们中国文化里追根溯源，是可以从君子六艺里看见雏形的。不过君子六艺其实更局限于我们中国文化，同样植根于我们中国文化，但全世界范围内接受度更广的其实是《孙子兵法》里的将领素质：将者，智、信、仁、勇、严也。

有一个未经考证的说法，《孙子兵法》漂洋过海，在西方体系里逐步形成了克劳塞维茨《战争论》的思想雏形。《战争论》被比喻成西方的《孙子兵法》，而我个人认为，《战争论》里对军事天才的描述，是整个美国社会对人才评价到美国顶流大学招生理念的真正来源。所以才会出现西点军校毕业生从华尔街到华盛顿、遍布美国政商领导岗位的盛况。

如果家庭既想要短期成功入读美国顶级大学、又想兼顾孩子的长期成功，那我强烈建议家长学生阅读一下《战争论》的第一卷，其中对军事天才的素质总结非常清晰：智慧、勇气、情感。克劳塞维茨在此基础上又延伸出了果断、眼力等一系列品质，但基础是智慧、勇气和情感。比如，"果断是勇气在具体情况下的一种表现……能够消除疑虑的果断，只有通过智力，而且只有通过智力这一种特殊活动才能产生"。

对于没时间阅读的读者，我分享《战争论》里对将领的描述："将领的作用是什么？就是要在茫茫黑夜中，用自己发出的微光，指引着你的队伍前进。"应该说，这一点代表的影响力潜质，是我们教育体系不强调、家长很难理解，但美国体系又极度看重的一个因素。

对比东西方的《孙子兵法》，其实可以把共性概括成我们中国话：智勇双全。

所以美国大学的综合录取无论从形式还是背后的理念，都来自于将领选拔。当然，将领选拔离很多人很远，所以我们可以把这个过程理解成用人单位招聘时的录取评审也能八九不离十。

下面我对应美国本科综合录取拆成三个方面来阐释，分别是学术能力（智慧，对应下面图片最底部的"兴趣"）、影响力[1]（勇气，对应下面图片最底部的"挑战"和"输出"）和个性特点（情感＋智慧＋勇气的综合产物）。在这之前我需要提醒两点：

第一，综合录取本身是一个有机体，我姑且把它叫做综合录取的有机性。拆成三个方面只是为了理解，记住这一点就能避免很多家长逐条核对，觉得孩子都做了不少工作，但整体看起来竞争力却不强，结果也不好。就像我们的生命，虽然我们知道人体是由一堆化学元素、各类细胞构成的，但把正确的化学元素或者细胞简单地堆放在一起并不能成为生命。这是我们通篇的出发点，也是特别容易出现惨痛教训的地方，我们会一次又一次地看到这一点。

---

[1] 本书中，我会把领导力和影响力这两个词混用，意思一致，具体原因请参考领导力的解释章节。

第二，生硬地比较中国高考和美国升学考试，然后要分孰优孰劣，甚至对高考一通批判，这一点没有意义，而且我不敢苟同。因为中国高考和美国升学考试是在各自的历史沿革和国情条件下摸索出的最适合本国的体制，抛开这个背景直接批判是强行把苹果和香蕉放在一起比较，不可比也没有意义。

试想一下，如果中国的大学采取美国大学招生办的人工评阅申请材料、没有固定分数线、综合考查录取，会出现怎样的情况？而且读者们有没有注意到亚洲国家基本都是类似高考的体制？即便是学习美国最久的日本也依然维持高考制度，最多也不过是在2016年下半年开始实行一年多次高考制度。

此外，提醒读者不要过度强调学习带来的"死读书"的负面效果，也不要过度强调"你看人家某某某，没读几本书，反而身家多少多少"此类论调，原因有三点：

第一，这种是小概率事件，因为故事性强，容易成为传播题材，所以广为流传。但从大概率上看，读好学校的人平均收入和个人发展的确比上学少、学校差的人要高、要好，只不过这是沉默的大多数，不具备传播价值。不然为什么那些没怎么好好读书的成功者依然希望子女能进入好学校呢？

第二，通过高考这种严苛的方式能够练就一些极为关键的素质：在关键时刻能够忍受枯燥、坚韧不拔、高度专注、奔向结果。高中阶段能具备这些品质的人，在日后人生的关键时刻也能展现出这种素质。随着社会逐渐成熟，大家从大概率上能够看到，这些被筛选出来的人确实成功概率更高，因为在关键时刻需要的智商和品质，和高考备考所需的智商和品质类似。

第三，只能说高考筛选出适应它的最强的一批人，没有被选上的只代表在高考这个体系下他不成功，并不代表他的人生不成功，他完全有可能在其他体系里获得成功。但是，在其他体系的成功并不能证明原有的体系不好或者不对，只能证明那个体系不适合他而已。

美国本科的录取需要什么？我们来看下面这张图，一一拆解这些要素。

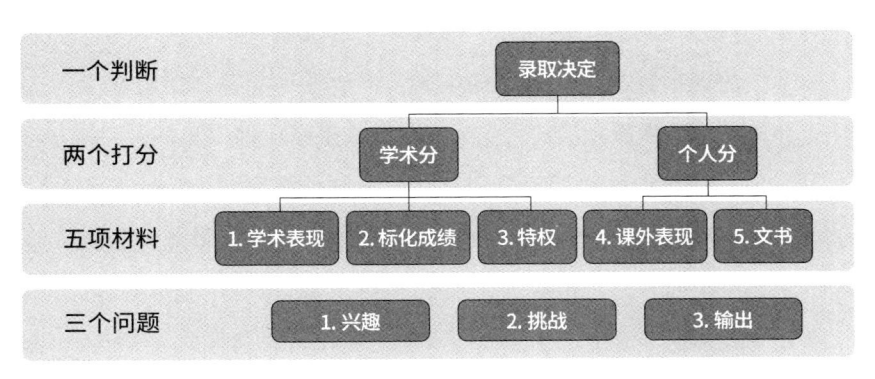

一个判断	录取决定				
两个打分	学术分			个人分	
五项材料	1.学术表现	2.标化成绩	3.特权	4.课外表现	5.文书
三个问题	1.兴趣		2.挑战		3.输出

图 3-1 美国本科的录取要素

2. 学术与分数的关系

这些年我从事留学相关工作，全国各地走了不少城市，在讲座中接触的家长数以万计，面对面聊过的家庭以千为数，接触以后我最直接的感觉就是在国内讲"学术"二字很痛苦。初高中家长的本能反应是"学术=分数",即便能想到"研究"的少数家长潜意识里也默认"初高中生哪会什么研究";大学生家长的本能反应是"学术=论文或实验",把在校成绩又排除掉了。

事实上,类似上文提到的综合录取的有机性,学术能力也是一个包含了众多要素的概念,是一个有机的整体,缺一不可。下面列举的部分中,前三个跟分数相关,体现学生的基础学习能力,放在这个小节;第四项是和分数不相关的"干货",说明学生的学习兴趣,单列在下一节;第五项是份量稍轻一些但绝对必要的元素,展现学生的成就动机,再单列一节。前四项都是组成身体的细胞,但放在一起并不能组成生命体,第五项就是灵魂,先天一气,让生命成型。

与分数相关的三项分别是在校成绩、课程结构和标准考试,三项各司其职,共同说明一个学生的基础学习能力的全貌,负责回答所有招生官在入职时接受训练的一个基本问题:如果我招这个学生进来,他能不能完成我们的学业?

之所以要问这个基础问题,是因为学校为学生提供的资源价值远远超过收取的学费,所以录取决定需要非常谨慎。

我常常开玩笑说,中国家长和美国招生官过招,往往开局时就败了,原因就在这里。中国家长用自己的思维外推,想当然地认为标准考试(托福、雅思、SSAT、SAT、ACT、GRE、GMAT等)是类似高考的地位,招生官的确会扫一眼这些成绩，但事实是他们也只是扫一眼后就立刻开始长时间阅读成绩单，相比于扫一眼标准化考试成绩，阅读一份成绩单要花费 7–8 分钟（具体请参见第二章中"招生官怎样读申请"这一部分内容），原因在于成绩单讲的是和标准考试不一样的故事，这个故事比标准考试重要得多。

（1）在校成绩：请注意它并不是单纯指向平均学分绩点（平均分），因为在校成绩其实还包含排名、成绩趋势和课程难度。

美国的招生办认为，4 年的成绩单描述的是一个学生长期的学习成长过程，比可以突击、多次刷分的标准考试更能说明学生持之以恒的专注能力。四年的成绩单更反映了：

① 学生在当地、在这个学校表现如何（平均学分绩点/平均分）？

② 和那些拥有相同或相似教育资源的同级同学相比，从排名看学生的表现如何？背后的原理是如果和可比对象相比申请人能够胜出，说明申请人榨取和利用现有资源的能力更强，那么当他处于另一个环境，比如正在申请的大学或其他地方，他大概率也能够用好资源、表现得很好。详细请参看第四章中"背景对抗原则"这一部分内容。

③ 学生成绩的趋势如何？一直名列前茅固然最好，但成绩起步差也问题不大，只要是上升的趋势依旧是被认可的。因为申请人毕竟是孩子，能看到逐渐成长就很好；可怕的是每个学期成绩波动而且无法解释，更可怕的是成绩滑坡。因

此离申请年最近的高二（K12的11年级或者英制Y12）和大三的成绩最为重要，务必在此时保证最好的发挥。

④ 有没有特别"刺眼"的成绩，比如B-、C甚至F？有没有合理的解释？需要注意，解释必须合理，老掉牙的搪塞就免了，招生官一年要读那么多材料，什么借口、小花招没见过？

⑤ 有的朋友和我较真，"你说标准考试可以突击，期中、期末也可以突击啊？招生办不考虑这个吗？"我的答案是，持续的平时成绩优异一般很难作假，但如果你的孩子能够保证每次期中、期末考试都爆发，最终成绩都优秀，那我们不得不承认，这也是个十足的人才啊！

（2）课程结构：为什么招生官要花7—8分钟甚至更长的时间去阅读成绩单，而且一门课一门课仔细地看？因为课程的结构也很重要，如果学生的成绩反映了学生的聪明程度，课程结构则反映了学生是否勤奋、是否愿意挑战自己。

① 如果你的数学很好，但那只是普通课程，在你的学校提供更难课程的情况下，你有选更难的课吗？抑或是说，你为了图省事儿拿更高的分，偷懒选择了普通课程？招生官在读学生成绩单的时候要问自己：他会挑战自己吗？

② 整体上，学生的成绩单体现的课程结构难度够吗？因为好大学的课程是很难的。

③ 成绩单上是否有一些荣誉课程或者AP课程来体现强悍的课程结构？这也是为什么暑期学校是一个很好的选择，

尤其对于国内大量的高考班学生或者学校没有开设荣誉课程或 AP 课程的学生。因为暑期学校面向大学生、高中生的学分课程都是大学水平的难度，可以很有效地补充课程结构，也能体现学术兴趣，毕竟美国人对自己体系内好大学的学分课程还是很信任的。

④ 一些家长常问的典型问题：请问我的孩子应该选 4 门还是 5 门 AP 课程？如果选 4 门，基本都能拿全 5 分满分；如果多选一门，精力顾不过来，没法拿到全 5 分了。受过训练的招生官的一贯经典回答是"我建议您的孩子选 5 门，每门都拿 5 分"。每次说到这里，大家要么觉得招生官很幽默，要么觉得招生官是外交辞令，几乎等于什么都没说。大错特错！招生官给出的是正确的回答，而且是真心话！但其实这句话只说了一半，后面还有半句，不过一般都不讲：如果您的孩子还要面临这种犹豫，不能果断选 5 门 AP 课程，而且全部满分，那么您的孩子可能不适合申请我们（这样好的）学校，因为他要么不够挑战自己，要么学习能力有限。

（3）标准考试：标准考试是学术能力的一个证明，而不是原因。

① 标准考试是一个在中国特别容易被夸大的考试，因为大家的高考思维太重。简单来说，在各项内容已经对学生是否"聪明且勤奋"有了基本判断之后，标准考试的成绩更多只是被用来证明之前的判断。当其他学术层面的能力得到证明后，即使标准考试成绩稍显逊色（只要成绩差得不离谱），也

不会影响招生官对学生学术能力的判断，因为标准考试成绩好是一个学生学习好的结果，而不是原因。如果学术能力已经在其他方面妥妥地被证明，标准考试又没有差到推翻之前的结论，那就不会影响判断。

② 标准考试有自己的特点。毕竟，其他学术内容都不是直接可比的，但标准考试可以跨校、跨州省、跨国比较，夸张点说，标准考试成绩可以把四川绵阳一中的学生、北京四中的学生、美国圣约翰高中和巴西圣保罗高中（也不知道有没有这个学校）的学生放在一起横向比较。在其他内容不好直接对比的时候，标准考试成绩是很常见的一个指标。

③ 简单总结，标准考试成绩是结果不是原因。如果学术部分的其他内容表现很强悍，托福考试和其他人相差3—5分、SAT相差50—70分、留学研究生入学考试相差10—20分，影响都不大；如果其他部分的表现缺乏特色，那就只能好好拼一拼标准考试了。

3. 看得见的学术兴趣

简单来说，看得见的学术兴趣就是有证据支撑的学术兴趣，支撑的意思详见第四章中"证据展示原则"。那什么是学术兴趣呢？抛开大家都懂的分数，学术兴趣是指学生对探索事物或现象背后的规律是否感兴趣。还是听起来文绉绉的，举个例子：

回国之后，我逐渐发现学术兴趣这个概念很难解释，于是就常常喜欢恶趣味地问学生和家长一个问题："你喜欢钻研什么？"面对这个问题，中国学生的反应总是惊人地相似。绝大多数学生会被问懵，5秒钟内不会有答案。如果5秒钟内反应不过来，要么是从来没想过，要么是正在准备编造答案。当我略微帮助孩子放松，告诉他们"不要有顾虑、什么答案都可以"后，80%的男孩子会羞涩地回答"打游戏"，绝大多数女孩子会一本正经地告诉我"喜欢语文、数学、历史、政治和生物"。好吧，这叫学科，不叫学术兴趣。学术兴趣是类似2013年出现的录取到罗切斯特大学的"泡面哥"，他喜欢吃泡面，喜欢到把泡面的化学成分都研究了一遍；是我从北师大附属实验的普高班送到常青藤的"犯罪妹"，喜欢犯罪心理、喜欢福尔摩斯喜欢到对探案集里所有的毒药如数家珍；是2021年上海录取MIT的"普高代码弟"，没有竞赛但是常年自己开发小程序还开源给别人；是2022年芝加哥大学录取的喜欢汽车、把自己干成了4S店销冠的那个"卖车的"；是2024年录取哈佛的深圳"数学姐"大家可以搜一下，那是真的学术兴趣。这些都是用行动来想方设法主动探寻未知的东西，关键词是行动、想方设法、主动探寻。我们来逐个了解一下常见的体现学术兴趣的干货。

科研成果和科研项目。大学生往往有机会撰写或发表论文，哪怕没有在其学术圈里认为的新奇观点，但通过实证的调查、实验从而得出的结果总还是可以的。高中生的机会相对会少一些，但也并非没有。比如近几年有越来越多的商业化或非商业化的机构提供大学教授的课题空缺，甚至大学教授可以用闲暇时间指导学生进行研究，其实都是很好的事情。

大学教授的指导如果不可获得，那自己中学的老师总是可以的吧？由自己中学老师指导自己研究探索一个课题，既可信又便利。可能学生会说中学老师不肯或者没时间，只让自己好好学习，但这都不是借口！优秀的学生会自己想办法创造条件。一定要记住，优秀的申请者可以超出可获得的资源本身寻求机会创造价值。

我唯一反对的是所有挂第三、第四作者的方式。现在的父母都很尽责，人脉圈子也很广，很多都能找到"一个朋友在大学当老师，最近要发表一篇论文，可以帮自己的孩子挂上名做第四作者"的机会。这种东西不但看起来很假（一位招生官在每个申请季要评阅上千份申请，什么花招都见过），而且面试的时候很容易几句话就问出端倪，切记不要给自己挖坑。招生官看重的是申请者要真实地参与到学术研究中，了解人家的课题、方法和逻辑；不需要挂名作者，申请者辅助人家处理一下数据也是收获，当论文发表时标注感谢一下申请者所做的具体工作就够了。

竞赛。值得注意的是，竞赛的影响力和名次决定了这段经历的分量。比如对于好的大学来说，学生在所在学校举办的竞赛中获得名次，这只是可以拿出手的起步而已，说明学生能"正常"利用学校提供的教育资源，而且在同年级的同学中领先，符合好大学的基本期望。从这个角度讲，市级的肯定比校级好，省级的肯定比市级好，以此类推，国际奥林匹克竞赛的奖牌肯定是最有分量的硬通货。

近些年涌现的五花八门的"全国""国际"竞赛很多，但不是跨个省就叫全国，不是跨个国就叫国际。招生办也关注竞赛质量，例如国际数学奥林匹克竞赛、斯坦福大学数学锦标赛等类似有足够强度的知名比赛显然分量更重。

荣誉课/高级课、大学先修课程和暑期学校。之所以把这三类放在一起，是因为本质上这三种课程说明的是同一个问题：学生有没有承担足够的挑战？

荣誉课/高级课是美国中学里很常见的一种制度，负责给学有余力的学生提供比普通课程更难的内容。国内一般国际学校里会有一些荣誉课，普通高中里虽然没有荣誉课但会有实验班、火箭班，虽然性质不完全一样，但想招生办展示的实质是一样的：兴趣和挑战。

如果荣誉课没机会，那很多国际课程体系里还有大学先修课，比如A-Level里的进阶数学（FurtherMath，到FP2也是有很大难度），或者IBDP里的高阶（HighLevel甚至FurtherHL），或者AP里的物理C（PhysicsC）。

AP大学先修课程是给中学生开设的，部分课程相当于大一难度。不过大学先修课课程不同于大学先修课考试，大学先修课考试本身并不限制是否有日常的上课，考试通过即可，而且也面向社会，可以公开报名，高考班的同学都可以参加。

在中国一些比较正规的国际学校或公立学校国际部也提供日常教授的大学先修课程，学生每年5月参加考试。而A-Level则根据考试局的不同，每年有2—3次不同的大考。不过，IB必须通过学校才能参加，无法像AP和A-Level以社会考生身份参加。

暑期学校是特指由大学开设，面向大学生和有条件的高中生提供的学分课程。游学团不算，仅面向高中生的暑期学校项目效果一般，没有学分的通常也效果不佳。表现好的学生，顺利完成学业不仅能拿到A档的打分，甚至还能获得授课老师的推荐信，这就是极其有分量的经历。

长期坚持的学术事项。这类事项主要是指那些很难有成绩、证书、名次等学生家长眼中的"硬货证明"，但又能很好地反映学生学术兴趣和能力的经历。比如2024年早申请整个西南唯一录取斯坦福的重庆南开学生严偲宁，成绩当然很学霸，117的托福、1560的SAT、10门AP，但这样的硬件在斯坦福这个级别的申请池中比比皆是。而且她高中时期并没有很多人想象的一大堆很"硬"的经历。但她从初二开始大量阅读数学、哲学、物理原著、包括英文原著，从她的写作、社团这些输出事项里能明显看出已经能够理解到数学、物理、哲学交汇这个高层次认知，这种热情是包装不出来的，观点越来越犀利，思维越来越成熟。单看每一次输出都不算"硬货"，但是她的长期坚持和体现的思维进步，很明显地证明了她的兴趣和发展，也成为斯坦福大学和剑桥大学同时录取她极其重要的原因。

在这里，大学的逻辑更为明显：你的学校提供了条件，你充分利用这些条件发展自己的兴趣，非常好。但如果你的学校没有提供条件，那么你有没有想办法去探索你在这方面的兴趣，寻找资源学习相关知识？这样做代表超越自己可获得的现有资源完善自己，这个更厉害！

4. 提前培养学术好奇心

招生官们很喜欢讲两个词，一个是激情（Passion），一个是学术好奇心（Intellectual Curiosity），这两个词在录取中表达的意思基本一致，但这也是专业招生官和中国家长沟通困难的一个方面。第一，原本在中国文化中就不太提及这两个词的概念，基本是改革开放后更多的西方文化进入中国，大家才开始慢慢接触到。第二，每次说到这两个词，中国家长就觉得虚无缥缈，认为招生官在搪塞，或者觉得"你们这个录取怎么这么主观"；但站在招生官的角度，要么是时间所限、场合所限无法展开解释，要么是常年站在"录取审判者"角度的职业经历让这两个词对他们来说涵义很具体，并不能理解中国家长作为"待录取者"站在桌子另一端的迷茫。

我们回到之前说过的招聘比喻可能更清楚、更容易理解，尤其是对于多年在职场打拼的家长。美国好学校的录取过程更像用人单位招聘员工。面试的时候，作为面试官很容易看出候选人对工作是否有热情，你可以说是凭感觉，但有意思的是几个面试官的感觉通常都是一致的，而且和事实基本相符。一般来说，我们在工作中，对于和我们一起搭档的同事，他们对工作是否具备足够的动力和激情，非常容易判断，而且大家的感觉也基本一致。

激情或者好奇心可以通过申请材料体现出来，更能从面试里看出来。举个例子：

我之前指导过一个北京"985"大学附属中学的学生，从高一就开始规划执行。单看这个学生的每一项经历都没有那么"硬"：

高考班的学生，被老师和习题压得很紧张，紧张到连考托福和SAT都请不了假，最后托福只考了2次，得分100左右，SAT成绩只有2 100多分（满分2 400的时代）。没有奥林匹克竞赛奖项，普通的竞赛也就是校级奖励；没有时间考AP；没有参加超出学校的课外活动，校内活动也只是担当一个干事职位。但这个学生最后被康奈尔和加州大学伯克利分校双双录取。所有人都在好奇这个学生的录取有什么秘诀，甚至有人猜测是不是这个学生家庭有什么背景、跟学校有什么特殊关系。三年接触下来，我对她的情况已经了如指掌，所谓与学校的特殊关系完全不存在。这个学生在三年内利用普通高考班课外仅存的一点时间，专心发展和培养了她的一个特别兴趣：福尔摩斯。

申请时，除了要在填表阶段对于学生信息、学术经历、课外经历和大小文书进行很多选材、权衡、布局、谋篇、措辞等技术性的工作，最重要的就是在其中体现了她的学术好奇心。

虽然没有"硬货"，但是这个学生从初三刚一接触福尔摩斯就深陷其中，这个兴趣爱好一直延伸到申请那一年。她可以对福尔摩斯探案集里的情节信手拈来，对所有涉及的毒药如数家珍，甚至自己在学校里做实验来检验常见食物组合的毒性。因为这个兴趣，她在高一时就和同学成立了推理社，虽然她只是个干事，但是因为热爱而承担了很多责任。高一寒假她花光了自己所有零花钱，并说服家长资助自己，到伦敦 221B Baker Street（小说里福尔摩斯住的地方）进行各种探索和朝拜。高二到康奈尔大学暑期学校上了一门"文学中的疯癫主义"课程，原因是课程大纲里有一章内容是侦探文学，她在上课前主动请缨给全班做陈述，15 分钟的陈述引得教授激动地说："你是我见过的最出色的福尔摩斯粉丝。申请大学的时候请告诉我，写多少封推荐信都可以！"所以在大学面试的时候她用福尔摩斯和毒药的话题吸引了面试官的注意。后来，她在大学选定了化学专业。

这就是"看不见硬货，但看得见激情"。

5. 关于兴趣的几个提醒

初次接触美国体系的家长有时候单纯得有点可爱，容易走极端。好不容易从分数的僵化思维里走出来,开始理解兴趣的重要性,发誓要发掘孩子的兴趣。于是乎……"听说美国人对孩子很宽松,看来我们也应该放手让孩子做他喜欢的!"

我衷心肯定家长们的进步,但是我们不能从一个极端走向另一个极端。需要家长注意的是,兴趣需要花力气培养,不能简单随孩子!

首先,如果你看完上面的学术模块,应该能理解学术兴趣不是说出来的,是需要持续的努力和行动积累起来的,这不是一日之功,需要家长、老师或者其他的场外指导给予长期的关注、引导和扶持,兴趣是需要花时间、花力气去培养的。

其次,兴趣追求得越精深,需要付出的努力就越多,这中间也会有大量枯燥的过程。从这个意义上,我不太相信所谓的"快乐学习",很多事情刚开始起步可能是快乐的,但任何一个需要长期坚持的兴趣爱好都需要付出努力,和准备高考的过程无异。孩子毕竟是孩子,自制力肯定不及成年人,十几二十岁的学生也比较容易发生兴趣转移。如果过于放任孩子随着自己的心情走,可能导致孩子虽然有很多兴趣,但是缺乏持续的努力,兴趣不停地转移或者因为进入枯燥区而浅尝辄止,造成时间和精力的浪费,也无法专注于一个领域获得突破和成就。所以"随孩子"的过程中,也要让孩子意识到责任:家长可以不干涉,但培养兴趣需要吃苦,如果想好了,就要做好长期吃苦的打算,不可浅尝辄止、半途而废。

最后,一直在中国应试体系下成长的学生,突然被放手让他追求自己喜欢的大学，十有八九也不知道该做什么，或者就真的随着自己的性子去做。因此，从理性上来说，依然需要把孩子引导到长期、持久的兴趣及背后对应的学术上去，这才是正途。

当然，我还想提醒一下家长：**没有不靠谱的爱好，只有不会引导的爹妈。人类文明发展到今天，孩子的任何一个爱好背后都有至少一个严肃学科的支撑**。所以没有不靠谱的爱好，只是取决于家长是否能够理解、认可、协助孩子找到背后的学术支撑，也取决于孩子是否严肃认真对待。我这些年里接触过各种"奇葩"学生，见过爱逛街购物的学生进入大学学习设计和时尚管理的，也见过爱打游戏、看动漫的学生进入大学学习计算机的。所以，我的意思，你懂的。

6. 领导力：不等于当领导

每到一个城市，面对家长和学生时，我都会问一个小问题："当我说'领导力'这三个字的时候，你们头脑里的第一反应是什么？"超过 70% 的回答都是国家领导人，20% 的回答是商业领袖。

这跟中国独特的历史文化有关。在中国，"领导"二字是和威权主义挂钩的，一提"领导力"，大家的本能反应就是当领导，就是金字塔尖的人。所以很多学生第一次接触美国教育体系的领导力概念，基本反应都是"我还是个孩子，哪来

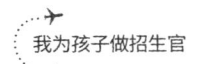

什么领导力？！"这是第一个认知误区。

随之而来的第二个误区就是：羞于培养领导力。中国文化里，"领导力"这个词约等于成为领导的能力。充满了神秘感、压迫感和崇拜感。一说要培养领导力，很多人就会感觉到压力：上级会不会有想法？其他人怎么看我？会不会显得我野心很大？

但是在美国的语境下，"leadership"这个词更多和"影响力"挂钩，和社会地位的结合没有这么密切，所以我在本书里也常会把领导力和影响力两个词混用。我刚到哈佛念书的时候，我们管理学课程的老师史蒂夫·卡尔曼教授给了我一个很好的比喻："在美国，当人们说到领导力的时候，更偏向于这样的情景：一个刚毕业的大学生到一个小镇上，看到大家没有干净的水喝，于是就想办法自己挖井。刚开始大家都笑他，但他一直坚持。随着他的坚持，越来越多的人加入，最后大家一起挖出了干净的水。那么这个刚毕业的大学生就有很强的领导力"。

讲完这个例子，家长和学生可能略微理解了领导力的含义。领导力不一定是号召、带领、统筹、管理，也可以是不断带动、影响、帮助其他人，最终拿到一个大的结果。

美国大学办了300多年，培养了无数学生，能站在金字塔尖的是少数人，不可能每个学生都去当总统、当议员、去创业、成为诺贝尔奖获得者。大学对学生的期待其实是：进入任何一个行业，都能成为这个行业的高影响力人物，给这个行业、社会带来改变、带来提升。

领导力不等于当领导，持续做正确的事情，都能产生影响力，也就拥有了领导力。

7. 领导力：招生办的20年大帐

即便理解了领导力是什么，对大部分中国学生和家长来说，它还是一个非常虚的概念。不像校内成绩、标化考试、推荐信那样，能实实在在看到对录取的贡献。所以第二个问题又来了："领导力真的对我的录取有用吗？说到底是不是还是要看学术部分？学校说领导力估计也只是虚晃一枪吧？"

大错特错。学校非常看重乃至极度渴望看到申请人的领导力或领导力潜质！他们是认真的！可以说，如果没有对影响力的绝对重视，美国大学可能根本撑不了300多年，比这个国家的历史还要长，更别说把大学办到了全世界一流水平了。

一说到哈佛、耶鲁、斯坦福和麻省理工，大家的第一反应都是：好。名气大，也就是声誉好、有影响力。师资好，录取之后能有最好的老师给他们的上课。生源好，他的同学、校友都非常优秀，毕业之后大概率也会发展的很好。

学校用优秀的师资，吸引到了优秀生源，培养出一批优秀的毕业生，再一次提升了学校的影响力，获得了更多的优秀师资，优秀生源，优秀毕业生……师资、生源、有影响力的校友，形成了一个学校培养学生、学生回馈学校的正向循环。这就是美国大学不断发展的秘诀。

众所周知，国外的名校，特别以美国名校为代表，大多数是私立大学，需要自负盈亏。以哈佛为例，2022年财报，学校收入58亿美元，支出54亿美元，收支水平跟清华差不多。但跟清华每年都能收到来自政府的巨额资金支持不一样，哈佛学费收入占比只有21%，出版、版税等收入占比17%，联邦政府和其他机构的科研资助一共占17%，剩下接近一半的收入缺口，全部来源于校友捐款。

一方面，美国校友捐款的氛围很浓厚，很多学校都会花很多精力组织校友会，甚至对校友的子女有额外关注，学生和学校之间的关系非常紧密。另一方面，越有影响力的校友对学校的捐助力度越大。"华尔街空神"JohnA.Paulson向哈佛捐款4亿美元，陈乐宗陈启宗兄弟捐了3.5亿美元。这些巨额捐款不仅给学校实打实解决经济问题，也能给学生们更好的教育资源并且能进一步提升学校的影响力。

其实我们身边也一直有这样的例子，雷军给武汉大学捐款13亿，陈东升给武大捐了10亿。王兴向清华捐款，裘国根向人大捐款。学校培养学生、学生回馈学校，这个循环在国内高校也逐渐建立起来了。

学校发展靠大家。越是好的大学，越容易获得资源。不管是高楼、土地还是基金，或者学校需要办什么事，都能用相对较低的成本得到，甚至有人主动送上门来。学校的影响力，归根结底是一代代毕业生的社会影响力整体变现。

了解到这些，就不难理解招生办在大学为什么这么重要。建立学校和学生共同成长这个循环有两个关键。第一：学生在学校度过了一段相当长的时光，这段经历又足够美好，学生才会对学校产生热爱和忠诚。第二，学生毕业之后的生活比较富足，有一定的经济基础和社会地位，才能更好的反馈学校。

执掌清华17年，被誉为清华"永远的校长"的梅贻琦先生，有一句非常著名的话："所谓大学之大，非有大楼之谓也，乃有大师之谓也"。经费充足的大学，可以建起高楼，建起来前沿实验室，甚至，聘请到一些优秀的教授。

但教育行业有个特殊性，好老师会自然趋向好学生。一方面，好的硬件资源只有在好老师手里能发挥出更大的作用。另一方面，拥有一身本事的他们也会想：我这么强，我也不愿意教一堆差学生。如果教的是一群好学生，老师在工作中更卖力、更快乐，他们也会更加充满成就感。而被这些老师倾情灌注的学生，也更容易感受到尊重、快乐，更能激发求知欲、未来做出更大的成就。甚至，未来好的老师还会从这些生源中涌现，在生源和师资层面形成正向循环，而这种传承会再一次激发学生对学校的归属感。

举个咱们身边的例子：雷军捐款13亿，武大设立"雷班"，保研率100%。把最好的资源给到最有潜力的学生，这帮学生的学习体验感直接拉满，那对学校的忠诚度和好感度，能不高吗？以后他们走出社会，当然会有更大概率回馈学校。

从功利的角度讲,大学筛选学生、培养学生,就是对未来的投资。希望学生未来学成之后造福社会,创造更多的社会价值,反过来回馈学校。对比全世界的大学,很容易发现一点,全世界的大学都不约而同地重视本科教育,把最好的资源和老师都给到本科学生。学校培养一个学生的花费,远远超出他交的学费。为什么要这样做?因为老师可以选择中途聘来,校友可以是社会人士因仰慕学校名气来读培训班而成为校友,但最核心、跟学校最容易产生感情和忠诚度的是读学位的学生。学生如果能够成长为各个行业最有影响力的人,而这个学生年轻时在学校度过的时光又很美好,那绝对会成为学校的忠实粉丝。

好生源、好师资、强大的社会影响力,互相影响,形成循环,学校就会变得越来越好。如果在这三项中再选一个最主要的,答案必然是好生源。生源发展起来之后,其他两项自然也都有了。学校非常清楚的知道这一点。所以招生办在大学非常重要。因为招生办直接为学校完成它最重要的事情:招到最好的生源。

学校在考虑"录取"这项工作的时候,考虑的其实是投资一个人的未来。投入很大,而且周期很长,动辄就要为一代人谋划,确保挑出来的学生都可以最大概率地成功,成为各个行业的领军人物。所以办学校确实要有长线思维,它们一定设想的是这个学生未来能取得多大的成就,能不能成为国家的栋梁,能不能回馈社会,进而提升学校的声誉。这是个周期长达20年的大帐本。也就是说，学校在录取学生的时候，会预测学生20年之后的发展。因为一个人的成熟过程很漫长，十年树木，百年树人。学校录取一个学生，不可能今天录取来，马上这个学生就能出人头地为学校带来荣誉，并非人人都是谷爱凌，即使是谷爱凌也要经历长时间的训练，才能取得现今的成就。一个学生如果22岁从大学本科毕业，通常在30多岁达到人生事业的高峰，40多岁时拥有非常强的社会影响力，这个过程大概需要20年。

把时间拉长20年再来看，校内成绩、标化考试、竞赛这些学术指标，就会变得非常单薄。而学校也很清楚，除了学术好奇心，一个人在少年和青年时表现出来的领袖潜质是对走入社会后是否能依然成为各自领域领军人物的一个很有说明性的指标，或者从某种程度上来说，也只能靠过去行为来对这种性格上的东西进行预测。所以学校增加了录取中的领导力要求，其实就是学校在判断你除了学习好，有没有可能以后给学校增光，给学校带来更大的声誉和影响力，让学校之名因你而得到更好的传播。这样，学校就会进入正循环：更好的声誉、更多的资源、更好的招生，然后又是更好的师资、更好的声誉……

8. 领导力：关于课外活动的招生办视角

我们不做领导力的学术探讨，如果真要做起来可就"汗牛充栋"了，我们直接讨论和招生办相关的部分。前面我们搞清楚了学校在领导力上的大帐，这会儿再去理解招生办在申请履历里看重什么、为什么看重、找背后的什么东西就很容易了。

招生办在考察领导力的时候主要是从活动清单（本科）、简历（硕士和部分本科）来获取比较标准、格式化的信息，并从文书和推荐信里获得一些定性的细节。

标准化信息是按照表格填写的，供招生办迅速地获取学生在学业之外的全貌。在标准化信息阶段，招生办评估的因素主要包括：在什么机构或团体？担任了什么职位？做了多久？做了什么事情？取得了什么成果？

简单来说，招生办在基础信息获取阶段，主要关心两方面问题：机构团体和职位职责机构团体在什么样的机构实习？或者是什么样的学校社团或者社会团体的活动？

机构团体。声誉好的机构团体在此有相对的优势，因为相当于这些知名机构或者团体已经帮助学校做了一次筛选，可信度相对较高。其中，本科申请中还要选定经历的类型，比如校运动队、志愿者或科技等，原因在于社团名字五花八门，不一定能直接看出来机构团体是什么类型，有了分类更容易辨识和了解。放在研究生阶段，去大的公司或机构实习、兼职、工作，在同等条件下肯定比小公司、小机构更容易辨识。

当然，并不是名气越大越好，名气声誉只是一个因素，还要看究竟承担了什么职责、做成了什么事情。

职位职责。机构的品牌并不是全部，申请人在团队中担任什么职位，在一定程度上能说明申请人的领导能力，其实就是我们理解的影响力。以学生会为例，学生会组织有主席、副主席、各部部长、副部长、干事、志愿者等角色分工，每个角色承担的工作职责不同，分工及难易程度不同，对于学生的要求不同，得到的锻炼也不同。

但是，我需要再纠正一些大家固有的观念：在团队中的职位不是越高越好。很多人以为，如果招生办在 A 学校只录取一个人，就会录取成绩最好，职位最高的学生。比如学生会主席申请了，其他人就都是陪跑。不，事实并非如此。

招生办会综合考虑每一个学生的具体表现。即使申请人是学生会主席，但是在就职期间，申请人并未在学生会有所作为，没有任何突出的贡献，没有变革，没有活动……这个学生会主席的头衔并不能带来多么大的助力作用。但是，哪怕你只是一个普通的学生会干事，在某一次活动之中你的行为使得活动得以正常进行或者更加出彩，那么这些活动执行的记录、分析体会，也可以被总结成精彩的工作经历。对于申请而言，你的这段经历以及心得感悟才是真正的加分项，可以让申请得到加成。

招生办很重视你做过什么，但更关注你通过这些作为获得了什么，如何发扬传播你的经验，在过程中如何避免并弥补你的不足。因为这些才是你真正的收获。而这些收获塑造了你这个人，让你变得独一无二，让你值得被录取。

9. 领导力：关于课外活动的申请人视角

理解了招生办提取课外活动基本信息的视角后，我们回到申请人的现实问题：如何策划。

简单来说，课外活动的推和拉要结合。

我们不要把课外活动简单地理解为乐器、舞蹈、体育这样的兴趣、才艺。学生会、广播站、校报这样的学校组织，学校的各种社团，希望小学、养老院这样的义工活动场所，或是社会性质的各式各样的俱乐部，这些都是课外活动的一部分。想申请顶尖名校的学生，或多或少都参加过几项甚至十几项课外活动。很多申请人都手握各种大赛奖项：钢琴十级、跆拳道黑带、学生会主席等，甚至有不少学生曾到山区支教。怎样才能证明自己更优秀呢？这就需要个性化背景的提升，需要你拥有独一无二的故事，展示出你在某个方面进行的深入努力。

有哪些课外活动可以帮助申请者进行背景提升？（建议大家从初三开始准备）

（1）学术类：数学、物理、生物、英语能力、化学等学科竞赛，机器人比赛，兴趣小组，科研活动等。以国家级或者国际级比赛获得名次为最佳。

（2）兴趣爱好类：话剧社，油画社，街舞社团，羽毛球社团，足球社团，游泳，篮球等。尤其是体育活动，美国优势项目的体育运动尤其为美国大学所青睐，例如：篮球，橄榄球，冰球，棒球等。

（3）社区活动/志愿者活动：各种社会公益活动。

（4）实习：家教，创业，家族企业，超市，研究机构等；甚至快餐店服务，派发传单，售卖小商品等。

（5）国际类：暑期学校，跨文化交流，模拟联合国会议等。

事实上，很难说哪一项课外活动"更能加分"[1]。核心是在申请大学时，一共有两份材料需要体现课外活动，一个是简历，一个是文书。毋庸置疑，在文书里如何组织和讲述自己的课外活动经历是整体材料闭环的关键。

基础信息的提取我们之前说过了，招生办还需要对课外活动经历进行详细评估，这个时候甚至会涉及到参考文书、成绩单和推荐信完成整个材料的闭环。

具体来说，招生办其实并不在乎你是跳街舞还是参加足球队，他们在乎的是你在这项活动中的参与程度、责任行动和反思感悟，以及还有没有后续进一步的探索：

（1）参与程度取决于你是蜻蜓点水混经验，还是从头至尾全程投入，同时时间长度和频次也有关系。

（2）责任行动是指你的具体职责、以及你在里边究竟做了什么事、承担了什么责任，甚至是否组织发起并带领团队克

---

[1] 又是一个招生办里其实不存在、但为了家长学生好理解强行制造的比喻。

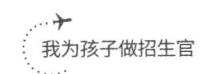

服困难拼到最后一刻。

（3）反思感悟指的是通过这个活动你学到了什么，有什么经验和教训，如果再来一次有什么可以改善的地方等。

（4）后续探索是在这次活动之后，你有没有继续在这方面持续投入，发现的问题能不能在力所能及的范围内予以解决，为解决问题做了什么努力等。

招生办要通过这些方面来检验你是否体现出具备成功的潜力，是否进行了长期的规划并且取得了一定的改变。假如你在简历中填写的兴趣是"玩电脑游戏"，很显然，一名受过良好训练的招生官可能不屑一顾。但如果你把电脑游戏玩出了名堂，参加世界电子竞技大赛并取得了名次，那你绝对可以在文书里大写特写，我相信招生办一定会重新评价你的课外活动。而你还通过这次比赛发现了一些商机，后续又做了一个有意思的新项目并且成功获得收益，那么招生办肯定会再次提高这个活动的价值"得分"。举这个简单的例子是想说明：重要的不是纠结哪项活动更好更高级，而是哪项活动你能做得更好、更深、更长。

第四章

牛校铁律：五大原则

1. 聪明勤奋原则

牛校铁律的第一个原则——聪明勤奋：不论是常青藤中的顶级院校还是牛津大学、剑桥大学，录取的绝对是既聪明又勤奋的学生。乍一听，这个原则好像很基础，很多家长都认为我家孩子很聪明、很勤奋，但是大家想没想过，你评价自己孩子的角度和招生办通过材料"看"你家孩子的角度一样吗？

很多家长心里想的都是：我家孩子成绩好、课外活动丰富、老师评价高，这些都是可以体现孩子聪明的事例。的确，我们绝大多数申请人都可以展现自己的聪明，但是，他们没有同时展现出自己的勤奋。

孩子为了考到 SAT 1 400—1 500 的分数，为了考到托福 110 分以上的成绩，为了考到 AP 考试的 5 分已经非常努力了，天天在刷分。然而，这种勤奋并不是招生办想看到的。招生办看到的是你用两年时间刷分到1 500分，没有其他素质的展现；而另一个申请人虽然只有1 450分，但是大部分时间都投入在了学术兴趣和服务他人。对比一下，你的1 500分纯粹是拿时间堆起来的，只能说明你很平庸！另一个申请人如果也花同样的时间，估计要考1 550分了吧？！

对，招生办就是这么想问题的。

甚至很多时候，中国人认为最有效、最能证明自己的刷分对于招生办来讲，一定程度上会被认为是一种作弊！归根结底，我们理解的勤奋跟别人理解的勤奋不一样。招生办所认为的勤奋是从你过往的挑战性上来看的，而不是重复做同一件事情。

我们仔细拆解一下聪明勤奋原则。首先你要意识到，不是一味地和招生办强调你很聪明，因为你的成绩已经说明了你的智商，你需要时刻意识到你是在申请常青藤、在申请牛津剑桥，招生办的桌子上放的是全世界范围内申请哈佛、耶鲁、斯坦福、牛津、剑桥的申请人的成绩单、文书及各种证明材料。

每年哈佛申请人数达6万多人，超过90%都是在当地高中排名前10或者前10%的学生，你觉得此时你再去一味地展现自己的聪明还有任何意义吗？没有！因为这6万多人里有5万多人都拥有绝顶聪明的智商，人家完全不输于你。

未来有一天如果你有机会坐在招生办公室里感受这个过程，你就会清楚地明白和理解学校的这种"傲慢"态度：你很聪明吗？我们缺第一名吗？我们斯坦福的申请人缺世界冠军吗？我们耶鲁缺政要吗？不好意思，我们都不缺！2022年初有一部很火的电视剧叫《超越》，讲述了一名运动员从业余运动队，到市级专业队，到省队，到国家队，最终拿到世界冠军的过程。而每一次她升级的时候都有眼前一亮的感受，会发现前面有好多人都比她厉害。申请名校也是一样，在所有申请人中，总有很多申请人书面实力比你优秀得多。申请人不要迷信自己的优秀，你要展示的东西需要有特点才能胜出。

你要意识到像常青藤、牛津、剑桥这样的学校从来不缺资源，它是全世界的常青藤、牛津、剑桥。每年有多少人梦寐以求地想进去，有多少人给这样的学校捐款、捐名望、捐各种各样的资源。那么，学校在意的究竟是什么？学校是在意这个学生能给自己带来多少资源吗？错，学生带来的那点儿资源真的是沧海一粟。

很多不理解的人整天在说：姚安娜为什么能进哈佛大学？要不是有任正非和华为的关系，她肯定进不去，一定是因为他们家给了哈佛大学很多钱，塞钱进去的。我这里并不想展开分析姚安娜的芭蕾、ACT这些背景，而是从招生角度帮助大家理解。

我只想说，这些人真的是完全不懂招生办再加没见过大场面。如果你身在招生办就会能理解：姚安娜的背景、身世确实非常好，她的家庭拥有大量的财富毋庸置疑，但是哈佛不缺。哈佛是全世界的哈佛：哈佛缺这样的有钱人吗？就像古人会想象皇帝用的是金锄头,这波没见过世面的网络喷子一定永远都无法想象,在哈佛的申请人池子里,不缺钱,真的不缺。是否有未经报道的高额捐助不得而知,但是对于哈佛这种学校,即便是捐款到潘石屹的千万美元数量级,从校长那里获得的也是一个有条件录取:基础条件不能太差。这个不能太差,招生办有一套自己的算法,这里不展开了,但是按照这个算法,学生自己不努力也是达不到条件的。所以,姚安娜被哈佛录取不可能脱离她自身优秀的因素,必须也要符合招生办的整体要求。

另外一点,姚安娜从哈佛是以计算机和统计双专业毕业的,没见过大场面的"评论员"根本无法想象同时修完这两个专业意味着多大的学术挑战。即便是国内大学严进宽出的环境、计算机和统计两个专业也有极大挑战,尤其是哈佛计算机专业的作业量有多变态、可能只有本校的人知道。其实这一件事情已经足够倒推出姚安娜的聪明勤奋了。

说起来,为什么会有聪明勤奋原则呢?因为像常青藤、牛津剑桥这样不缺资源的学校,它们非常希望看到:你能证明你进入像哈佛、耶鲁、斯坦福、牛津、剑桥这样的环境中,能够充分利用学校的资源提升自我并产生影响,这是学校非常在意的一件事情。

学校有海量的资源供给,而且一定是你享用不完的量级。如果这个学生只是忙着自己学习,把学习成绩搞得很好,但不会使用学校的研究资源,也不去查文献、做调研,同时也不会往课题上、往自己喜欢的专业方向前进，甚至在同学、老师发生大量学术讨论的时候，他一点儿都不参与，那么对于大学来讲，录取你是失败的。所以，一旦学校发现申请人的这种潜在属性，是一定不会做出录取决定的。

相信你现在能够理解为什么很多时候中国家长看到一些在他们眼里特别棒的学生，然而哈佛、耶鲁、牛津、剑桥并不录取他们。因为这些特别棒的学生很有可能是"装"出来的。这些学生很擅长完成指定任务，在既定规则下达到标准，成为很多人眼里的优秀学生。他们能够顺利完成指定的任务，这是好事；他们能够把自己照顾得特别好，这也很好。但是他们不会充分利用学校提供的各种资源去主动做研究，不会主动去"榨取"学校的资源，即使他们的成绩可能高于其他人，但是这样的学生一旦被录取代表席位被占，就失去了另外一个更有潜力的学生，这对于学校是得不偿失的。

所以，顶级名校需要你向它证明，一旦录取你，你能够确保充分利用学校的资源，即使你的原生环境再破败、再穷困、再没有资源也没关系，只要你能展现出在曾经仅有的条件下都能够发挥自己最大的努力把事情做得特别漂亮，学校会非常有信心地录取你。学校要看的就是你所展现出的充分利用身边有限资源的能力。因为学校录取了真正优秀的学生，他们就会像海绵吸收水分一样，站在学校的肩膀上变成一个更加厉害的人，最终成为各个行业里的领军人物，成为光环般的人物，这些人未来就是学校的一块活广告牌。

我们再看看谷爱凌的履历，凡是在学校做过招生官的人都会有一个判断，即使她不是奥运冠军，斯坦福大学也会照样录取她，而事实也正是如此。她在参加奥运会之前，在发高烧的情况下，依然想挑战自己，一心想去冲，即使她妈妈都劝她不用这么做，但她依然坚持去参赛。此时，成绩其实已经没那么重要了，这种精神、这股劲儿更重要。还有一个例子，她在学校（当地最好的高中之一）为了备战奥运，一口气用两年的时间把三年的课程学完，挑战自己的极限，这样省出一年的时间全身心备战奥运会。你看到她的勤奋了吗？你看到她的自我挑战了吗？学校要的是这样的素质，而不是一些人所谓的"因为她是冠军，所以学校给她发了录取通知书"，斯坦福大学不缺冠军，而且很少人注意到，谷爱凌录取斯坦福是以文化课学生的身份录取的，并不是运动员。

常青藤院校的招生官一看到一堆拿了高分的学生，就知道这些学生很聪明，智商非常高。但是，当他们看到学生的其他材料，如果发现这个学生就是为了拿好成绩一直选一些简单的课程，而没有对任何学术进行挑战。一旦学生给招生官留下了这种印象，申请就失败了。哪怕学生的成绩都是满分、平均学分绩点在学校排第一，依然不会被录取。

2. 背景对抗原则

招生办内的术语是"reading against the context"，以前我

把它翻译成"背景阅读原则",但背景阅读体现不出"against"这个词的传神之处,因为招生办的实操中确实有"against"的成分,所以,称为"背景对抗"更为合适。

究竟如何实现对抗?第一,你是否"对抗"了你可以获得的教育资源?第二,招生办要拿你的对抗程度去和其他申请人的对抗程度作对抗。

这个原则听上去可能比较难理解,因为高考制度没有这个审查角度。我们经常说高考是中国最干净的一块土壤,因为要保证绝对的公平,不管你从哪儿来,在这个省高考就要考这套卷子,分数高你就上,分数低你就下。这对于中国当前的国情来讲是足够公平的。当然,高考必然也有它的问题所在,还有很多东西没有办法兼顾,比如省份差异、录取难度差异等,所以大家也可以看到高考制度一直在微调,从一套卷子到全国Ⅰ卷,全国Ⅱ卷,还有不少地方卷,甚至单独出题的一些省市。到现在高考也有逐步参考会考成绩,参考学生平时成绩的趋势等。中国的高考也在历史进程中改革、完善,以此避免之前沿用已久的"一锤子买卖"的情况。

对于美国来说,反而可能会觉得中国的高考制度不够公平。他们认为招生录取需要充分考虑每一个申请者的背景,即使一个申请人到了终点,还是要看他们是从什么样的起点到达这个终点的。要看他们在这个过程中所处的角色、做过的事情,公平看待这个过程,才是真正的公平。

这两种对待公平的视角有对错吗?没有。这个事情到现在都没有定论，中国高考叫作结果公平。我们去申请美国的学校，美国学校注重过程公平，这两种公平在伦理学上都站得住脚。这是两个国家因为价值、历史、文化等的不同产生的不同选择而已，没有对错之分。

但是申请人要清楚，你要去的学校不是中国人开的，那就需要用遵守对方的游戏规则，需要适应人家的公平原则，不要试图去辩论：你看我们高考的结果公平多好。这只会浪费时间，完全不起作用。当然，如果你能创立一所哈佛大学，那你自然可以按照自己的方式来。

背景对抗原则根植于美国的历史文化土壤，以哈佛为例，这样一所已经运转300多年的学校，它认为这是更加符合它的土壤及价值观的一套原则，你必须去理解这个原则，否则就会产生刚才提到的各式各样的问题。你会产生各式各样的怀疑：为什么这个分数低的孩子被录取，分数高的却没有？如此一来，只能看到一个简单粗暴的结果，这就和不是真正懂留学的中介一样不够专业，仅流于表面，错失本质。招生办需要看每一个申请者从哪个地方来，他们的起点也同样非常重要。我们对于美国名校录取的诸多误解很多时候产生于我们对这个原则的不理解。背景对抗原则会在整个材料评审过程中发挥极其重要的作用。

如果一个北京重点高中的孩子和一个十八线大山里面乡镇的孩子取得了同样的托福成绩110分，SAT成绩1 500分，AP成绩4门5分；这两个孩子只能录取一个，你会选择谁？

我相信绝大多数的人都会录取那个十八线乡镇的孩子。原因很简单：北京重点高中的孩子拥有丰富的优质资源，他们可以接触大量优秀的老师和同学，去上各种形式的辅导班，甚至可以享受各种名师一对一授课。相比之下，十八线乡镇的孩子，可能在上高中之前都不知道留学是什么，也没听说过AP、SAT，他能取得这样的标化成绩，所付出的努力要远远多于北京重点高中的孩子，常青藤院校当然愿意给这样的孩子更多机会，因为在这么艰难的环境下都能取得如此漂亮的成绩，来到我们常青藤院校，拥有海量的资源，从常理上来说是不是会取得更加优异的成绩呢？这其实就是一个背景对抗原则实操的例子。

还有2023年这个获得了大量同情的案例，硅谷冈恩高中毕业生史丹利·钟，申请了18所顶流大学，结果被麻省理工学院和斯坦福大学等16所顶尖一流学校拒绝，甚至包括加州系的公立大学也拒绝了他。他唯一获得录取通知的是德州大学和马里兰大学，但不久之后，他收到谷歌的全职软件工程师职位邀请。

全网都在同情他，谴责学校歧视，因为这个孩子有非常漂亮的履历：SAT 1 590分（满分1 600分），GPA（Unweighted / Weighted）3.97 / 4.42，美国优秀学生奖学金竞赛入围者（全美前1%），晋级谷歌全球编程挑战赛半决赛，带领团队在麻省理工最硬核AI编程比赛MIT Battlecode中获得全球高中组第2名、全美第1名，成立电子签名初创公司RabbitSign，建立非营利组织教低收入的孩子学编程，担任学校竞赛编程俱乐部主席。关键是被名校拒绝后，这个孩子后来还被谷歌录用为全职软件工程师，说明他有极强的实际动手能力。为什么还是被拒绝了呢？

这个结果很让人意外，传统上大家说私立大学歧视亚裔、而一般都没有人说过公立大学歧视亚裔，而且还是有非常多亚裔学生的加州大学系也拒绝了他。所以基本可以排除是歧视的问题。

还有一些似是而非的解释，说亚裔理工男申请计算机就是地狱模式。话没错，但是这个孩子即便在亚裔理工男里明显也是很优秀的，加州系在这一点上不存在拒绝一个头部亚裔理工男的理由。

而且最大的疑惑是16所顶流学校全部都拒绝，居然出奇地一致。这说明一个大概率的原因：一定是触碰到了一个顶流学校共性的原则。如果不是共性的原则，应该出现的情况是大致一半学校拒掉、一半录取，不可能16所顶流全部拒绝。

那触碰到最大概率的原则就是背景对抗原则。

这个案例出来后，除了大多数人的同情和讨论，也有少量信息在讲斯坦利的主要经历是出自同样在硅谷工作的工程师爸爸。按照背景对抗原则，在这样的环境中有编程方面的优势是自然的，对学生的要求相应就会提高。斯坦利的具体申请材料我没有见过，但不排除申请表格的内容让招生办觉得不可思议，显然应该是大人有所干预。如果是这种情况，清一色的拒绝就能讲得通。

当然，还有另外一种可能，是背景对抗原则的邪恶使用，就是有人以"父母投入资源"举报，向斯坦利准备申请的学校挨个举报一遍，因为斯坦利准备申请的学校太好猜了，肯定都是顶流名校，闭着眼睛都知道。录取他的德州大学和马里兰大学没有那么知名，而被遗漏了。

无论是哪个原因，都是背景对抗原则在美国录取中发挥的威力。

3. 一致互补原则

一致互补原则（Consistent）是很多习惯于中高考的家庭完全想象不到的原则，但如果按照我前面说的用人单位招聘原则反而很好理解。你会发现招生办让你提交的任何一项材料，哪怕让你在上面写下你父母的职业和家庭住址等任何信息，都不是随意筹划的。为什么？因为招生办会全面阅读申请人的所有材料，所有的信息综合放在一起，会形成互相之间的天然核对，这就叫 consistent，一致互补。

比如，你的标化成绩和在校英语水平、文书水平、甚至推荐信是可以互补的。很多家长没有意识到这个问题，只会陪着孩子一遍一遍地刷标考成绩，直到把标考成绩刷到很高为止。然而，招生官看到的是，这个学生标考成绩虽然很高，但是他连自己学校的高级英语课都不选，成绩单上也没有相关成绩体现，再看一下文书，遣词造句水平也很一般。这个时候，招生办就已经很清楚了，这个学生大概率是一直在刷分，不符合之前讲过的学术表现原则，也不符合挑战自己的原则。反之，如果一个学生标考成绩没有那么高却还想冲刺哈佛、斯坦福，他的托福成绩可能只有105分，没有达到广为流传的托福110分非官方录取线。但招生官通过他的高中成绩单发现这位学生在校英语的成绩非常好，而且修的课程都是学校比较难的英美文学，或者类似于美国大学先修课[1]水准的课程（要求学生完成大量阅读和写作的内容）。同时，这名学生的文书遣词造句水平跟他在校英语水平一致。这个时候招生办极有可能会认为这孩子英语水平不错，只是可能不太善于考试，那么托福考分稍微低一点儿没关系。

给大家透露一个小秘密。招生办对新手招生官都会开展一项训练：阅读申请材料的时候，必须要想象这位申请人就站在自己面前和自己聊天，或是想象自己在对申请人做一次非正式的面试。

招生官在审读材料的时候，要想象这个孩子在讲述自己高中过去几年的一件件事情，为什么要做这件事情？这件事情有哪些闪光点？介绍自己在学习之外是一个什么样的人……种种情况，把所有的材料整合在一起，完整地拼凑出一个学生的样子，这些都需要招生官去想象。这个综合审查，

---

[1] AP课程（Advanced Placement）是由美国大学理事会提供的一种高中课程，旨在为高中生提供更深入、更具挑战性的学习机会。

自然而然就包含了一致互补的原则，很多家长甚至大部分的留学中介都不太懂这个关键之处。而且，中介很可能掺杂自己和某些学校、机构合作返点的利益动机，向家长推荐各种活动。自以为"漂亮"的材料最后审读下来，根本看不到这个孩子究竟喜欢什么，最后的结果就是把学生的特点直接埋没了，影响孩子的学业。

4. 证据展示原则

"Show, not tell"可以翻译为证据展示原则，我也形象地把它叫作"别光动嘴原则"。如果一个学生想表达自己，不要告诉我，请用实际行动去证明，我自己会看。招生办有的时候也会说"demonstrated interest"，是同样的意思，兴趣不要光用嘴说，要能展现出来。

如果把申请和录取比喻成一个有志青年对女神的追求，就可以很清晰地理解这件事情。一个想追求女神的小伙子会怎样做呢？甜言蜜语几乎是必不可少的，但只有甜言蜜语就可以了吗？一点儿实际行动都不付出吗？也许对一些涉世未深的小女孩有些作用，但是对于哈佛、耶鲁、斯坦福这些名校，这些过惯了从小被各种夸耀赞美的女神，绝不会因为一个小伙子的几句甜言蜜语就芳心暗许，而是要看到更多实际的东西，即使不是房、车、钱这些俗物，也需要看到真心的付出，轻而易举地说一千遍一万遍"我爱你"也不会打动她们的芳心。名校也绝不会因为申请人写了一句"我热爱科学"就真的相信他会成为未来的科学家。你说对物理化学感兴趣，你做了什么？你说想成为一名天文学家，你对宇宙了解多少？你做过什么样的科研活动？过去几年你每天学习什么？你做了哪些跟天文相关的事情？如果我没看到你想学天文的决心和兴趣，那你是不是不诚实？招生官看到的是你的行动，那就是天天在刷分数。这是招生办非常重要的一个原则：证据展示原则。热情要通过行动来证明。

作为申请人应该怎么做？特别简单，既然招生办需要看证据，申请人就先充分挖掘自己身上的优势，找到足够的证据，把证据进行适当的包装，最终展示出来的一条完整证据链条能够让阅人无数的招生办眼前一亮，从而从众多的申请者中脱颖而出，最终得到招生办的青睐，这样才能成功拿到录取通知书。

5. 有点人味原则

严格来说，这不算招生的原则，可以算作约定俗成的操作，所以我一般都说四大原则，唯独在写书这个环节中为了中国学生和家长，严谨起见列出了第五大原则。因为有人味儿这个事，在我们国内以分数论英雄的文化环境里是完全无感的，在美国录取的社会环境里又是一个在当地无感被当作默认应该有的事情。诚然，无关好坏对错，只是在各自国家的历史文化、社会环境里萌生出来的需要而已。

如果常年和美国大学的申请材料打交道，你会发现填写材料的过程是一个逐渐有人味儿的过程。其实人味儿也是前面所说的"区分度"和"军事天才"里情感的另外一个表现。很多人看过美剧《西部世界》吧？没看过也没关系。假设我们有能力造出一个跟真人毫无区别的仿真机器人，造出来后我们要跟它成为朋友。这个过程跟填申请表格几乎没有区别。

一开始，要填一些基本信息、标化成绩、学校课程，这是最没人情味儿的一部分。类似于把一个人的骨架搭好，我们从骨架只能看出这个人大概的身高和轮廓，无法判断一个人的身材、长相和气质。这时候让你面对这样一个人去表白，你下得了决心吗？你做不到，招生官也为难。无从决断啊，因为能达到满足要求的身高、比例、头型的骨架很多，你自己都没法挑选！

接下来就要填写获奖经历和活动经历了，甚至可以上传简历。从这部分开始，每个人都开始变得明显不一样了，每个申请人的经历都充满了很多无法用分数表达的东西，这就类似于给骨架填充肌肉、器官、皮肤等。经过这个步骤，一个人的样貌就开始逐渐清晰，你已经能大致判断这个人的长相、外貌。

如果这时让你挑一个人去喜欢，你能下决心吗？勉为其难，但总还是有一丝不甘心。为什么？因为还不够了解。万一这个人很无趣呢？如果这个人有暴力倾向呢？抑或是大家三观不合呢？

所以还有最后一项，长短小文章。通过一些小文章，申请人可以展现自己在不同场合下的性格、选择、思考习惯，申请人在招生官眼里的形象、性格、气质等各方面表现组合起来就开始变得立体了，不再只是一个纸面上干巴巴的"伟人传记"了。招生官通过从各个材料吸纳的信息给这个模拟人注入血液，让他的心脏开始跳动，大脑开始有意识，然后张开双眼，调皮地一笑！

嗯！就是他了！我要和他在一起！

理解了这个过程，大家就知道整个美国本科申请体系为什么强调要有人味儿，一定要在某一个地方（通常是文书）放下自己的"伟人传记"，撇开生硬的自我宣传，而是要在自己过去4年的人生中挑出几个短小的片段，充分展现自己作为一个有呼吸、有性格、有鲜明特点、有喜好的人的魅力。

第五章

了解中介机构，
用好中介机构

第五章 | 了解中介机构，用好中介机构

中介这个词虽然一般都会代表着一点负面，但现在的高中本科硕士留学筹划中，大家似乎都还是会借助中介的力量。从实际行动和行业规模上看，那确实说明中介还是给家庭学生创造了一些价值的，否则要么大家用脚投票中介早饿死了，或者乱象丛生早就从严监管甚至直接把行业打掉了，不会逐年发展壮大、牌照也从前置审批变成了后置。

所以中介大体上是可以雇佣的，接下来是个挑选问题。启动以前，请大家一定要明确挑选中介机构的原则，简单来说，需要达到这三个目标。

（1）申请人对自己是否需要中介机构的服务要有一个基本判断。我经常强调，你一定要知道你花钱买了啥，或者说，想清楚之后再决定买还是不买这项服务。我会分享一些挑选中介的原则和方法。很多时候，挑选中介都是外行看热闹，内行看门道。作为一个曾经的大型留学中介公司负责人，我

看中介的角度肯定和大家稍稍有些不一样，也会和大家在一些自媒体平台上经常看见的来自很多学生、一线顾问、小中介机构负责人的发声内容完全不一样。

（2）了解中介的利益点和对自身的影响。我会以我多年在大型中介机构掌盘、做一手负责人的经验，为大家拆解这一点，让不了解留学行业的家长和学生能够稍稍了解这个行业中必备的信息。而且，这些信息将来一定会影响申请人自身利益，并会影响申请人所挑选的中介机构的服务结果，希望通过这些信息能让当事人充分判断来自中介机构的服务是否合理合格。

（3）能够识别中介服务合同中的重要条款，也就是我一直在分享中强调的抓主要矛盾、重要条款。

在告诉大家如何选中介机构之前，先解释一下在我们普世的价值观下对中介机构的常见误区，也是回应大家经常在各种平台上听到的三种声音：

第一种，中介机构挣钱靠信息差。我明确告诉大家，这是错误认知，中介机构现在不仅靠信息差赚钱越来越难，甚至靠线下赚钱都越来越少、越来越难。造成大家普遍误解的原因是对这个行业了解太少，传递行业全貌真实信息的声音也太少。

第二种，中介机构骗子特别多。我也可以明确告诉大家，除了后面会专门给大家提醒的所谓"保录取"，目前常规中介服务里的骗子已经比较少了。2000年初，留学潮刚兴起的时候，可能会有一些中介机构因为初期大众对留学的模糊认知心存侥幸，使用这样或那样的骗术。但现在信息越来越透明、行业也在进化、越来越多海归、高知进入留学中介业务行业整体素质在提升，纯骗这种事情其实是越来越少了，更多的纠纷往往出现在过度承诺、沟通不清、分工不明这些问题上，相比早年的纯骗已经不是一个量级的事情了。我有时候在短视频里开玩笑，"现在都不流行骗了，多低级啊！现在都高级了，都流行不说，只要我不说我就没骗你。"

第三种，中介机构会硬塞给申请人很多垃圾项目。这种说法有，但也不全对，随着信息的透明和家长学生认知程度的提高，这种现象出现的频率正在降低。

既然我不是在短视频等自媒体平台上讲一些博眼球的内容，那我可以明确且严肃地告诉大家，关于这三个问题的专业答案都要看具体情况。它取决于申请人自身的条件和情况，取决于申请人选择的中介机构性质，取决于申请人遇到的顾问的履历，也取决于合同条款。所以，如果不考虑这几种因素，以上这三个问题都无法回答，也不会产生结论。

留学顾问辅导的效果在于提供留学辅导服务的这个人，以及此人能为申请人专心投入多少时间。简单来说可以是一个乘法关系：辅导效果 = 留学顾问资历 × 花在孩子身上的时间。当然，这个辅导人可能是你的朋友，利用业余时间帮孩子解答问题，也可能是全职的留学咨询顾问。

开始留学中介机构这个话题前，我们需要一些历史铺垫，才能理解后续的各类建议和考虑因素。之所以说这些中介机构的历史很重要,是因为历史决定了这个行业的模式,模式影响行业内部的分工和服务的质量,最后才会影响到申请人的申请和录取。

举个例子,现在的留学中介机构都习惯于打"高端"的牌子,但是同样的两个字,放在新东方前途出国和我之前做出的学而思顺顺留学这样的中介机构[1],就能落实"高端"二字,而放到其他的几家传统大中介机构几乎不可能真正做起来。因为行业历史和自身基础决定了提供高端服务的老师是否能存活、是否能得到合适的报酬,并且有足够的能力支持做好高端服务。时髦的"学生录取数据库为您选校",放在外籍中介机构就做不起来,因为历史决定了他们没有这样的互联网基础和团队成员。

留学顾问这个行业的历史很短暂,基本是1998年才开始起步。那时留学生很少,即便有,出去的绝大部分申请人都是为了攻读博士项目,留学顾问基本还不存在。英美一些好学校也还没有认真考虑招收中国本土学生或正式将中国学生纳入视野。即便有部分国外学校开始尝试来华扩充生源,但对中国市场一无所知,迫切需要一些既能与学校沟通又懂中国市场的人作为代理。行业没有起步,这样的人很难找,但

---

[1] 还真不是推销,因为我已经离开了,离开后名字也已经换了,换后的名字我不说,读者也不要去搜,这总不算推销吧?主要是说明一个行业问题。

学校又有招生压力，所以，在那个中国留学行业初出茅庐的时代，中介机构很容易取得国外学校的代理权，也就是招生代理协议。可以想象，在行业早期，初入行的那些人背景鱼龙混杂、参差不齐，行业里甚至有元老戏称："那个时候，有的以前是卖领带的，有的以前是搞电子的，现在都来当代理了。"

这就是真正意义上的留学中介起源，即同海外院校有招生代理协议的中介机构。中介可以根据学校的基本要求，协助学校直接招生。又因为有招生代理协议，所以中介机构有较大自主权甚至决定权，可以非常简化地录取学生。同时，教育主管部门为了规范监管，制定了中介资质审批制，获取中介资质的前提是和海外院校有招生代理协议，这也一定程度上代表了教育主管部门的信誉背书。

这个阶段，留学中介里的老师或顾问，更多是按照简化程序和模板收集并填报材料。彼时，招生的决定权大都下放给了中介，录取基本很有保证，并不需要太多创造性和个性化，所谓文书一般也以形式居多，因此属于批量生产阶段。那时中介老师和顾问的工作也相对简单，拥有基础的教育背景即可胜任。而对学生和家长而言比较省事，同时分数要求也较低，学生也基本不用参与过程。再套用行业元老的话说："那个时候，我带着4个没毕业的大学生，一年就送了600个学生给某某大学，这个学校就是我给它做起来的。"那时，甚至还出现过学生和家长需要排队找关系才能跟留学中介机构签约、付钱的事情。可想而知，那是留学行业野蛮生长的时代。

当时的业务模式是两端收费，包括家长学生端的申请费用和海外院校的招生服务费，也就是俗称的佣金。因此中介机构基本只需要向学生和家长推荐有招生代理协议的学校即可，后续操作很简便，录取也有保证。

我们将此时期称为留学的1.0时代。

从模式上讲，如果你的留学目标是英国（"金砖五校"除外）、澳大利亚、新西兰及欧洲的一些国家，那么至今依然停留在1.0时代。虽然不再是家长和学生排队争抢名额的卖方市场，但代理制还是这些国家的主流，中介代理的模式在这些国家留学操作上依然很顽强，因为向这些国家的学校输送学生都是直接采用B2B模式[1]，甚至澳大利亚的八大院校在2015年上半年之前都是一定要通过代理递送材料。但美国、加拿大、中国香港、新加坡等国家和地区的留学却有时代性的变化。

随着留学人数增多，市场逐步扩大，政策也逐步放开，再加上中国综合国力的上升，越来越多的国际院校正式将中国本土学生纳入视野，留学开始进入2.0时代。这些开始正式吸纳中国学生的学校中，美国前50的名校越来越多，包括我们耳熟能详的哈佛大学、耶鲁大学、斯坦福大学。但对于美

---

[1] B2B模式是两个企业相互交流和合作的一种商业模式，非消费者和企业（C2B）之间的互动。

国排名前 70[1] 的大学而言，这些学校的品牌足够响亮，没有招生压力，反而更多情况下是学生和家长需要挤破脑袋才能拿到这些学校的录取通知书。

这些好学校的招生决定权全部在学校，没有中介代理的简易流程和自主权，因此，想要进入这些好学校，基本只能靠申请。由此留学咨询机构应运而生，没有招生代理协议，仅专注留学过程申请建议、辅导和咨询的服务机构。由于教育主管部门基本从 2003 年开始就停止了中介机构资质的审批，这类咨询服务类机构都无法获得中介资质，仅有少数几家在中介审批权下放给各省级部门之后在部分较宽松的省份里获取了有限的几个中介资质。所以从这个意义上讲，中介资质是计划经济的产物，没有中介资质不一定代表它们的服务质量不好。"中介资质"在下文中的留学 3.0 时代即将灰飞烟灭成为历史遗产，因为国家已经把中介资质从审批制变成后置备案制。但由于名校申请的要求较高，决定权又都在学校，因此咨询服务机构的顾问必须老老实实地做好材料、进行文书材料的创作或个性化打磨，相对来说，这类中介机构对从业人员的要求较高。从与学生和家长的关系角度来说，

---

[1] 强调 70 的原因在于，除了 2 所很特殊的美国排名前 50 的大学，目前在中国有全面本科招生代理协议的美国大学最高排名院校排名在 70 开外，76 名之前的大学基本是不需要通过中介招生的。当然，凡事总有例外，也有少数几个学校有招生代理，不过仅限于桥梁课程或部分特殊项目，不是全面招生代理。另外，事物是在不断地发展变化的，所以请大家不要拘泥于 70 这个排名。

这类中介机构服务需要吸纳较好的生源，也需要学生在申请过程中有较多的参与和配合。随着名校招生热情的高涨，促进了这类中介机构的市场需求，供给越发旺盛。

和留学1.0时代的业务模式相比，此时的咨询服务机构已无法从学校获取招生返点，只能单向收取学生和家长的辅导咨询费用，操作环节无法简化，录取也无法保证。

这就是以咨询服务机构的兴起和传统中介业务占比的下降为特点的留学2.0时代。两类中介机构彼此竞争，却又都希望能够抢占对方业务。在2.0时代的后期，虽然有资质要求，但监管机构对于咨询机构管理较松，也视为市场经济下对中介业态的重要补充。而各个咨询服务机构彼此之间的竞争也开始加剧，在咨询服务机构内部也开始出现更专业的分工，原来什么事都要管的咨询顾问也开始被切割为不同的工作模块。

但一般情况下，学生和家长依然把留学1.0时代的传统中介和留学2.0时代的咨询服务两类机构都统称为中介，一定程度上也造成了一些误区和信息的失真。

建议：家长选择留学中介机构前，先诚实地面对自己和孩子的情况，想清楚自己对申请的期望和孩子的客观情况。如果孩子自主性较差、成绩不太好、对学校的期望不太高、家里图省事、录取有保障，那么下面将展开的传统中介模式更合适；如果孩子自主性尚可、成绩不错、对学校的期望较高又符合实际、家长希望多多参与也能接受录取风险，那么显然咨询服务类中介模式更合适。这两类中介的区别将在后续章节展开。

接下来就是3.0时代进行时。

2014年是留学教育领域重要的一年。一方面，国家在政策层面上希望进一步开放搞活，对留学中介机构资质的审批大幅放开，从前置审批变成了后置备案，市场化竞争条件进一步加强。另一方面，方兴未艾的互联网在席卷各个"高频次、低金额、快决策"的行业后，开始聚焦留学教育这个"低频次、高单价、重决策"的最后的"腐朽之地"。这二者正式标志着留学行业进入3.0时代。

在2014年就已经出现了政策改革的苗头，以及互联网领域的尝试。政策改革的事姑且不论，互联网领域的尝试更远早于2014年就出现云飞跃、时差网等各种尝试，但因为整体留学用户在使用习惯、模式上对留学服务行业理解不够导致一些偏差，这些尝试都以失败或不温不火难再有起色而告终。

如果2014年以前的"留学+互联网"尝试还只算筚路蓝缕，2014年阿里巴巴上市、滴滴与快的合并等一系列令人目眩的事件则标志着用户的移动互联网习惯初步养成，即便很少有"网购"的留学用户，但也不再排斥互联网留学这个概念。

"去中介化"或者说"越过中介，让学生和老师直接对接"成为主旋律。这一波浪潮的兴起孕育出决胜网、51Offer、柳橙网等一系列互联网留学平台，甚至连新东方前执行总裁陈向东老师也率众做出面向更大课外培训领域类似模式的跟谁学，大家都带着"弯道超车、颠覆传统行业"的梦想，不过最终却发现，传统方式虽然有其腐朽的地方，但依然有存在的理由，互联网改造也无法跳出行业自身的规律。决胜网在重大客诉对声誉品牌的影响上尝到了教训，51Offer让人认识到顾问在留学中不可抹杀的重要作用，柳橙网则依然在提升产品感和用户体验的道路上，而跟谁学则在陈向东老师的带领下顽强转型在线教育品牌商，率先证明了在线大班课的可行性，一口气在A轮融资后直接美股上市。

2015年，国家提出了"互联网+"的概念，留学业的一个重磅炸弹"顺顺留学"也踩着政策和资本的节拍含着金钥匙出世，不做中介，而是试图做成留学领域的"大众点评"。但2015年底开始的资本回潮，让互联网O2O企业死了大半，很多断了资本供给的平台开始发现之前烧钱补贴换流量的做法再也无法维持，反倒是以前被我们痛斥的传统留学中介机构的做法能直接带来现金收入。我们比较幸运，某种程度上也是因为我常年一线接触家庭和市场、加上自己金融从业经验培养的资本市场敏感性，顺顺及时跟学而思的母公司好未来集团完成了换股收购、借道实现了美股上市，算安全着陆。但这一轮回潮过后，从投资机构到行业都在反思，留学行业能不能实现O2O模式？这一波互联网概念的留学平台无一例外地开始回归这个行业最原始且直接的状态。我本人作为首席执行官，亲手帮这家曾经试图颠覆行业的顺顺留学完成了转型。

不过，历史发展总是在螺旋式地上升，也不能说这一轮互联网潮完全回归了传统方式。但是被互联网这么一搅局，留学顾问的收入提高了，留学中介机构知道必须要提高服务过程的透明性来对待客户了，也是好事一件。

2021年教育领域迎来了"双减"、也迎来了短视频时刻，我重新出发，再次开始探索普及重要信息、帮助挑选优秀老师和中介机构的事业，就有了大家现在短视频上看到的我。不过，这次没有资本催化、完全靠着踏踏实实的知识分享、用户口碑一点一点做，反倒是从容有序、快乐生长。初心不改、依然在路上。

1. 了解标品类中介和服务类中介的区别

在前文关于留学中介行业发展历史的简单介绍里大家已经看到，把传统中介和后面新兴的咨询服务类机构都混同为中介是个不准确的概念，有可能直接导致在选择中介的时候犯错。但是大家的习惯很难改变，这里我干脆将错就错按大家习惯来，把提供策划咨询服务的机构叫做**服务类中介**，把传统中介叫作**标品类中介**。这样更加直观，大家从名字上就知道特点了。

大家经常会慕名咨询一些把自己名声打造得很漂亮的中

介机构，他们往往提供高端服务，专门帮助学生去申请常青藤高校，帮助学生录取到美国前30的学校、英国牛剑等。这种一般是服务类的机构，它们的覆盖范围是美国前20的中学、前30的本科或硕士（一般情况下，服务类机构也会帮大家申请到美国的前50）；加拿大的前4（多伦多大学、英属哥伦比亚大学、麦吉尔大学、蒙特利尔大学）；英国的G5[1]或前9（即包含G5、国王学院、曼彻斯特大学、爱丁堡大学、华威大学在内的英国排名前9的院校）；中国香港的港3（香港大学、香港中文大学、香港科技大学）；新加坡的新2（新加坡国立大学和南洋理工大学）。一般来说，这些学校的申请难度在同一个档次上。为什么将它们叫作服务类机构？因为这类中介机构拼的是创意和细致辅导。

而标品类中介机构的主营业务一般是澳大利亚、欧洲和亚洲的一些小语种国家，或者包括美国、英国的一些非顶级、有招生代理制度的院校，比如美国众多排名前50以外、英国排名前9以外的学校。这些非顶级院校，听起来往往不是那么光鲜，但是这类学校也有它们的优势所在——成熟的标准项目产品。这类中介机构的核心就是做非顶级院校的标品。

因此，我们习惯所说的中介实际上包含了两个不同子行业，这两个子行业的定位完全不一样。大家经常会看到留学中介机构或者博主的互喷现象，给大家造成很多困扰，究其

---

[1] 英国G5是指英国最顶尖的前5所学校，包括剑桥大学、牛津大学、帝国理工大学、伦敦大学学院和伦敦政治经济学院。

原因还是在于两类中介分别操持的业务不同。我们把它拆开，大家就能理解这两个中介为什么服务、费用差别这么大，以及对孩子入学的影响有多大。先说一下服务类中介机构，这些中介机构拼创意，会告诉学生可以为他写非常漂亮的文书，讲述非常好的故事，会向学生展示服务流程。中介机构有多么厉害的导师帮你整理材料、明确定位、修改文书、编出好故事，然后塑造一个积极阳光的形象。同时，中介机构还会为学生提供各种科研项目、课外活动的策划，让学生在招生官眼里是一个文理兼备、文武兼修的全才学生。

大家有没有感觉这像一家广告公司？的确，这类中介机构更像一家广告创意公司，要为客户提供创意、广告推广等服务。而且，同样资质条件的客户还要有不同的创意呈现，千变万化，没有定式。因为需要创意，所以"操刀者"通常都是一些对这个行业了解足够深入的创意型人才。另外，大家有没有感觉这也很像律师事务所？我把这个案子交给中介机构，中介机构根据我的诉求安排不同专职特长的律师为我服务，这个律师专门打婚姻官司，这个律师专门打民事纠纷官司，这个律师专门打经济、金融类、资产并购的官司……每个人有自己的专长，每一个大律师背后都有一个团队，这个律师之所以能赢，是因为他对这个领域的了解非常之深，他知道这个案子该怎样定位，怎么定性；应该从哪个角度、哪部法律的哪个点、哪个名目切入，怎么展开，往哪个方向引导对委托人最有利。其实不管是广告公司，还是律师事务所，以及服务类的留学中介机构，它们的性质都非常相似。

这类中介机构的核心必然是拼人——拼人的创意、拼人的背景、拼人的眼界，拼这个人对留学行业的理解程度以及对学生的理解程度。既然是拼人，人力成本自然较高。通常他们的学历、工作背景都比较好，同时，因为需要提供创意型的工作成果，故而就要求这些人需要消耗大量的时间和脑力，摊在每一个案子和学生上的服务成本就会增加，而这类优秀的具有创意头脑、创新能力和责任心的顾问数量并不多，他们对薪酬的要求自然也会更高，用起来的费用更贵，所以这一类中介机构收取的费用通常也比较高。

按照2024年目前行业情况，这类中介机构帮助申请美国院校在一线城市的收费报价最低是5万元左右，若想找一个稍微好一点儿的中介机构或个人工作室，收费价格一般都在10万—30万元，而部分北上广深的高端中介机构已经涨价到50万，这是常见的费用区间，甚至往上没有封顶，我甚至在2017年就见过收费130万元的美国院校申请服务。如果按照我2017年亲自带学生的价格，一年只带五个学生申请美国本科，每个学生收费50万元的话，那对一位老师来说，这个收益也是相当可观了。目前也陆续有中介机构想请我出面带学生，他们报给我的估价是100万一个。我虽然现在已经不带学生、专心做信息分享和中介机构评估，但听着还是觉得被小小认可了一把。不过小窃喜之余，还是觉得担忧，现在都已经这么卷了吗？这并不正常，或者至少没有必要卷成这个样子。

加拿大学校申请的中介费用区间一般是 1.5 万—3 万元，这是市场上的常见水平。英国、中国香港、新加坡，这 3 个国家和地区，市面上常见的收费水平是 1.5 万—5 万元，超过这个区间请你一定要谨慎，那都是不合理的报价。

这一类中介机构因为拼的是自己的服务，凭创意、凭包装的水平和能力帮学生申请，和学校并没有联系，就像很多高端的中介机构，会帮你申请哈佛、斯坦福大学，实际上，这些顶级的学校也不会跟任何的中介产生联系。所以，所有声称跟学校有官方联系的中介，他们口中的学校一定不是顶级院校。

标品类中介。常见的服务范围都是在澳大利亚 8 大，欧洲、亚洲的小语种国家，美国、英国、中国香港、新加坡的非顶级名校。为什么这些非顶级的学校是另外一套运转逻辑？因为顶级院校从来不缺生源，它不需要跟任何中介机构合作，不需要自己推广，即使它什么都不做，每年也会有大量的学生递交申请，实力决定一切。

但是非顶级的学校名声不够大，了解它们的人没有那么多，申请人的数量也没有那么多，所以这些学校会跟一些招生代理中介机构合作，甚至直接跟一些大型中介机构合作。不过任何学校都不会和几十个人的小型留学工作室直接合作，即便有也是通过这个行业的"总代"建立间接关系。对于我之前担任首席执行官的留学平台，当时是全国唯二在美股上市，论送生量是全国五大留学中介机构之一,所以几乎每天都会有学校找过来推介他们的各种留学项目,中介机构如果有合适的学生,可以推荐到他们学校。可以看出,这类标品类的学校档次没有那么高,做标品的这些中介机构需要跟学校建立大量联系,所以这类中介机构的生存之道就是左手要和大的生源方建立合作,右手要跟大量的、不够有名的学校合作,学校招生返佣的差额是他们工作的回报。

这一类中介机构为什么叫标品?这取决于录取方式,它不需要学生写出惊艳的文书,也不需要提供推荐信,更不需要学生考出很高的分数,不需要抠破脑袋从高一开始就极其在意选课难度,甚至在本书之前章节讲过的5项材料都不需要,大部分标品项目不要求这些材料,甚至有一些国家的项目,即便学生是中专技校背景,一样可以申请。

高中毕业证没拿到?高中成绩单拿过来,你就可以申请,而且申请之后可以迅速给你反馈,一两周就可以被录取。比如苹果CEO库克的母校奥本大学,就有类似的、很好的预科项目。选择这些项目的过程和去买家用电器的感觉非常像,比如你要去买一台格力的空调,只要是格力生产的正品,确定好它的型号、规格等标准参数之后,剩下的事情就只是比较了,看哪家店给的价格更优惠,哪家店到货快,满意就下单。至于它们是谁代理的就不重要了。

标品项目也是如此,是哪家店卖的并不重要,哪怕你在北京签约了南京、杭州的中介,只要它代理的是澳洲本科大学这个"厂家"生产的项目，就没问题。家长和学生只需要比较哪家中介和顾问可靠，是否能专心办理即可，毕竟材料也很标准，中介机构出错跑路的可能性较低，决策过程特别快，甚至都不用见面。

另外，因为购买的是标品，消费者并不需要到格力的工厂去看他们有没有给我专心生产空调，螺丝有没有拧紧。我们常见的预科、国际大一、双录取项目，其实都是这种形式。一般来讲它的特点就是中介费会比较低，中介通常靠低廉的中介费走量以及学校的返佣获益。

同时，因为材料标准、处理简单，这类标品中介机构的吞吐量是比较大的。对比而言，在第一种服务类中介里，一个能力优秀的美国本科留学顾问如果要带学生冲最好的学校，一年带20个学生都会嫌多。如果20个人同时申请，对美国本科顾问来说会是非常大的挑战。而标品类中介的顾问，可以同时处理非常大的申请量，此时顾问个人的因素就会淡化，它的核心是产量。比如，荷兰的阿姆斯特丹大学，QS（世界大学排名）排名第55，放在全世界范围内都是好学校，比我们的上海交通大学排名还要高一些，然而阿姆斯特丹大学的预科项目就是一个在留学行业已经跑了5年到10年非常稳定的标品项目。

标品类的中介机构，它的大量人力都会投入跟学校去建立联系、识别项目当中，而不是深度服务学生，因为对于标品类的中介机构来说，它真正的工作成本消耗在于与学校深度的联系,到市场中去筛选好的项目,因为一旦筛选的项目不好,口碑就砸了。这两类中介机构和提供的服务适用的人群也不一样,很多争议口水都来源于这两种中介机构的定位差别。

顶级的学生,毫无疑问适合第一类服务型中介机构,他们要冲最好的学校。广大表现普通的学生实际上选择标品中介机构更加可靠。没必要让一个高考分数在二本线上下的学生冲哈佛、耶鲁、斯坦福大学。对于广大表现平平、中等的学生而言,比如这个学生成绩在高考一本线上下没能进入985、211院校,如果想要往前冲更好的国外院校,此时,他可以找一个中档偏上的服务类中介机构去包装努力冲刺一下。如果这个学生着急的话,也可以先找个靠谱的标品项目保底,找一些标品项目直接快速拿录取,然后再精心打磨思考怎么实现更好的目标。之前就有学生想去美国前50,找到我咨询之后,我发现他根本到不了美国前50的录取标准,于是安排人迅速给他介绍了德国、法国和马来西亚,家长出于语言考虑和毕业难度,最后选择了马来西亚的项目,10天之内就拿到了录取通知书作为保底。

2. 选择合适的中介机构

前文说了标品类和服务类中介机构的区别,适用的人群有明确区别。殊不知在服务类中介机构内部,也有很大的差异。

服务类中介机构内还可以分,每一类适合的学生情况、家庭期望、预算开销都不一样。按学生的参与程度,大致分为半自助式、教练式和包揽式。按服务流程分,可以分为一脚踢和切片分工型,不过这种分类跟中介机构内部管理和顾问的关系更密切,所以这部分分析按学生的参与程度区分带来的影响和适合的家庭。

首先需要知道什么是自助式,自助式也叫 DIY(Do It Yourself),意思是完全由学生自己操刀,不借助外力完成的申请。这是国外大学认为申请人真正应该达到的状态,甚至在申请表格上专门要求你签字声明"这份申请是由我自己独立完成没有借助任何外部力量"。如前面介绍,升学的重要性加上竞争压力,无论是在美国还是在中国,家长都无法淡定地任由其发挥,多多少少都会参与,所以一般的 DIY 其实泛指学生独立完成或由家长参与协助完成,不借助家庭以外的力量。

不过,DIY 在中国还是变了味儿,出现了半自助式。首先,有一部分中介机构打的名义是 DIY,但实际上是做半自助,服务也会覆盖学生申请的全程。只不过这种半自助更偏培训,更倾向于教学生怎么申请,但学生所有的申请流程需要自己完成,而中介机构主要是给学生提供选校建议、文书修改建议等,但不对结果负责。一般来说,半自助费用比较低,美国留学的市场行情从 1 万—3 万元都有。另外,还有一类中介机构也把自己叫 DIY,提供整个流程中某一个模块的服务，比如文书修改、文书创作、选校选专业等，而每个模块的服务从1 000元到3万元不等。除了没有像上面一类那样跟踪全程，其他地方跟上一类没有什么不同，因此合为一类，都叫半自助服务。半自助服务更多见于申请国外研究生或博士的申请人，年龄成熟，有一定的决策能力。

第二类就是常见于外籍咨询顾问或者精英海归顾问群体。这类群体的理念较高大上，对自己的定位是提供咨询服务创造方案价值的高屋建瓴的规划师。一方面，思维较接近国外大学校方，觉得申请的很多程序性工作应该自己完成；另一方面，一定程度上也是由于精英的身份很难拉下身段去给学生做很琐碎的事。所以从工作上，这类中介机构都把自己的工作集中在高增加值的部分（高增加值是指确实因为这个顾问而变得非常不同的工作，比如文书创意设计等；反例就是邮寄材料等基础工作，一个耶鲁毕业的顾问邮寄材料不一定会比一个初中毕业的小姑娘更有效率，对于这位耶鲁顾问就是低增加值的部分），相比于半自助式服务，这一类个性化的程度更强，家长学生参与度更多，对申请的把控程度也更强。

这些中介机构也多多少少强调学生需要参与部分工作，包括提供文书素材，自写文书初稿，负责部分申请填表、寄送等行政性事务。这类中介机构收费一般属于整个留学行业中的高档，就是前文介绍的从15万元到50多万元不等。如果家长或学生想图省事，希望这类中介机构或顾问能包揽很多事，那可能会面临比较多的冲突和后续纠结，家长、学生和顾问都可能会因为对工作的分工期望不同而闹得不太开心。

由于收费高、顾问背景好、顾问时间也更多花在高增加值的事情上，这类中介机构一般容易吸引到对求学期望较高的家庭，生源质量一般较好，相应的申请结果也较好。

但随着整个留学咨询业的发展和信息的扩散，越来越多的家长和学生也在反思，这类中介机构申请结果好，到底是学生本身质量好还是顾问的水平确实高？我的观察是二者兼有。学生本身的质量不由中介机构决定，顾问的水平在这一类教练式中介机构内也存在差别（详见本章下个内容"选择留学顾问"）。不过这个问题逐步浮出水面后，这类中介机构也逐步受到第一类半自助式和第三类包揽式中介机构的压力，开始了两个方向的探索。

第三类咨询机构则是包揽式。这类中介机构通常是当地本土化的中介机构。在资质上比不上第二类中介机构，生源质量也一般，但"价格便宜量又足"，一方面总体价格大部分在2万元到6万元（因为价格是其竞争优势，所以起步价可能更低）；另一方面，这类中介机构提供全包服务，从早期到申请的一概琐事全部包揽，家长学生仅需按要求提供信息和文件即可，基本不用参与申请和创造性的部分。

所谓天下没有免费的午餐，省事的同时其实也是有牺牲的。由于咨询机构的业务模式和成本效益需要，每个咨询顾问肯定是需要带多个学生，而且收费越便宜的中介机构每个顾问带的学生越多（详情请见本章"妥善处理家庭、中介机构、顾问三者之间的关系"）。学生越多，个性化程度越差，中介机构和顾问在程序性事务上花费的时间越多，高增值部分上花费的时间比例越少（因为低收费就需要压缩成本增大学生量，成本越低顾问薪酬越低，从事高增值服务的能力就越低，更多处理程序性事务，比如邮寄材料、催收材料、套模板写材料等）。家长和学生追求省事的同时也放弃了对申请个性化的主动权。所以一般这类中介机构的服务不会出现程序性问题，但带来个性化惊喜的可能性相比第二类中介机构就会低很多。

值得注意的是，以上3类中介机构并非墨守成规，彼此都在竞争压力下探寻着其他的模式。比如我们上面提到的，由外籍顾问或海归精英开设的教练式中介机构，本身也在谋求一些适应和改变，出现了3种模式：半自助化"死磕"、增值服务和适度包揽。

半自助化"死磕"。这种模式常见于外籍人士为主的中介机构。因为客观来说，即便和中国顾问在同等条件下，中国家长对外籍顾问（尤其是金发碧眼白人）是愿意支付较高费用的，出于语言或心理因素原因，不到万不得已也不会去给外籍顾问找麻烦的。外籍的中国通们也深知这点，与其用服务细致程度这个短处同中国本土中介机构拼，不如利用中国家长学生的这个心理死磕到底：顾问集中处理规划、文书等高增值部分，其他部分都交给学生自己完成。我毫不夸张地直白说,同样地把事务性工作让学生自己完成,如果是外籍顾问或精英海归交办,中国家长和学生会认为或告诉自己这是对能力的锻炼;如果是中国本土顾问交办,家长和学生的本能反应是顾问想偷懒。

增值服务。随着信息越来越透明化,以至很多家长自己都成为了留学大咖,还有的家长把孩子送到常青藤后,直接自己也变成哈佛爸爸、耶鲁妈妈来和中介机构分一杯羹了。所以中介机构之间也试图通过提供一些传统服务之外的事情来差异化,比如提供各种课外活动指导、知名企业见习机会(一般都会说是实习,但大部分的机会只是去名企见习2—5天,拿一个证明)、各类大赛或者研究考察,甚至有中介机构直接帮学生弄专利、海外导师带论文等。对于各种眼花缭乱的增值服务,有用的项目我不能凭空说没用,只想请家长能客观评价其价值。能商业化提供给你的机会,也能提供给其他人,不要奢望完全的个性化。

适度包揽。外籍服务中介机构和本土中介机构最大的不同就是大家对服务的界定不同。外籍教师一般都高冷一些,很多申请里材料之类的琐事不会帮你处理,但除了高端国际学校的家长之外,国内的家长学生即便是来自公办学校的国际班,也会期望留学顾问大小事情都多多少少能做一些,所以迫于市场压力,有的外籍中介机构会选择给外籍顾问配1—2名中国助手处理琐事。别看这是琐事,申请过程中会很大地影响家长、学生的体验,所以有这方面服务需求的家庭一定要提前问清楚、沟通好，团队里有哪些老师，谁都负责做什么。

确定需要中介机构服务后，家长要对学生和家庭的能力和期望有一个评估，寻找适合自己的中介机构类型。不同类型的中介机构带给来的结果、体验和费用都是不一样的。家长和学生常见的困难在于将对不同中介机构的期望混在一起，造成双方都不愉快。比如，有的家长选择了第二类中介机构，但服务过程中和选择第三类中介机构的朋友一对比，觉得"其他中介机构都帮忙寄材料、写文书，你们为什么不给写？价钱还这么高……"这个时候中介机构也是秀才遇到兵，有理说不清。有的家长选了第三类中介机构，但又觉得顾问除了做事务性的事情，材料做得不够专业，文章写得不好，这个时候中介机构也很自然地想抱怨一句"两三万的服务费要做出海归服务的水准，臣妾做不到啊，我收您的全部费用还不够人家外籍人员一个月工资呢"。

所以家庭必须先明确我们想要从中介买的是什么，再做出"要不要用中介"的决策。我见到太多的学生和家长，最后对中介的服务反馈不好的，绝大多数是因为期望问题。因为之前双方没有讲清楚，甚至家长不清楚自己买的究竟是什么，中介也没有说明白自己提供什么不提供什么，为了签约话说得比较满、容易出纠纷的地方避而不谈，就导致了后面的消耗。没有清楚的界定，学生和家长的期望在不停地变化，最后导致了学生和家长非常不满意。其实这是几个很简单的问题：我需要买什么？我选中介，我决定要买中介什么？我花1万元、2万元、5万元，甚至有人花50万元，我买到的究竟是什么？或者再反过来想，我的孩子（学生）现在是这个情况，我究竟希望借助中介帮我做什么？这些都想清楚之后，就是我愿意支付多少钱让中介为我提供服务？

我给大家举几个例子，其实中介的服务范围非常广，因为它是一个服务性机构，中间涉及的问题非常多。比如，中介的一项职责是"帮助学生整理各个学校当年的录取政策和截止日期"。细化这项工作内容，还包括：各校分别需要什么材料；制定表格，提醒学生什么时间该做什么事情；A学校12月1日就要截止报名了，我们需要抓紧时间；B学校是1月1日截止报名，可以不急，缓一缓。中介的这一项职责其实就是负责资料收集和进度管理，这类似于一个秘书的角色。家长和学生这时候就需要想清楚自己需不需要这个秘书。如果学生自律性非常强，自己就会填表格、列清单，把时间卡得清清楚楚，那就不需要这项服务。因为你的需求和个体情况表明，你不需要一个全套的中介服务。

比如，现在我们去美国读研究生，其中在一线城市的留学中介一般收费在4万元左右，这4万元中有1万元左右其实都是在做"秘书"，有些学生完全不需要这样的服务，因为现在市面上有很多很好的DIY模版，很多东西学生可以自己做，自己查一些资料，导师只负责教一些方法。实际上不需要支付4万元，一个DIY服务可能1万元左右就能完成。

你想清楚了你想要什么或者不要什么,你就知道这个事情的价格是什么。

比如一般来说中介在申请当年的重要功能有三个:定校、文书、申请管理;而如果是超过当年的长线服务,还包含着策略定位、定期辅导的部分。先说第一项工作,定校。尤其涉及一些高档位的学校时,比如,美国排名前30、英国排名前9、中国香港前3、新加坡前2,申请这些这些学校的不确定性非常高,对大部分人来说都需要准确定位并搭配常规和保底两档其他学校。中间还涉及EA/ED的策略,最后是一套关系重大的组合。这种策略组合在申请的时候对学生和家长的参考意义非常重大,也会涉及到中介的合同是否能顺利履行。

但家庭依然要根据自己具体情况考虑让中介为你择校是不是真的重要?有的学生条件非常好,他心中也有非常明确的目标学校。以我为例,当年我的硬件条件非常好:我是中国人民大学收分最高的国际经贸专业的第一名,托福裸考成绩112分。那个时候我在投行工作,每天忙得不可开交(投行的工作强度都是要工作到夜里2点多)。虽然我没有时间去了解那么多学校,但我心中的目标学校是非常清晰的:哈佛、普林斯顿、哥伦比亚大学。所以我并不需要中介根据我的自身情况为我择校。而且我本来就在投行任职,收入可观,去不到这些学校我就不去念书了,跟只能升学的在校生很不一样。所以我的定校策略就是只申请自己想去的,没中介什么事。

中介的另一项重要工作就是提供文书。也以我为例,因因为那个时候我已经在投行工作了，同时也接触到很多我的目标名校的前辈，外加我的文字表达能力相对较强，所以文书全部是自己写的，写完之后我找了 3 个前辈帮我大概指导了一下就完成了。那就有意思了，中介提供的最重要的两项内容：择校清单和文书定位与修改，以我对自身能力的评估把控，我认为不需要他们帮忙。所以当年我申请哈佛大学就全程 DIY，并顺利拿到录取通知。

我在这里想表达的是我前面的建议，先想清楚自己需要什么，然后看中介是否能提供，再下决定。如果你能想明白你自己需要什么，你就能对它定价。尤其现在 ChatGPT 横空出世，很多简单的文书工作都可以由机器完成了。我自己试验了一下，ChatGPT 完全可以写出一篇中规中矩的留学文书，还没有语法错误。这意味着一些之前低水平的文案工作几乎可以被替代，翻译类的文书顾问可能会面临失业。但同时我认为指导学生时了解学生、定位选材、故事讲述、结构调整的工作反而更加重要，因为机器只能写出中规中矩的文书，冲刺顶级学校需要的创意则完全做不到。不得不说，几家欢喜几家愁。

中介提供的第三项常规工作是为学生提供项目信息、求学出路和申请管理。这项工作对哪些学生价值最大呢？第一种是自身条件不好、高考分数没有过二本线或者就在二本线上下的学生。家长和学生对成绩不满意，不甘心去一个国内非常一般的大学；第二种是条件非常好、认知非常高的家庭，纯粹找中介吸取一点申请信息或者干具体工作，好让孩子抽身专攻最重要的问题，这是极高级的一类家庭，这类家庭适合找服务类中介机构；第三种是学生忙于考试或者其他方面最后冲刺的，比如高升本的学生里，IBDP的第二年往往也是课业量和论文扎堆的时候、跟申请刚好撞车；或者本升硕里，2023年考生470万名，录取100万名。2024年有500多万名考生，据说只录取100万名，竞争越来越激烈。很多学生可能付出了很多时间，考研也无望。出现这两种情况的时候他们就需要寻找一个有大量项目信息的中介。到后面大家会理解什么叫项目，就是我常说的行业的标品。

还有一些中介会直接告诉你，南洋理工大学有一些经济创业类的项目，你多出点儿钱，可以直接走项目，不用申请。这类学校就不像大家常见的港3、新2这些需要大量细致入微的包装。只要你的一些标准条件能够满足要求，材料做基本的包装就可以去申请。这是类似标品，类似直接走项目。

除了南洋理工大学，在欧洲、亚洲的很多小语种国家也都有很多成熟的项目。甚至在美国排名前50名的东北大学、南加利福尼亚大学，以及50名开外的密歇根州立大学、亚利桑那州立大学，甚至库克的母校奥本大学、加州系的加利福尼亚大学戴维斯分校等也有大量类似的项目。同时很多国际大一、双录取也全部是项目。这些项目不需要你做大量的文书包装、创意的定位。

对于条件一般的学生，中介是可以提供大量项目信息的。

如果项目合适，对应上标准条件就可以直接被录取。那这一类留学的学生，为什么要付钱让中介帮他做包装定位等大量的创意型工作？他完全不需要为录取付出巨额的成本。而且这些项目在行业里都是很成熟的了，可能花费 2 万元左右就可以直接被录取，甚至去一些小语种国家花 1 万元左右就能解决。所以，如果一个中介有成熟的项目，那学生和家长只要付出对应项目所需收取的少额费用即可。

所以在找中介的这个过程中，一定要搞清楚自身条件有什么，需求是什么，需匹配什么样的服务，愿意为这个服务支付多少金钱。当所有的问题都想清楚之后，一切都会迎刃而解。

我简单总结成以下两点：

第一，如果你是学霸，你要好好考虑一下你是不是真的需要付钱办这事儿。这可能是你完全没必要付出的成本。最极端的例子正如上文说的我自己，就是完全不需要支付这笔费用的。我自身的主观能力很强，所以只需要有个人帮我做些基础的提醒和筛选，我就完全可以选择一些价格很低的单项服务。现在很多中介推出了单项的文书服务。我可以告诉大家，这些文书自己直接当作文件看一下就可以了。因为大量的文字从业者都是英美本土母语文字从业者，只支付他们几百美元，他们不可能帮你去做大量的创意定位，只会帮你去做文字的修改，确保没有语法错误，其实是一件人力成本很低的事情。对于主观能动性及能力较强的学生，你不需要花钱找中介提供类似的服务。或者你可以有选择地借助中介的单项服务,轻微地借助部分力量就够了,这样你付出的费用就可以少一些。如果你自身条件很好,同时盯准了并铆足了劲儿地要求申请美国排名前10的常青藤学校或同类型学校,目标非这些学校不去的情况之下,如果为求心安,那你可以正式接触一下中介。

第二,如果你是中等或相对偏差生,又想争取好的学校,你可以付出更多费用去获取全套的中介服务。但如果你是走项目,就是上文提到的那些标品,你是不需要花费那么多中介费的。所以你一定要想清楚自己究竟需要中介哪些服务内容,这样就可以有针对性地决定付出的费用,这样就不会被割韭菜。选定了中介机构的类型和自己的需求,下一步就需要细致比较同一类型各个中介机构的差异,再找到适合自己和自己信任的中介机构。此时,价值观契合和信任度是需要考虑的最重要的两个因素,其他因素则是次要的。

另外,确定中介之前,家长和学生多考察下面几个问题是很有帮助的:

(1)中介机构为结果负责吗?如果申请不成功怎么办?(提出这些问题的目的是考察中介机构的责任感,看他们采取哪些具体的措施保证自己尽心尽力为学生服务。)

(2)如果中介机构说自己能保证某个学校或者某个档次学校的录取,具体是如何保证的?上面提过"保上"的事情,后面的章节也有专门说。如果不是大价钱,美国学校一般不能保证一定上某所学校，所以要搞清楚"保"是不是真保？凭什么保？还是只是"不上退费"？

（3）中介机构如何帮孩子提升申请的竞争力？做策划吗？策划里都有什么？

（4）中介机构帮孩子写文书吗？还是主要是引导孩子写？实在写不出来中介机构会怎么办？

（5）中介机构的文书怎么写的？有模版吗？

（6）中介机构的收费模式是怎样的？不同的收费模式会给中介机构不同的动力，固定收费的中介机构如果收费高，有相应品质的服务和好的口碑是可以接受的，甚至比按排名收费的要好。相反，如果固定收费过低，则很有可能服务质量不能保证。排名收费固然让中介机构有动力帮你冲好学校，但是如果中介机构觉得冲刺无望，或者中介机构能力有限，那所谓的排名收费也只是个噱头，中介机构会只求保底收费、落袋为安，不一定能完全发挥你想要的激励。

3. 选择留学顾问

找到合适的中介机构只是万里长征的第一步。我不主张跨过选中介机构这一步直接选顾问，有两个原因：一方面，留学对孩子来说是件大事，如果决定要找人帮忙，还是要考虑到如果发生最坏情况时能申诉有门。以我多年从业经验来看，大的中介机构不管大家怎么诋毁它，还是能做到很多小中介机构或个人做不到的事情，出了问题家长的要求如果不过分，大中介机构还是都愿意吃点儿亏息事宁人的；另一方面，中介机构本身的模式和规定限制了顾问能做什么和不能做什么，进而也培养了顾问的专长或限制了他不擅长的地方。一个顾问的业务能力再好，如果他所在的中介机构不给予足够的支持和资源，也是给不了你好结果的。所以避开中介机构环境只讨论顾问是没有太大意义的。

至于有的家长和学生直接跨过中介机构对接顾问，"不让中介挣黑心钱"。甚至有顾问暗示或明示家长这样的信息，我只能说：能不这么干就不要这么干。相比孩子的升学，你真的在乎那点儿钱吗？原因很复杂，我就不多说了，请去看个实例：2015年"顺顺留学"起家的时候，打的口号就是用互联网的方式让家长和学生跨过中介，直接能找到最优秀的顾问。但即便是这样的平台，也是明确要求顾问和家长不能越过他们的平台：因为太容易起纠纷了。

详细的例子一箩筐，没必要说出来让人心情不悦。只能说人性和现实，不忍直视。这里简单地总结成为：存在即合理，不越过中介机构或平台最终保护的是自己。

回到顾问的问题。在外人看来，中介机构都差不多，见到的顾问除了一个比一个能说，貌似也不知道他们做的事情有什么区别。但其实现在的留学行业已经开始专业化分工了，前前后后见的老师或顾问承担的工作都不太一样，再加上各家中介机构工作切分并无一定之规，所以其实家长和学生见 10 个中介机构、10 个顾问,每个人能做的和擅长做的是有区别的。

这里我先附上一个帮助家庭申请美国或者英国本科顾问的不同层次,篇幅所限再加上表内很清楚,我就不逐一展开。有的中介机构有语言规划、课外活动顾问等,严格意义上这些角色并不算留学业务,是中介机构提供的一些增值服务。如果把孩子的申请比做一个项目,最核心的还是那个主持孩子申请工作的"项目经理"和"核心项目人员"。项目人员的基本档位就在这张表里,14 类,大家自己把自己遇到的顾问对号入座,一下就知道斤两了。

表 5-1 中介机构顾问信息参考表

关注点	海归	名校	从业年限	职业履历	案例梯队	一线材料	面试官	招生官	传统白人	要点/适合对象
顶级老师	*	*	5年以上	跨行成功	中高排	*		***		优等生/冲刺生
前招生官		*	2年以上			2年以上		***	*	必须看中国团队
名校海归	*	*	2年以上		中高排	*				本人带案子程度
海归顾问	*		3年以上		中高排	*				本人国家和学校
面试官	*	*		跨行业			*			其实同名校海归
金牌顾问		*	5年以上		中高排	2年以上				好顾问适合中等
优秀顾问			5年以上		中排					要考察文案人员
名校学长/国外教授	*	*								坑,无法单独作战
合格顾问			3年以上		中排					主要考察文案
普通销售			3年以上		低排名					避开,除非辅助
优秀文案			5年以上		中高排	*				要当面交流和锁定
普通文案			3年以上		中低排					主要考察文案
外籍文书		*	3年以上		中高排	2年以上			*	有用,但有智商税
外教									*	疏通语法而已

上面只是帮助家庭初步区分项目人员的实际能力，但不同的中介机构对于项目人员还有不同的组织使用方式，下面展开。实际挑选时，建议家庭用上面的信息参考表结合下面的工作类型组合在一起考虑，找到最适合自己的"项目经理"和组织分工方式。

全能型顾问。这种顾问是优秀的，对申请的了解是最深的，但非常罕见，即便是名校的海归都不一定做得到。因为刚毕业的海归不愿意拉下脸来跟进潜在客户、不善于选校（你没看错，原因我前面讲过）、不愿意处理申请的琐事。最接近全能型顾问的海归也需要很多的锻炼才能达成，更不用说其他人了。第二接近的是一些早年做过文案后转型的顾问，他们对申请细节很熟悉，如果同时有比较好的人际沟通能力，转型成为全能型顾问也很厉害。第三可能的是一些有好奇心和学习能力极强的销售顾问，自己积累经验并且主动学习了一些文案类的工作，也可以成为全能型顾问，但这种情况也罕见，因为销售的报酬要比全能型老师的高，很少有人放着高报酬的事不做而去学习一些低报酬的事情。

家长和学生如果真的碰见一位全能型顾问，那是运气太好了。他完全可以达到企业人力资源管理梦寐以求的状态，因为很少有人接受拿着1个人2个人的报酬干3个人的事。

一脚踢型顾问。结合前面讲的中介机构发展历史，这种顾问更多见于早期的留学1.0时代和2.0时代。初期留学行业背景有其特点：信息差为主，客户对留学事项了解少，学生的申请竞争并不激烈，守着中介资质作为壁垒竞争不多，顾问了解基础的知识就可以服务客户。所以一个顾问可以不懂英语，可以从签约一直跟进到收材料选学校，后期真正整天跟外语打交道的工作交给文案顾问就好。这一类型的顾问一般对需求把握得比较好，跟家长和学生沟通得不错。但随着学生申请和中介机构之间竞争的激烈，再加上专业性咨询机构下场，这种一脚踢式的顾问在复杂的美国留学战场上就显得全而不精，越来越没有竞争力了，甚至基本淡出了美国好学校的业务线；而在以中介代理业态为主的英国（G5除外）、澳大利亚和新加坡、欧亚小语种国家，这类顾问依然很常见。

和他们诞生的时代相呼应，这类一脚踢型顾问通常存在于留学 1.0 时代成长起来的中介机构，例如前途、启德、新通、澳际等，新东方前途也曾有一些痕迹，但现在改革淡化了很多。

销售顾问。这一类顾问基本出现在美国留学业务线，而且和选校顾问相伴而生。因为美国留学比较复杂，所以催生了专业化分工。面对复杂的美国留学业务外加日渐加剧的竞争，一个顾问基本不可能每天保持对潜在客户的跟进、签约，管理已签约学生申请进度，同时又仔细研究各个大学的招生政策变化、对各个专业申请的动态保持跟踪等事宜。举个例子，一个顾问刚想今天下午 2 点到 5 点专心研究一下华盛顿圣路易斯大学文理学院的招生变化，结果 2 点 10 分就有小玲妈妈打电话过来说小玲的想法有了新的变化，请分析一下经济学专业和国际关系就业前景的差别。这种情况下，经验不多的顾问就会非常抓狂，因为签约前后的工作性质其实是很不一样的。签约前的工作更多是销售工作，要广撒网，要灵活要发散，有可能要谈10个潜在客户才能有一个签约，签约的这一个跟进了一个月，见了3次，打了6次电话，方案做了3次；没签约的那几个也各花了3—4个小时打电话、面谈、做方案等；而签约后需要的是沉下心来专心服务，要集中精力为其服务，比如需要的是用一个上午专心做五所学校的研究，或者专门分析一个学生情况，然后查资料做方案。

于是，在部分中介机构把一脚踢型顾问一分为二，潜在客户的跟进和签约的工作分给第一个人专门跟进，把已签约客户的服务（查校、选校、管理申请进度以及日常的学校录取政策研究等）分给第二个人，这样大家都可以专心做事，每个人的效率也可以提高。第一个人就是销售顾问，第二个人统称为选校顾问，但是不同的中介机构是有区别的。

选校顾问。选校顾问有两类，第一类偏基础研究。他们绝大多数时间都花在研究重点学校、各个专业的录取政策、录取情况、在校课程、就业情况、职业发展等上面。所以基本上任何销售顾问转给他们的案子，他们都能很快地反馈一个基本方案，和学生略花时间沟通就可以做出比较详细的方案，甚至可以把研究成果变成培训课程给学生上课。这一群顾问是群居的，一定程度上归属所在中介机构的研究部门，部门内部再细分人文、理工、社科、商科等，各自的研究成果在内部充分共享，沉淀为所在中介机构的基础数据。他们也为学生提供学校专业方案和课程培训，但不参与学生具体的材料制作。

第二类偏客户服务。他们也分科目，对自己所在的细分领域也进行大量研究，但导向上并非给中介机构做系统基础研究，而是为客户提供服务。不同于第一类，这一类选校顾问相对独立，单兵作战能力也比较强，会在签约后主导学生的申请，除了学校专业的确定，还会参与学生文书的写作，协助学生进行头脑风暴、文书内容的审定等。严格来说，很多海归或外籍人士本质上属于第二类选校顾问，他们做这个类型的顾问会更加如鱼得水。尽管海归或外籍人士心气比较高，他们更愿意把自己当作独立的一类。

总体上讲，这两类选校顾问相比于上面一脚踢型，他们的顾问研究能力都更强，他们中大多数没有出国深造过，但对学校和专业花费大量时间进行研究，甚至不少选校顾问原本在大学期间就是学习相关专业的，所以和销售顾问是非常完美的搭档。

文案顾问。这一类顾问是真正为学生的申请操刀具体工作的，包括填表格、写文书、赶节点、联系学校等，有的文案顾问也会督促学生和家长整理材料，甚至有的公司把学生的一些日常辅导也交给文案顾问。第一个知道学生录取消息的就是他们！大部分1.0时代和2.0时代的留学中介机构里培养出来的都是这类文案顾问。他们业务全面，是前面说的一脚踢顾问、销售顾问、第一类选校顾问的搭档，甚至有的一脚踢顾问和销售顾问离开自己熟悉的文案顾问都不敢与客户签约。通常这些顾问都是英语专业毕业，文笔不错，性格会偏内向一些，都希望能安安静静地专心给学生处理申请。基于我上面讲到的情况，每次到申请季，最让他们抓狂的就是自己计划整块的时间被申请家庭的各种琐碎电话搞得支离破碎。

现在出现的 ChatGPT 类的人工智能对文案顾问的影响比较大。只会机械地写模板文书的文案顾问将直接被人工智能淘汰，因为人工智能确实能写出中规中矩的文书。但掌握了招生办原则、跟学生一起梳理、定位、有创意的文案将会更稀缺、更珍贵。

申请顾问。这一类顾问的分工刚好和选校顾问第二类搭配，他们相当于从上面的文案顾问的职责里剥离了写文书的工作，只专注在申请的事务性工作上，而写文书的工作交给文案顾问来完成。

家长顾问。这个岗位设置专门是为了帮助忙着做专业的顾问（尤其是外籍顾问）和家长沟通的，一方面协助语言沟通，另一方面也帮助价格昂贵的顾问屏蔽掉一些家长、学生不必要但又无法避免的问题或者情绪波动（这么贵的顾问，毕竟不是用来做心理辅导和陪聊的）。因为是专设一个工作岗位，成本自然上去了，如果收的价钱不够，自然无法支撑这个岗位，所以这一类顾问一般见于高端服务项目中。

综合上面，大家不难看出，目前行业里自成两套体系：

一脚踢型顾问＋文案顾问。这种方式常见于老牌中介机构或者专门做英国、澳洲、欧亚的中介机构，以前途、启德、新通、澳际为代表，顺顺留学部分业务也是此模式。

销售顾问＋选校顾问第一类＋文案顾问，或销售顾问＋选校顾问第二类＋申请顾问。这种方式常见于2.0时代发展起来的专注于美国留学的中介机构，市面上非常多，包括曾经由我的联合创始人梁颖搭建、向我直接汇报的纯外籍顺顺尊享团队也是这一类。

所以每个中介机构分工和流程都是不一样的，能发挥出的能量和能否切合学生实际需求也是不一样的，培养出来的顾问专长更是不一样的，核心还是根据自己的需要找到最匹配自己的方式。比如对于第二类中介机构，如果是第二类选校顾问，把这个人抓好是最关键的；如果是第一类选校顾问＋文案顾问，两个人同等重要。如果是第一类中介机构，也取决于你的需求是什么。如果需要的是随时响应的服务感，抓好一脚踢型顾问最重要；如果更看重申请的质量，抓好文案顾问更重要；如果两个都想要，那就把两个人都要挑好。

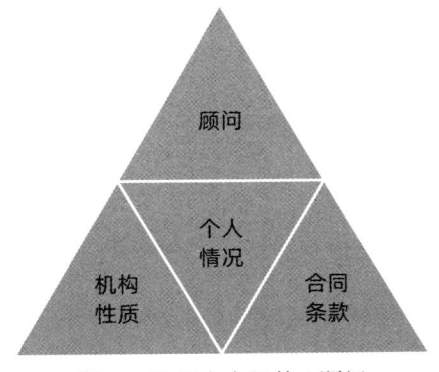

图 5-1 选择中介机构 / 顾问

如果家庭按照上面的中介机构分析和从业项目人员分析有了几家计划合作的中介机构和顾问备选,那就可以继续按照下面的三大原则筛选最终的中介机构了。

三大原则:**盯人原则、匹配原则和属地原则**。

盯人原则。首先请记住,在留学服务整个过程中,顾问水平限制申请的上限,这也是前面给大家 10 档信息表的原因。为什么把顾问放在这个三角形的顶端是有讲究的,学生、家长和顾问一起努力,学生的资质水平和顾问的服务水平一起决定了申请的上限。中介机构的性质和合同的条款决定了这个中介机构的下限。

家庭经常在品牌和顾问之间纠结,是因为家长很难了解具体顾问的人品和业务能力。看品牌的好处是信息丰富可查,但品牌只是一个工具,前期起到广告和信任作用,但它不面对面提供服务给具体家庭。很多人会觉得某个品牌从事留学咨询这么多年,能做到一定规模,至今依旧活跃在市场中一定是有原因的。有一定道理,这个品牌可能会带来卓越的服务、让人信任。但还要考虑到服务是谁完成的。品牌对家长来讲,只是一个第一感觉,真正落实到学生申请结果好不好、申请的过程顺不顺利都是顾问的服务结果,都是这个人。所以要抓住最核心的那个东西,品牌只是一个工具而已,它是靠顾问支撑起来的,没有优秀的顾问,这个品牌什么都没有。

那品牌就没作用吗?有的。它是一个支持,起到保险的作用。比如你买了一个意外保险,如果出车祸了,摔跤或出什么意外了，保险公司理赔了，看起来你没什么损失。但这是事后救济，但没有人希望出车祸、希望摔跤。大家买保险不是为了想让意外发生，只是想在意外发生时，有一个中介机构和你分担意外带来的损失，这是保险的目的。

品牌的作用恰恰就是这个保险。万一这个顾问不好，万一他不干了，你可以去投诉。品牌迫于压力，或者按照内部的相应机制，给你协调新的服务顾问。甚至这个案子做砸了，品牌常年在这儿，也会按合同履行退款或采取其他补偿方式。但没有家庭希望发生这样的事情。所以与其在品牌上消耗精力，还不如好好考察顾问。因为申请中所有的事情都跟顾问有关，选对顾问很重要。

为什么一定要盯紧顾问呢？因为现在的顾问都有跳槽的风险。但凡在大中介机构里做了几年，不管是前端的选校顾问还是后端的文案顾问，现在都流行自己出去开工作室。

我们常见的一些大中介机构给学生和家长提供的服务其实是打了折扣的。家长能在市场上发现或者选择一家大中介机构，一定是通过一些渠道知道的，其中就包括大中介机构为了营销推广的铺面广告，众所周知广告是很费钱的。那这些钱从哪儿来的呢？最终当然还是要从客户这里出。一般来讲，客户支付给中介机构的费用的20%—30%都会投放在做品牌类的广告上。实际上这笔钱并没有用在顾问身上，但为家长和学生提供服务的却是顾问，所以顾问的服务是打了折扣的。但是对于很多小中介机构或工作室来说，他们没有这么多的营销推广费用，几乎从来不打广告，他们所挣到的每一分钱都属于自己。所以交给他3万元，他就收到了3万元，然后他就专注地提供3万元的服务。但是在大中介机构交3万元，其中的6 000—9 000元是帮中介机构买了个广告，然后再剩下差不多一半的钱，都是付给那些管理者、市场部、行政人员等。费用真正给到前端的顾问和做文案的顾问加起来大概也就30%—40%。有的时候交3万元，实际上真正给你做案子的顾问收到的钱大概就是12 000元，这12 000还是两三个人分。所以一个顾问在大中介机构里打工和自己创办工作室，得到的收益是有很大差距的。

另外，前面讲服务类的中介机构和标品类的中介机构这会儿又要发挥作用了。找服务类的中介机构必须把前端顾问和文案顾问都敲定，因为一般服务类中介机构的前端顾问前期与客户接触的时候带着销售性质，后期服务的时候帮助确定学校；文案顾问则是前端看选校，后端看文书，一般的中介机构是这样分工的。所以两端都得看，两端都得瞧，最好是两端都要沟通，都要盯紧，缺一不可。而一些高端中介机构前端顾问能力很强，比如上面14类顾问表格里上半部分的顾问，这些人有能力从前端咨询一直看到后端文案，他们往往只需要配一个上面分工里的申请顾问处理琐事就可以。

而选择标品类的中介机构不一样，只要把项目解释清楚，一旦双方匹配符合了就直接走项目。双方信息讲清楚就可以结束了。在标品类的中介机构里前端是最重要的，只要紧紧盯牢前端顾问基本就没问题；文案顾问并不太重要，只需要细心即可。

前端的顾问在国内从事留学中介服务一定至少5年以上。即便他一直在国内，接受的也是国内教育，自己从没有出过国也没关系，哪怕是行业小白，只要他踏踏实实地在留学中介行业里工作5年以上，有丰富的经验和良好的口碑，指导大部分家庭拿到结果都是能做到的。

这里专门说一下前面只是简单提了一嘴的海归顾问。如果顾问是海归，至少也需要从事这个行业2—3年以上。2—3年的工作经历才能保证他至少有2—3个完整的周期去了解学校录取的变动，去了解学生的情况。自己是海归和帮学生留学是两码事儿，不要认为海归就能帮孩子出国。或许他只了解他所在的那所学校，但对其他学校的招生要求不了解。

那为什么前端的顾问要有从业年限的要求呢？因为要考察这个顾问对于留学中介行业的投入程度，有2—3年的工作经验门槛至少可以证明他对这份职业是认真的，不是来混日子的、或者听说挣钱想挣一笔就跑的[1]。

再谈到后端的文案，他的专业功底是学生和家长必须考

---

[1] 然而真相是，这个行业看着收费高，但是服务周期长、人才要求高，其实并不是一个想象中的暴利行业或者快钱行业。实际上大型中介的真实利润率大概15%，跟暴利完全没啥关系。个人工作室成本低、利润率高不少，但也承载不了太多的服务。一般进入两年以上了解了真相还能继续干的，就是真的把服务家长学生当成个事业了。

察的。要么他的英语水平能达到专业八级，要么他是国外名校毕业的。因为文案顾问要帮学生梳理大量文书，如果他不是名校毕业或英文水平不够，那还真要担心他的英文文字功底。关于工作经验同样要求在这个行业工作 3 年以上，经历过足够多的申请周期和学生案例，对这个行业有足够的忠诚度才不会突然跳槽。

除此之外，考察顾问的过程还有一个硬性要求，一定要注意人品。曾经有顾问为了拿佣金私刻公章、利用修图软件给学生做了一个假的录取通知书和签证，钱到手后人就消失了。

匹配原则。任何项目都有与之匹配的学生群体，根据学生自身需求完成与之对应的项目申请对学校和学生而言是有益双方的好事。例如，坊间很多人认为留学预科好多项目都是误人子弟。如果前期通过咨询了解到学生的成绩水平在高考一本线之上，专业的顾问则不会推荐预科类的项目。高考一本线的学生选择余地大，预科项目可以给成绩稍微差一些的学生提供更多的机会。不适合成绩略好学生的项目，不代表这个项目不行，这样的项目自然有适合的人群。高考分数没有达到一本线或二本线的学生，甚至在本科线上下徘徊的学生，如果他们想去留学，预科项目是一个非常好的选择，可以让他们到一个全新的环境，获得一次适合他们的教育甚至是一流教育的绝好机会。那为什么有人说这个项目不好呢？家长和学生都应该意识到，事物之间都有差别，找到适合自己的就好，不要去做不切实际的比较。

大家需要注意从个人的实际情况出发，学生条件、中介机构性质、合同条款一定要匹配。

举几个例子，比如高考分数没过二本线的学生，那与之适合匹配的中介机构性质自然是标品类的中介机构。这时候你最重要的是抓住前端的顾问，把那个前端部分盯死就好了，文案就不用多看。那这样在合同条款上对应的收费就不会太高。

如果学生与项目不匹配，那可能就会是个灾难。之前有一个北京的学生，高考分数没有过二本线，他倒是盯准了前端顾问，但是他选错了中介机构的类型，他选了一个专门做高端服务类的中介机构。结果给到他的结果就是一个灾难：中介机构收取的费用不低，整整 15 万元，最后只去了美国一个排名 100 多名的学校。实际上如果当时他找到一个标品类的中介机构，可能只需支付 2 万元就够了。这 2 万元甚至有可能让他去到一所美国前 50 名的学校，而且申请时间充裕。但是因为选错中介机构类型导致花了更多的钱却并没有进入好学校，典型的得不偿失。因为这个高端服务中介机构对于标品完全没有任何的项目开发，也是因为学生不了解情况误以为"贵的、高端的就能带来更好的结果"，从而出现了让人遗憾的结局。

再比如，如果学生是一个顶级的北京四大公立国际班学霸或者 985 学霸，这个时候他适合匹配的是一个服务类的中介机构带着他冲最好的学校。这个中介机构的前端和后端顾问都要盯紧，此时必须记住与中介机构签订的合同条款最好是"固定收费"。顶尖学霸、服务类中介机构、前端顾问及文案顾问，再加上固定费用，这四项是相互成就和匹配的。如果你把中间任何一项稍调一下，让它不那么匹配，有可能结果就不一样了，也许还会让你付出很多代价。比如把固定收费换成按排名收费，最后一下冲到了前10，就要多付五万元给他。本身就是顶尖学霸，先天条件如此优秀，完全可以只支付固定收费就有机会冲到前10的，然而结果还要为排名这个选项多付5万元，其实是非常不划算的一次交易。

所以个人情况、顾问情况、中介机构性质、合同条款，改变任何一项参数都有可能成为一个"灾难"，也有可能让你付出金钱代价。

属地原则。每一个城市的中介能力水平是不一样的，这个好理解。关键是标品类中介机构和服务类中介机构的重点资源城市也不一样。

服务类中介机构，就是我们通常希望帮着孩子冲名校的咨询服务中介机构，优秀的师资顾问的三个梯队分别是：

第一梯队：北京、上海、深圳、广州、南京（杭州算1.5）

第二梯队：大省的省会城市、重点城市，比如成都、郑州、苏州以及重庆、天津

第三梯队：其他

这个无需赘述。

而标品类中介机构略有不同,而且大家对标品类中介机构了解少,我略微展开:

第一梯度是北京、南京、广州、杭州(成都这两年正在前进)第二梯队是其他的省会城市,第三梯队是剩下的非省会城市。

北京、南京、广州、杭州这四个城市的吞吐量[1]特别大。就像国内现在形成的产业集群一样,一般来讲大家如果想做电商,都会去杭州;想做制造业供应链,一般要到江苏或深圳附近;想做金融,就去北京和上海;如果想做科技互联网,就选择北京和深圳;想做教育搞学术,一般都会待在北京。同行业的这些人才都集中在这些地方,所以它的信息交流和资源整合的能力更强大。

这四个城市似于标品类学校产品的大港口。大港口吞吐量大,有大量的数据反馈,每年送生高峰时,这些城市的中介机构和顾问手上项目就会特别多,长此以往他们的经验和备选方案也相应更多。如果申请者在留学申请过程中遇到一些挑战,他们会调用一些备选方案供选择,就像你去逛商场一样,这个商场的货品多,选择性就大。

其次虽然说项目是标品,但是每个家庭的情况不一样。不同的家庭因此会选择不同的项目,这类"吞吐量"大的中

---

[1] 城市的吞吐量指一个城市的旅客或货物在一定时间内进出运输枢纽的数量,以表示水运港口或航空机场的工作量。这里借用这个概念,意思是经过这个城市的业务送出的学生。

介机构和顾问手握可供筛选的项目众多，所以他就能从中挑选出适合学生的产品：有的孩子适合荷兰的阿姆斯特丹大学；有的孩子适合去美国排名前 50 的加州戴维斯分校的国际大一；有的孩子适合去中国澳门；有的孩子适合亚历山大这个项目等。当顾问做的留学项目量大了，经手的学生多了，就会积累大量的信息和数据，在遇到问题的时候能够提出合理化的意见，例如，这个项目虽然很好，但是前两年这个项目的预科转正率下降了，通过了解，你的孩子学习成绩并不是很好，建议放弃这个项目选择其他的项目。

相对来说，在北京、南京、广州、杭州，也可以算上成都，这几个城市拥有多个项目的中介机构比较多，这样学生选择相对就更多，匹配度也会高。相反，如果是在三、四线城市，虽然项目是标品，但顾问和中介机构的项目少，这个时候他千方百计想把这两个项目推给你，当你接受项目去入读，他才能收到钱。可是你最后才发现这两个项目实际上对你来讲不一定是适合的。所以，我建议学生和家长要寻找适合的标品，一定要去"吞吐量"大的城市的中介机构，因为这些城市的中介机构随便一个就能推荐五六个项目，这样一来你的选择一下子就多了。记住，北京、南京、广州、杭州是首选。

4. 签署合同的注意事项

合同条款分两部分：一个是合同内的，一个是合同外的，都是需要注意的。

合同内的条款最重要的是定校条款。定校条款是每年在申请季的时候特别容易出现纠纷的条款，但是签约的时候家长往往又不在意。很多人说中介经常给自己悄悄塞一些学校，但请记住定校条款：一定是双方一起确定的学校。而且中介必须有义务向你如实介绍他推荐的学校信息，不能夸张、不能忽悠、不能编造。提供的信息是尽他所能全面而真实的，最后选择权在你。如果定校是你和中介机构一起定的，那这个条款对双方都是有效的。

价格条款。很多人在鼓吹按排名抽提成，但前文我已经提到了，按排名收费其实是有坑的，排名收费也是要匹配学生的个人条件，匹配顾问本人的追求，匹配这个顾问有没有能力帮学生冲到排名靠前的学校，最后还要再匹配这个中介机构的性质。

以申请美国本科为例。如果根据评估预测学生冲不到一个特别好的学校，家长坚持按排名收费才签合同，中介机构可以签这个按排名收费的合同的。合同里约定基础费用是10万元服务费，冲到前20，加5万元，冲到前10，再加5万元。家长和学生有了"希望的泡泡"，中介机构稳赚基础服务费；家长和学生以为激励了中介机构，但中介机构知道自己只能挣到第一个10万、压根就不会向第二个10万努力。所以这种情况你能完全说是中介机构和顾问的问题吗？孩子自身条件不足但偏偏非要申请排名靠前的名校，其实说到底是理想

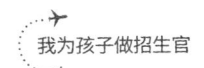

不符合现实。所以这个价格条款仅仅是一个心理安慰而已。

退费条款。一般来讲，中介服务合同交付之后，正规的中介机构都会和家长增加签订退费条款。退费条款一般会设置几个时间节点，例如，定校环节、递交材料环节、录取环节和签证环节。在这几个时间节点设置退费条款都是合理的，因为这4个时间节点对应中介服务工作的不同完成度，意味着中介机构已经为学生输出了部分智力服务，完成了部分交付义务，例如，定校之后，相当于已经把申请材料做完了，而此时家长因为某种原因想要退费、终止合作，中介在这个完成度上扣除相应费用是合理的。当然，如果在其他环节遇到一些让家长觉得不舒服的体验，抑或是中介机构规定了一些强硬的退费条款，或者退费金额不合理，家长都可以和中介机构交涉，所有和费用相关的条款，包括退费条款一定要看清楚。

材料归属权。这往往是家长和学生容易忽略的部分，材料归属权一定属于学生和家长，即中介机构的客户。因为所有申请材料都是根据学生的相关情况、提供的相关资料整理创意而成的。市面上有很多中介在服务客户的过程中都不愿意将材料提供给学生和家长，其实是出于怕麻烦的心态。举个例子，中介机构将材料交给你之后，你可能会忍不住将材料拿给身边的师兄、师姐，或者其他中介机构的顾问帮忙查看验证或者给建议，因此造成一些合作麻烦，甚至纠纷。这个担忧是客观存在的。还有一部分中介机构担忧的是将材料交给学生和家长之后，他们会拿着中介做的材料自行申请学校，甚至最后成功拿到"自助申请"的结果之后，找中介闹要求退费，甚至在中介机构会客大厅里打滚儿[1]。即便如此，家长也需要清楚地知道，所有围绕你的留学申请所制作的材料其归属权都属于你。通常来说，如果家长和学生跟中介机构提前沟通好，客户可以自己拿到材料自行多申请几所学校，即使成功拿到录取，在此过程中，客户无须向中介机构另外支付服务费，且同时视为中介机构完成合同服务内容，此种情况，中介机构通常可以接受。

合同外条款：除了合同正文本身之外，还有些约定一般不会体现在合同上，但这些条款对于家长和学生而言会很重要。

第一个是邮件信息知情权。很多中介不会把申请邮箱密码给到你，他的理由一般是担心你登录邮箱后会阅读一些学校的邮件，这个时候邮件信息会显示已读。因为邮件可能很多，他会误以为这些显示已读的邮件是他之前已看过的，导致他忘看或遗漏一些重要信息，以至于后期双方产生矛盾争议的时候互相扯皮说不清楚。所以很多中介就会以这个理由说申请邮箱的密码不能给你。但这个事情是不对的。

其实可以换一种方式：把这个申请邮箱设置成自动转发，自动转发到学生和家长的私人邮箱，这样学生和家长就可以在自己的私人邮箱查看邮件。申请邮箱还是由中介来负责管

---

[1] 真的，别笑。这件事是真实的，当时全行业都当饭后笑话。当然，大部分没有这么极端，但这类事绝对不少。

理，学生和家长既满足了作为雇主的知情权，也可以随时看到学校的邮件，中介管理起来比较方便，不会出现混乱或遗漏的情况。信息知情权这条一般不会写到合同里，需要在签订合同前口头约定清楚。

第二个是用人的原则。这个详细参考前文的盯人原则。盯住人的原则就是如果家长看好这个顾问和文案，最好以口头的方式或者某种有效的方式约定由他为你服务。因为最后不是品牌为你服务，而是顾问（人）为你服务。

第三个是文书制作模版的使用。这个条款不会写也没法写到合同里，一定要提前和文案顾问沟通清楚：不要用模版。甚至明确告知他如果使用模版，后果会很严重。只要前期沟通好一般还是会尊重家长的决定。即使现在可以使用ChatGPT了，家长也要注意这一点。

第四个是明确中介机构性质。具体中介机构性质的区别都在前面已经分析过了，所以在选择中介机构的时候家长必须了解清楚这个中介机构的性质，搞清楚它究竟是一个服务性的中介机构还是一个标品性的中介机构。没有中介机构会说他是一个专门做服务的中介机构，也不会说自己是专门做标品项目的中介机构，是的，他们都不会这么说。但前期可以多跟他们聊一聊，做到心中有数。一般做服务的中介机构顾问会说他们做得很高端，有多少的案例，帮学生写了多少好的文书。一般这么宣传自己中介机构的大多数都是服务类型的中介机构。一般来讲标品项目是不会拿出来宣传的，因为它满足了大多数学生，但这些学生的资质是比较普通的，大多数都是沉默的，都不是在镁光灯下大家看得见的。比如，你不会见到哪个中介机构整天说：我成功把100个学生送到了苹果的首席执行官库克的母校奥本大学。毕竟这个学校大概在美国排名50—100名，排名并不那么靠前。没有中介机构会这么打广告，所以一般做标品项目的中介机构不会这么宣传。但是家长可以去问一下，比如：老师，咱们这儿有没有一些成熟的项目老师，万一我前期咨询的这些学校都录取不了，有没有一些比较稳定、可靠、保险的学校？如果他给了你这个问题的答案，那他们中介机构是有一些标品项目的。我在前文也提到了，标品项目对于资质普通、成绩一般的学生实际上不是坏事。

第五个，也是最后一个近两年出镜率很高的词：保录取。现在会有中介机构提供类似服务，甚至在短视频上都能看见他们引流的广告。保录取一般有三种：一种是技术保录取、一种是造假保录取、还有一种是资源型保录取。

具体分析有点复杂、超过这一节的主题，放在后面章节。这里先记住：技术保录取可以做，造假保录取不要做，资源保录取大部分人想多了。

5. 正确理解家庭、中介机构、顾问三者之间的关系

这部分话题可能会有争议，被吐槽的点也会比较多，所以开始之前做四个铺垫，以便读者后面好理解。

铺垫一：这两部分的内容，真的是吃力不讨好，可能得罪部分家长，一定得罪部分中介机构，我已经做好被所有人骂的准备。

因为我两边都会说。一部分内容是我觉得家长和学生应该理解并配合中介机构和顾问的内容，可能会让家庭不爽。但不管你是否开心，我写的内容是这个行业客观存在的事实。我并不是站在道德的制高点评判好坏或说应该怎样，而是纯粹站在具体操作执行的角度说怎么做更顺利完成、帮家庭拿到最好结果。可能难听，但对家庭一定有用，您就算为了孩子忍着看一看。

还有一部分内容是我觉得中介机构应该改善的地方，可能会让中介机构觉得我动了人家的奶酪。虽然说存在即合理，但我也希望行业总是要规范和进步的。

另外，在留学从业者中有一些人喜欢批判同行来为自己树立权威形象，并给客户营造"我这里服务一流，你担心的那些问题都不存在"的感觉，即便我现在并不做中介业务，但我在自己的短视频里作为行业"老资历"讲一些实际情况时，也难免会触犯到不少人的利益。但想干成一件事，就是出来找麻烦，被人骂两句实属正常。无论大家怎么打口水仗，业内人士自己心里都清楚，留学中介服务具有以下特征：提供的产品不是有形商品；周期长、环节多；属于一次性消费；兹事体大情感重；客户不是专家，即便经历过整个留学申请过程变成了专家也没有后续意义，所以没有100%的满意。

在阅读下文内容时，请读者不要站在道德制高点评判"他们怎么这样"！"他们这么做是不对的……""他们应该"……只要去想想在真正的操作和执行中，下面的内容是否符合人性就好。或者，就当多了点茶余饭后的谈资好了。我预期读者在准备读下面文字的时候是处于平静的理智状态，所以你真的觉得不爽想骂之前，我希望你可以理性地思考一下我下面的文字是否客观（无论对错）。

铺垫二：一个二手车市场的故事。

从前，有一个卖二手车的市场，一共有100辆二手车。其中有50辆质量较好、50辆质量较差。质量较好的车的价格是30万元，质量较差的价格是10万元（尽管经过维修换新）。可惜的是，卖车的车主知道自己车的实际质量，但买家在买卖交易时无法辨别，只知道有一半是好车、一般是差车。于是，很多车主把自己的车吹得天花乱坠，反正买方无法辨别。但买方不傻、知道自己无法辨别，所以最安全的办法是：不管车主如何宣传，买方都说自己愿意出20万元买车[$30 \times 50\% + 10 \times 50\% = 20$（万元）]。

故事没有结束。如果买方只肯出20万元，好车的车主觉得亏本做生意就不打算卖了。于是，这个二手车市场就只剩下差车了。

细心的读者一定知道，这个故事就是时年31岁的经济学家阿克洛夫在1970年发表的关于信息不对称的研究文章，这篇文章及其后续影响力也帮阿克洛夫在2001年摘取了诺贝尔经济学奖的桂冠。而这位阿克洛夫的妻子，则正是现在风光无两的美国财政部长、美联储前主席耶伦。

这里不想引导大家去学习经济学，而是想让读者回味一下这个故事，很多生活中的例子也如出一辙。其中，家长、学生和中介机构、顾问之间的关系就是一个。

铺垫三：留学申请是人和人之间配合属性很强的复杂过程。

我记得上小学的时候，老师就经常说"你们好好听话，老师高兴了就多给你们讲一点。"，那时候不太明白为什么，老师不是人类灵魂的工程师吗？怎么还这样说？长大后渐渐明白了有一种状态叫尸位素餐，有另外一种状态叫"对得起这份工钱"，更有一种状态叫"为爱发电"。

留学申请对于一个家庭关系重大，时间长、因素多、事务杂、技术性强、情绪因素也多，人和人之间的配合属性很强。这么一个过程，其实不亚于在组织中领导、激励、激发团队，领导的艺术性对双方都很重要。顾问要领导申请家庭，申请家庭也要领导顾问。因为人的因素很重，而人和人之间差异又大，所以不是一个简单的交钱—拿货—走人的过程。直白地讲，同一对申请家庭和顾问组合配合得好，那么申请家庭开心、顾问卖力，结果一定不差，还有可能超预期；配合得不好，就会申请家庭抱怨、顾问内心郁闷，结果可能只对得起费用，但基本别指望惊喜。

这跟企业在用人时即发工资，又要讲究非物质激励来激发员工潜能的道理是一样的。顾问所在的中介机构自然有自己的激励体制激发顾问努力工作,但因为申请过程中家长和学生同顾问的接触交互很多,自然也会影响到顾问的一些心理,这是人之常情。

所谓"对每一位客户我们都120%地进行服务",其实是脱离了基本人性的夸大其词。

铺垫四:留学中介机构顾问的工作内容和节奏。

师资悖论。不存在收费便宜,同时每个顾问带的学生又少的中介机构。真要出现应该早垮了。一般费用高的中介机构可以支持顾问带较少的学生。如果哪个中介机构告诉你申请美国院校全程只要一两万元,每个顾问只带10个左右的学生,那简直是天方夜谭。这个价格要么是学生自己干大多数事情的DIY,要么就是这个顾问其实要帮大概40个学生申请美国院校,所以一个顾问多个学生是常态。一个标准的留学咨询中介机构全部的收入都来自学生的咨询费用,每一笔咨询费看起来收了15、30甚至50万,而且申请美国院校的工作内容好像也没有那么多,但中介机构还要把这笔钱用来做市场广告和宣讲,让家长觉得其有名、有品牌,要用来支持家长希望看到的高级办公室,要用来保证一个公司需要的人事、信息、财务、行政等各种后勤支持,还要用来支付所有人的工资,所以每个顾问基本需要带30个以上学生,再少也不会少于20个。

分工悖论。中介机构中有一部分顾问是真正操刀为学生申请的,他们不一定特别善于说服或安慰家长,但在申请过程中却是大拿，遇到问题手到擒来。悖论来了，这部分大拿会直接面对没有签约的客户吗？按说他们对申请最了解，应该面对潜在的客户；但现在的家长什么都要货比三家，了解清楚的潜在客户不一定会签约，可是申请大拿的时间却是一刻千金，那么他哪还有时间专心研究学校以及给学生做申请呢？于是中介机构里一般都会有前期顾问，他们不一定是申请的大拿，但可以专门和潜在客户商谈，确定后再转交给申请大拿。当然，你也可以说："我就见过中介机构说，不会换顾问的，前前后后都是这位顾问。"除非你选的是一个个人工作室，否则越专业规范的中介机构的前端顾问和后端文案打配合是必然的，这是专长和分工决定的。试想一个整天都大海捞针、随时回复各种还没签约客户的顾问，怎么可能有时间专心做申请？如果客户不货比三家，我看倒是有希望让一个申请大拿前后负责到底。当然，如果开始申请后无缘无故换顾问倒是真有问题，赶紧关注。

时间悖论。留学服务行业本质上出售的就是顾问的时间，这直接关系到中介机构的成本收益问题和客户的服务质量问题。但国情决定了我国的大众消费者还没有为时间付费的习惯，所以这个行业的服务协议都是跟结果挂钩，而非时间。这诞生了留学顾问的以下两个纠结（为了简化，我们这里假设一个顾问会处理学生申请期间所有的工作。事实上行业里还有分工，但本质问题没有改变）。

家庭间时间纠结。两个签订同样协议的申请家庭，一个家庭特别焦虑，各种举棋不定，我们暂时称为"焦虑家庭"，顾问在这个家庭上花费了大量的时间；另一个家庭很安心，当甩手掌柜很少过问，我们暂时称为"放心家庭"）。此时的顾问非常纠结："孩子的事都很重要，焦虑家庭的心情可以理解，但占用了放心家庭两倍的时间，正常能够完成一份申请的时间全都花在安慰焦虑家长的情绪上了，哪儿还有时间再给他们做申请？怎么办？把给放心家庭的时间挪一部分过来？但放心家庭一分钱也没有少付，而且对我们这么信任，换来的是挪走人家的时间吗？似乎不太公平。"（这个问题的答案因人而异，但我本人坚持创业的原动力就是不能辜负别人的信任。所以当年从业的时候，我遇到这种情况一般都会选择优先保证放心家庭的时间投入。我相信这个行业大部分资深的顾问都是类似的想法。一般能从事教育事业的人对孩子多少有些喜爱，也不会那么去精细算计在谁身上花时间多了少了，但如果明显一个家庭占用了太多的时间，这种纠结和道德困境还是很让顾问煎熬的。

家庭内时间纠结。家长接受的4万元这个价位，作为一个普通顾问需要一年帮20个学生申请学校（4万元和20个都是假设数字，不过一个做个性化申请的咨询中介机构的顾问一年帮20个学生申请学校这样的顾问真是很多的），这样才可以维持中介机构的生存。但申请季的时间总共就那么多，即便顾问不吃不喝，分给每个学生的时间也就只有100个小时。拿以下几种时间分配比例来说明一下：如果顾问用80个小时做申请、用20个小时跟家长做应有的沟通，很大概率能得到一个好结果：录取结果超出学生的实际水平。而且拿出20个小时来跟家长沟通也是应该的！如果顾问用70个小时做申请，30个小时去沟通呢？也是可以保证质量的。如果做申请的时间再减少，那学生的录取结果不会好啊……但事实是，我们发现很多顾问在这100个小时的时间分配里往往有50个小时都要用来处理家长和学生的一些焦虑、知识普及，还有回答"道听途说"（例如"我们有朋友说……"）等带来的干扰和抱怨。因此，结果不言而喻。

留学顾问和律师的工作性质其实很类似，都是通过自己的智力服务出卖时间获得报酬。但因为留学中介行业发展还处在比较早期的阶段，通常都是一口价，按结果付费，不按时间计算。但基于我上面说的几个原因，家长如果碰到确实有水平的顾问，主动提出付费咨询，实际会更划算。

计时付费咨询，那样顾问不会有那么多纠结，也不担心你会不会和他签约，说多了又怕你拿着他的方案跑去签个收费更便宜的顾问，最后他忙活一场什么都没得到。付了费，自己是有偿服务，所有的顾问都会打心底感谢这样的家长，就会愿意多说些建议和想法。在孩子升学这种问题上，遇到真专家多说两句，那个咨询费绝对是很划算的。

第一，付费后，可以要求制订一个详细的方案。你付了费，可以敞开了问；他收了钱，只要是时间范围内，该给的都会愿意给，很划算。

第二,这个钱不会白付。如果过后打算签约这个顾问,可以要求把签字咨询费折算到合同金额里。顾问肯定是能接受的,对家庭来说相当于这个钱没有多出啊。

我在短视频的账号上试验了这种模式,也是有赖于粉丝们对我专业度的认可,咨询价格一路从每小时 8,000 元涨到每小时 2 万元,再涨到每小时 5 万元,依然有粉丝购买这种一对一咨询,甚至在涨价的前几天,出现了一群粉丝先买了好几个 8,000 元每小时的囤着以后慢慢用的盛况。其实收 8,000 元每小时咨询之前,因为问的人太多,每天各路熟人介绍朋友微信爆炸,人情复杂到难以承受,工作和生活受到极大影响,所以定了个 8,000 元每小时"挡一挡人,相当于婉拒",没想到 8,000 元也挡不住,一直涨到 5 万元才让我的工作和生活、粉丝热情、人情世故达到一个平衡的状态。

面对这种付费咨询,首先我会认真准备,会请助手提前了解咨询家庭的详细情况,确认我可以提供对应的价值再面聊或线上咨询。有不少粉丝在给我初步情况后,我要么认为他的问题太模糊不值得,要么觉得他的情况很简单一两句就说清楚了,就又把咨询费用原路退回给了粉丝。确认可以提供价值的预约,我会仔细根据他们的具体情况构思方案后,在跟他们约好单独咨询,这样确保付费时间不会花在一些基础扫盲和低效工作上。完成咨询后,后续再帮他们协调资源、解决个性问题。这整个下来,其实平均每个人前后会花掉 3—5 个小时。

关键是因为得到了尊重,所以咨询过程中我毫无保留地为家长和学生考虑，相比那些先来问问或者说要签约但正在货比三家的家长，我在这种付费咨询里完全没有可能被"白使唤"的纠结，而且我会尽量提供足够的信息和指导，让家长和学生得到匹配甚至成倍的价值。双方皆大欢喜。迄今为止，我确认每一个单独咨询的客户，我都做到了两点：第一，因为自己并没有中介业务所以完全公正客观地给出了判断和方案；第二，给出的关键节点判断至少能够帮他们节省成倍的费用、或者少走一大圈弯路、或者可以让孩子的精力花在最重要的事情和轨道上提升成功率。讲这些不是让大家来找我，我已经到了平衡状态、不想加了。而是想让大家理解真正专业人士的工作原理和状态，教大家学会花小钱、办大事、避大坑。

6. 妥善处理家庭、中介机构、顾问三者之间的关系

理解中介机构和顾问的"小心思"后，我厚着脸皮分两头给家庭和中介机构都提点建议，目标是确保大家开心共事、达到目标。

这一节先给家庭提建议，下一节给中介机构提建议。觉得刺耳不想看的可以直接跳到自己想看的部分。

家长和学生在处理同中介机构及顾问的关系时，关键就是掌握好预期和情绪两个词，具体来说要清楚如下几个客观事实或者说把握好下面几个原则：

第一，勇敢面对自己，客观预期。如果你在大街小巷都

找不到一家中介机构能帮你的孩子上哈佛大学,究竟是中介机构的水平都太差,还是你没有做好准备面对自己?面对自己的孩子可能没有自己想象中的那么优秀;面对自己的孩子确实不是上哈佛那块料的事实;面对"别人家的孩子"在求学这条赛道上确实比你家孩子更优秀的事实……预期不客观合理,谁给你服务你都不会满意。预期客观合理,整个过程会顺利一半。所谓的客观合理很简单,就是在符合自己孩子的客观条件上适当拔高。具体操作上,可以多问几家咨询中介机构做做评估,也可以翻看往年类似条件的学生的申请记录,或者找认识的往年申请家庭了解真实情况(注意,是真实情况)。记住,鉴于留学行业普遍存在的不同程度数据掺水,不符合你心理预期的中介机构不一定就是不好的中介机构,符合你预期的中介机构也不一定真的能帮你。孩子可能就是一个国内刚好能考上三本的学生,家长却偏偏认为他优秀得足以申请哈佛、剑桥,如此不切实际的高预期和自我幻想是必须自我调整的,否则就是在刁难别人也是在刁难自己。现在的信息透明度越来越高,稍微做点功课,虽然自己不会成为留学申请专家,但是孩子大概能进什么区间的学校或者什么学校肯定没戏,还是比较容易找到感觉的。

举个亲身经历的例子,我在之前的工作中曾经遇到过一位客户,协议上已经确定了"由双方商定申请学校清单"。这位学生的确是北京顶尖中学的学生,但 GPA 和排名都只算中等,大概前40%,标准考试不低但也不算高,课外经历一般。

这种情况，放在排名前 30 甚至前 40 的学校作保底是比较可取的策略，甚至放在几个排名 30 左右的学校作为常规目标学校都不算为过。但在到了定校环节，这位家长坚持认为自己的女儿就是注定应该进排名前 20 的学校，选校单里就不该出现排在前 20 名以外的学校。他们认为，任何排名 20 名以外的学校出现在清单上都是中介机构为了能保证挣到钱给自己留退路、希望学生走保底学校的表现。为了这个定校清单，学生、父亲、母亲轮番打电话、到访办公室、和负责申请的顾问以及申请主管前后整整唇枪舌战两周，又哭又闹。在协商确定下来后，负责申请的顾问慨叹："有这时间，我都帮她把申请做完了。应该花在她申请上的时间被这些不必要的事一口气花光了，接下来还要给她申请，那其他孩子怎么办？"

所以团队其实是"负气工作"，因为职业操守依然认真做材料，但是也只是尽职尽责而已，也就谈不上全力以赴、超预期工作。

这些事情早就是过眼云烟，写出来不是支持谁、批判谁，就是客观给读者说一下可能出现的情况，大家理解即可。

第二，事先商量好工作节奏，便于配合。如果理解了上一节里的时间悖论，这里也就好说了。申请过程中环节比较多，各种情况也很复杂，尤其英美的学校是学校自治，不像中国高考或考研都大一统，国外各个学校都有自己的招生政策，每年也都会发生一些小变化，所以各种程序性的琐事非常多。职业顾问和成熟的中介机构，一般都会和客户约定一个比较合适的时间用于沟通一般事务性工作，比如下午2—6点，紧急的事情当然随时联系。这个时候你别多心，这么规定也是为了保证你的孩子既能得到足够的关照，顾问又可以集中精力处理孩子的申请表和文书。反过来想你就可以理解了，如果不约定时间，大家都想起来就打电话、或者微信炸群情绪轰炸，一个顾问带10个学生，白天就会无法集中思考和处理学生的申请。甚至到了申请季，基本频率就达到5分钟一个电话，8分钟一条微信了。随时打电话家长确实方便了，但很有可能干扰的也是你自己孩子的申请。如果双方提前商量好，都遵守这个约定，很多冲突和抱怨是可以预防的。

另外，站在家长的角度，如果家长之前没经历过不太懂，遇到不明白的事情都很着急想了解清楚，这种心情可以理解，毕竟申请无小事。但这个时候家长确实需要略微冷静一下，思考一下你要咨询的问题和事情是不是真的很紧急。不紧急的事可以稍缓一下，把问题收集起来再约时间沟通，紧急的事当然随时联系。只要别狼来了就行，不然顾问下次看到你电话就不知道是不是真的很紧急了。

第三，天下没有一种工作可以让人持续保持多投入少回报。如果有，这份职业也会很快消失，服务也不会再有人提供。双方通过协议和收费，确立了服务关系，但这个服务关系不是无限连带责任，也不是7×24小时待命（除非是一些双方说好的特殊收费和特殊服务）。虽然家长们经常动情地说："孩子的未来就交给你们了。"毕竟孩子的事是每个家庭的大事，从业者也都理解。但事实是留学申请的环节多、因素多，即便顾问勤勉、学生努力、家长操心，也都只能促成最终结果的一部分，没有人可以或应该为学生的未来承担无限连带责任。不管客户付了2 000元还是20万元，顾问都不应该承担"一切"。关键在于提供与收费对等的服务和承担相应的责任。比如长期听到同行说有家长只付了1万元的辅导费，但申请中以"我们付了钱，你们要对孩子负责到底"为由，要求中介机构动用各种资源、通过各种关系联系招生办进行中国式"进攻"。还是那句话，心情可以理解，但要求确实不合理。

说到这里我们对比几个小数字。前面说过，目前标品类中介机构的代理各个主要留学国家的申请服务费在数千元到2万元不等，服务类中介机构的全套费用在常见在2万元到50万元、根据美、加、英、澳和档位不等，咨询中介机构的自助DIY费用在1万元到3万元不等。而美国排名前30左右的大学不保证结果的单独"运作费"一般在30万元及以上，常青藤则至少百万元级才能排队，甚至有的名人提前3—4年就给哈佛捐助数千万美元铺路。在这种行情下，各种要求确实应该有一定的合理度。反过来看，也就不难理解，市面上常说的"保上前30"之类的计划更多是噱头了。

第四，付费买的的是申请咨询服务，不是让顾问充当每天监督孩子学习的陪读，读书是孩子自己的事情。这一点同上文和下文都有些关系，但又不同，所以单独拎出来说。很多顾问会出于为结果冲刺的需要或者感性需要，去督促孩子背单词，或者在孩子期末考试成绩不好的时候给予安慰与意见。但请注意，这都不是他们的义务，留学申请服务本质上并非学校式的教育，是带着任务的服务，和考试培训的性质是不一样的。

申请团队的工作是在给定条件下全力冲刺好学校，努力学习是孩子自己的任务，哪怕妥协一点也是申请家庭自己的事情。如果你期望购买一项咨询服务，然后让顾问把孩子的日常学习也管了，这个确实不在中介机构的服务范围内，或者都要单收费了。

想起一个行业小惯例跟读者分享。不知道大家能否察觉，绝大多数考试培训中介机构是不负责给学生进行考试报名的，例如托福、雅思等。我刚入行的时候，有一个学生家长提出请我帮孩子报名托福，因为培训班不给报。我当时还很纳闷，"为什么孩子自己不能报呢？即使孩子自己确实不会，但不是正在上托福培训班吗？应该托福培训班帮着报托福考试才最合理啊？"不过那会儿年少无知、行业经验太浅，没有想太多就答应下来了。后来的混乱和社会的毒打才让我长见识并了解到为什么连最顺理成章的考试培训中介机构都不给他报名了。这个学生考试当天睡过了，没赶上考试。但是在家长眼里，原因就在于"某某老师当时报名就不应该给孩子报在北京，让我们没法叫孩子起床，以至于我孩子没赶上考试。当时就应该给孩子报在我们当地。你们应该为此事承担全部的责任！"最后就是一场本可以没有的撕扯。

那一刻，我突然明白为什么现在的中小学很少组织外出活动。

家长要想清楚自己付费想购买的到底是随叫随到的心理疏导，还是学生申请学校本身。我的意思是，抓大放小、拿住一头，要么自己控制情绪不随意发泄，专心追求优质的申请，不计较申请过程中的一些小疑虑、小不快；要么随意倾倒和顾问聊天寻求安慰，但不要对申请结果苛求。一份钱购买一项全套服务和少量附加服务，很合理。但一份钱购买心理疏导和学生申请两项全套服务，就是苛求了。不管你有什么感觉以及各个中介机构如何宣传，留学行业里负责申请的老师都有一个共同的无奈，"申请时有一半的时间都在抚慰家长和学生情绪的，真正花在申请本身的时间也就一半，能让我100%冲刺申请吗？臣妾做不到啊……"

第五，用人不疑，疑人不用，把控好主要节点即可。至于不是主要节点的其他地方，如果家长自己不是专家，一定不要微观管理和干预。这个涉及前面内容说的领导艺术，其实跟带团队用人是一样的。既然相信自己的判断选择了这家中介机构和顾问，就给予对方足够的信任，这对于需要发挥主动性和创造性的顾问来说其实是最合适和最需要的。不过虽然说用人不疑，但也有信任但检查的原则（trust but verify），把控主要节点也是不可少的，是对自己决策的一个例行验证。比如可以跟顾问规划好表格、文书等初稿和终稿的交付时间，剩下的就放手，多配合中介机构工作。只要你自己对自己的判断有信心，就相信专业的人办专业的事。

至于主要节点是什么？下面这几个节点一定要把控住：

（1）签约前问清楚：申请过程中都会涉及哪些顾问来服务？他们分别是谁？具体都负责什么事情？做方案的是谁？选校的是谁？准备文书的是谁？填表格交材料的是谁？这些人都有什么成功经验？出了问题找谁？何时可以找到？如此，等等……有可能的话，负责文书、填表和交材料的文案顾问要提前确认好，这个角色特别容易因为前面销售顾问的营销话术而被学生和家长忽略。其实越到申请后期，前期你接触的顾问作用越小，越来越像一个银行的客户经理，主要工作成为帮你调集资源或者在中介机构内部代言。但申请后期的这个顾问或者负责这几项工作的顾问才是真正给你做申请的，他们直接关系到你的申请质量！建议大家可以和后期的文案顾问保持良好的沟通关系，维系好感情。毕竟在中介机构和你合作的过程中，后期的文案顾问其实更像老师，更有人情味。偶尔的感谢和情感维护可以让你孩子的申请不知不觉地就避开好几个坑。这里不是让你去送礼，也不是非要跟你辩论"我已经付给中介机构钱了，做好是他们应该的！"我再强调一次，我所有的意见无关乎道德对错或应不应该，只关乎在已经存在的现象下如何帮你搞定最好的辅导和申请。

（2）签约之后一定要尽快让顾问给你做出全套的申请方案。"尽快"因情况而异，如果明后年才申请，这个尽快可以是一个月；如果是立刻就要申请，这个可以是一周。方案里边要包括：学生申请策划案的切入点；必备的材料；考试预计达到多少分、何时达到；初步计划的学校是哪些（后期可以根据新情况变化调整）、这些学校分别大致的入学概率是多少；何时开始注册填表格；何时需要家长和学生准备好什么材料；何时完成申请递交等。

（3）学校清单定下来前，让中介机构给你一个清单，上面有你准备申请学校的申请截止日期，外加这个学校相对于常见申请的额外要求。

（4）至少提前一个月把学校清单确定下来，无论你多么想等到下一次考试结束再看。这个事项非常重要所以要特别强调。这个不仅仅是对申请顾问团队的约束，学生和家长也应该遵守这个时间。即使你最后一次考试是在申请截止前一天，你还想等这次考试结束后根据考试感觉来评判能不能对学校清单再稍作调整，也必须抵抗这种诱惑，必须提前一个月定下来。原因如下：

①一个月是准备一个学校申请的最合适的周期。死扛到最后一天确定学校，对你和申请团队都是逼死人的节奏，可能没有充足的时间给你做出高质量的申请。

②别忘了除了你，你所聘用的申请顾问团队还负责其他学生的申请。

③如果你实在想等考试成绩出来后再做调整，可以在一个月前定下来的学校的基础上再酌情增加，因为至少你保住了已定学校的申请质量。

④如果你担心定了学校之后中介机构就会拿着这个清单来约束你，增加申请的学校就要被中介机构要求加钱，我只能说这个账算小了。甘蔗没有两头甜。比起孩子的申请质量，加申学校那点钱简直不算啥。何况，顾问付出了劳动为你创造更多可能性，加点钱不过分，是理所应当的。

（5）如果申请涉及一些开放性题目的写作（美国申请的文书、中国香港和英国部分学校可能涉及的短文），至少需要提前两个月开始动手。不管是催着中介机构动手还是自己动手，一定要开始，为什么呢？

①首先，一份好的写作，一定是来回调整了好几次的。中介机构可以帮你降低反复修改的次数，但是不可能免掉。

②其次，初稿出来后和定稿前都一定要亲自阅读，初稿确保内容和语气都是符合学生的风格，三观正确；定稿需要确保没有任何明显的瑕疵（语法错误、拼写错误等）。

③定稿前，一定要和文案顾问至少单独沟通一次（可以是面对面也可以是线上远程，但一定要有）。理想情况下，写稿初期就应该有一次单独沟通，很多中介机构会把这次沟通叫作头脑风暴，也有其他叫法。沟通的核心是要和文案顾问建立彼此的认知增进互相的了解，技术上要避免内容不够具体，还要避免他给你套模板。

④这里你可以"找事"作，而且一定要"找事"。唯一注意的是要建设性地"找事"，意思是给顾问反馈的意见要具体、要说清楚怎么改，说不清楚应该怎么改的话至少举个例子，

别为了找事而找事。如果你告诉文案顾问:"这篇文章不够深刻。"这就没有建设性,因为无从下手改;但是如果你告诉文案顾问:"这篇文章不够深刻,我希望能把我不顾危险坚持做某某实验的部分再详细一些。"这就很棒。

(6)每一份申请提交前一周,要让申请顾问团队把做好的材料或者准备交的材料发给你检查,比如成套的 PDF 文件。毕竟这件事情对你来说是当前生活的全部,你自己审查肯定比别人给你检查上心。当然咱不能因为这个就指责中介机构,因为不可能期待所有人都像自己或者父母一样对自己上心。

在给材料这件事上中介机构确实有种顾虑,担心学生和家长拿他们做的材料给找别人申请同时退费或者自己申请,这种事情确实不算少见。简单举个例子,假如你付费给一家中介机构,它承诺为你申请八所学校,如果一所都不中则全款退给你。如果你要求中介机构申请最难的八所学校,同时把中介机构申请材料拿来,自己或者找朋友找了另一家便宜很多的中介机构申请了另外四所适中的学校。结果贵的中介机构给你申请的最难的八所学校不出意料全军覆没,你自己或通过其他渠道申请的四所学校都录取了。这个时候从技术层面来讲,你可以找贵的中介机构退费。还有另一个没这么极端的方式是,你就是不想付加校费,所以想拿着中介的材料自己申请。

如果中介机构不给材料,那你可以要求去它那里看纸质材料,(比如前些年北京的几家中介机构就是这样做的。)

千万不要嫌麻烦,一定要去,而且做好准备仔细看,在那里待一天,不改好就不走。如果有中介机构连看都不给你看,你只能反思当初为什么选这家中介机构或是否没提前沟通清楚,然后只能自求多福吧。

(7)要求申请顾问团队每提交完一所学校,把页面、截图或者邮件转发给你。记住,不要只听中介机构给你说提交了,一定要看到提交成功的截图或者自己亲自提交。我给你的每一个建议在这个行业都有血的教训。

(8)要求申请顾问团队把每一所学校确认你的申请材料完整并确认申请收到的页面、截图或者邮件转发给你。注意,这个时间节点和前一个时间节点不一样,中间可能差了一天到一个月不等。

(9)上面的(2)—(5)是可以请师兄、师姐、海归朋友或者海外亲戚出谋划策的,但是一定要记住,他们只是提供意见,是不用担责任的。最终还是要和申请顾问团队一起确定这些意见是否靠谱或能否采纳。我们从骨子里可能不完全信任中介机构,但是相比师兄、师姐、朋友、亲戚,中介机构才是跟你利益绑定最紧的。

第六,中介机构的一些看似不合理的做法不是针对你,而是针对"客户"整个群体。回忆一下上文提及的二手车市场的故事,中介机构有的时候是弱势的,因为家长和学生申请完就结束,而中介机构是长期存在的。坦率讲,在整个申请结束甚至结果出来之前,中介机构和家长之间彼此都很难有

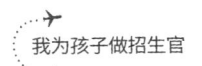

清楚的判断，所以只能按照整体情况设定一些规则。

比如，邮箱密码就是个很多家长和学生吐槽，但中介机构也哑巴吃黄连的点，正好拿来举例子。邮箱密码的问题是这样的[1]：很多成熟的中介机构会帮学生注册申请邮箱和申请账号，而在申请期间，邮箱的账号密码是在中介机构手中，不愿意给家长和学生的。为什么？因为中介机构曾经吃过亏。吃惨了，吃怕了。共享邮箱账号密码有一个很实际的操作问题：说不清的责任和扯不清的麻烦。以邮箱为例，如果只有顾问自己能查看，每一封邮件的阅读、归类是非常清楚的，出了问题，责任是很清楚的，没有好争辩的；但是共享情况下，顾问一般都是定时查，而学生和家长则习惯天天查、时时查。这意味着顾问每次打开邮箱，面对的基本都是已读邮件（有的顾问虽然会和家长、学生约好每次读完要标回"未读"，家长和学生刚开始可能会记得，但后面邮件多了也就忘了），于是这位顾问每次都要把所有的邮件再看一遍确保没有疏漏（别忘了，一位顾问要带好几个学生，不可能期望他能像学生家长一样记清楚你的每一个情况）。刚开始邮件不多问题不大，后面邮件越来越多就没有哪位顾问可以受得了了。而且在共享情况下，除非事先说好共享后由家长和学生承担责任，否则但凡出现漏查、失误操作等现象，责任就说不清楚了。这个时候因为申请阶段特殊的情感色彩，小矛盾很容

---

[1] 排除一些无良中介机构和顾问确实是怕暴露自己不尽心出重大错误的事实，这个我会在下文讲。

易升级，双方都会投入更多的时间和精力在纠纷上，投在申请本身上的精力就少了（回想一下铺垫四里的时间悖论）。

第七，正确引导孩子参与，传输正确的金钱观和劳动观。留学行业竞争比较激烈，不合理的收费很难长存，所以基本是按劳所得。"你们写写文章、填填表就收好几万元，太暴利了"，大多数中国人没有为知识付费的习惯，所以这种看法很常见。重视一下上面章节里说到的各类留学申请中中介机构必须付出的成本，只能说这个行业的利润其实很一般，一分价钱一分货还是基本成立的。我很难保证收费5.5万元的中介机构一定比收费5万元的好，但收费6万元的中介机构一定比1万元的好，这个是肯定的。

如果已经付了十几万元到一个高大上的中介机构接受服务时，就不要怀着"你们干什么了，太暴利了，我们就是不懂才被迫来找你们"的心态，因为这十几万元里有很大一部分实际上是你为自己的信任和安全感买单的——买了高大上的办公场所和市场品牌宣传。如果你怀着上面那种心态，在申请过程中你和中介机构顾问最终都不会感觉很顺畅。

如果把这个心态带给孩子，有可能会让大家更加尴尬。一来学生本来就觉得价格高，容易受到一些道德制高点式言论的影响；二来学生对社会和劳动还没有直接的感觉，不好判断。再加上学生一些小大人式的"懂事"，可能会做出一些不太成熟的反应。比如，有学生和家长都选好的顾问中介机构，但学生得知金额后觉得不该花这么多钱（家长其实并不在乎这些数字），出于"大人式"的懂事，学生不向任何人袒露自己的金钱顾虑，会对父母说中介机构和顾问这里不好、那里不行，要自己申请。最后的结果是自己申请出一个"夹生饭"，不得不向父母说出实情，但真到那个时候顾问再介入已经晚了。

还有一个来自学生对劳动和费用没感觉的例子。有一个孩子的申请条件一般。通过关系，在一家朋友管事的咨询服务中介机构拿了一个友情价，只支付了1万元左右的象征性价格冲刺排名前30的学校。申请的顾问并没有怠慢，最后这个学生确实进了排名前20的学校，远远超出客观条件。但在申请准备中，学生得知了费用后在和顾问的沟通中频繁使用"我付了你们那么多钱，这个是你们应该做好的"这类的话，弄得双方都非常尴尬。本来是件朋友间合作且互相都很照顾面子的事情，结果变成了结果很好但大家都不开心，合作顺畅度大打折扣。

好吧，如你所料，正如所有"我有一个朋友"，这个朋友就是我本人最早创办的中介机构。

总结一下，留学中介发展到现在，除掉纯骗的机构，绝大多数的问题其实都是可以通过互相理解和沟通解决的。只不过申请季的时候事关重大、家庭都容易上头、战斗力爆表，小事化大，这是人之常情。我亲眼见过一个案例，母亲属于焦虑症患者，孩子的申请条件挺好，但只是普通中国孩子的那种好，成绩高但其他什么事都不会做，什么都要家长给他安排好，但凡懂点的一眼就看出常青藤没戏。他的妈妈在签约前说得很好，很洒脱地告知中介机构说只要能上适合孩子的学校就可以。可是她谁都没有告诉：她觉得自己孩子适合的学校就是常青藤。这个母亲觉得孩子特别好，不上常青藤就是屈才。申请过程中，妈妈对中介机构各种不信任，自己不懂的文书必须要中介机构翻译给她看。问题在于，美式风格的文书强调把小事写透，对比高考作文，这样的文章没有升华、不高级。于是她开始各种找人，每有一个问题就把留学顾问团队从上到下的每一个人挨个问候一遍，到了最后真要冲刺的时候，除了例行工作，没有一个顾问愿意帮她做一点超出规范工作的事情，最后的申请只能顺其自然。孩子被一个大家都挑不出毛病的学校录取了，但是留学团队里所有的顾问都清楚，如果家长没那么能找事儿、大家沟通得再顺畅一点、互相再多努力一些，还是可以去到更好学校的。

虽然容易上头，但是我要再强调一次，一般留学顾问都是盼望自己手里出好案子的。而且他们做这个工作年头久了见得也多了，能理解家长的焦虑，即便家长在申请过程中提出一些不合理的要求，顾问心里都是能接受的。只要不是非常过分的家长，作为顾问的责任心还是有保障的。

说完了，家长和学生看完有任何不满我表示理解，你们也有批判我的权利。不过对于打算狠狠抨击我的留学从业人员，你敢说你心里没有暗自窃喜："终于有个愣头青把我们不好说但特别想当着客户面说的话都说了！"

7. 中介机构和顾问如何更好地理解和服务家庭

首先揭露一些中介机构和顾问，包括那些不管有没有收人钱但承担了留学顾问角色的人。

中介机构不要以为自己有个外籍顾问或者海归顾问就很厉害。我当时创办的中介机构有大批外教，还都是一批从普林斯顿大学本科、芝加哥大学本科这种级别院校毕业的黄头发、蓝眼睛的外国人，而且是我麾下的高薪全职员工，所以我这么说应该没有酸葡萄心理之嫌。

我认为中介机构需要先给家长和学生讲清楚，你的外籍顾问或海归顾问是挂名还是亲自服务？现在留学生和来中国的外国人这么多，找几个外国朋友挂名很容易。但是如果不能给学生提供实际的服务，也根本没有什么用。至于想尝试在世界五百强或者金融、IT 等强势领域工作的外籍顾问（海归顾问）中挖个人挂职做顾问，那是不可能的，人家是不会来为你工作的。

即便是真服务，也请说清楚你的外籍顾问／海归顾问是全职还是兼职？是就在中介机构里能接触到的还是跨越大洋的远程服务？在这个行业待了这么多年，我只能说兼职的人再优秀，也只是锦上添花，决定服务质量的还是看全职的那个人，差别在于责任心。同一个时区内的远程服务管理好还行，如果是跨越大洋的远程服务，哪怕是招生办的人，也是远水解不了近渴，最后决定服务质量的还得看在你身边的那个人，原因很简单，远程的那个人感受不到你的焦虑和迫切。

中介机构还应该给家长和学生讲清楚外籍顾问/海归顾问具体工作职责及范围，别为了签约含糊其词："全程为您服务"。我曾在哈佛做过招生，回国后都不敢说"全程为您服务"，都要把"某个环节我会和孩子直接一起工作、某个环节由顾问老师操办，但邮件进度抄送给我"之类事项讲得清清楚楚。因为刚毕业的海归顾问不善于做以下三件事情。

一是跟进潜在客户，应付重复性的基础问题和买家的挑剔。不少作为潜在客户的父母虽然信任海归顾问，但是在涉及不低的中介费用和孩子的大事时，还是会该砍价砍价、该挑剔挑剔的。海归顾问一般心气比较高，一般忍受不了这个局面，在他们看来，"我的学历在这里摆着，有什么好来回谈的？！"

二是选校。你没看错，从业不久的海归不善于选校。原因很简单，即使在哈佛上过学，他们也不知道哈佛招生办为什么录取自己，而且往往只对哈佛、耶鲁、普林斯顿一类的学校有感觉，20名以外的学校是拿不准的。选校的精准性是要靠经验和数据积累的。我刚从事留学工作的时候就对一些国内的顾问由衷敬佩，他们没出过国，但是整天研究国外50—100所的名校，对这些学校的招生政策和偏好如数家珍，分数大概多少能录取，什么学院或者专业好录取，哪些专业去了之后可以转，哪些不能转，申请的时候有几个选项你一定要勾,这样能提高录取概率等。这些数据不是念过哈佛、耶鲁、普林斯顿就能知道的,需要积累。

三是申请的琐事。在没有从事过留学行业的海归看来,申请不外乎就是选学校、写文书,选校、填表,可以自己搞定,所以专心写好文书就好了,这也是海归最擅长的地方。而且中介机构如果真的让一个高人力成本的海归把时间花在大量琐碎又耗费时间的细节上,对于海归和中介机构来讲都非常不划算。但申请是一项复杂的工程,里边有很多诸如注册、填表、提交之类的细节,每一个细节做不好都有可能给申请带来负面影响或者毁了一个申请。

除了高大上的理念,请中介机构及顾问深刻理解中国家庭和孩子,即便是已经送出去读书的孩子,请给人家能落地的建议。这一点上我的切身体验是:哪怕辅导老师是从常青藤招生办里出来的,如果不能理解中国学生特殊的情况,给出的建议大部分没有参考性。中国家庭有以下几个特点,如果不理解就会让整个申请和准备一团乱麻。

特点一:注重考试分数。现在的家长和学生不同于10年前。10年前他们是真的不知道名校录取不光只看重分数;现在他们都知道这个事情,但还是要在考试上花很多精力,一方面是摆脱不了传统思维,另一方面也是想摆脱但是迫于竞争压力,毕竟在竞争中分数的差距一眼就能看出来。所以如果你只告诉家长"名校不仅仅看重分数",那你也没提供什么附加值。你需要和他们说清楚不光看分数还要看什么,为什么这样？背后的逻辑是什么？他们该怎么做？你也需要理解和照顾要应对高强度考试的学生，帮他们制订考试计划的同时把其他事情安排进去，达到最优，而非简单粗暴地告诉他们"不能光看分数"，这是正确的废话。

特点二：不太懂什么是学术兴趣。这件事情不怪家长，是我们社会多年考试选拔后形成的惯例。

作为中介顾问要先记住两句话：兴趣是一个孩子在无引导、不受控、没有外部奖励的情况下，愿意长期付出努力从事的事情；人类文明发展到今天，孩子的任何一个兴趣背后都至少有一门学科在支撑。

再来看家长们对兴趣常见的误区就很有意思了。每次我问到家长，孩子的兴趣是什么？家长半天反应不过来。答案无非三类：一是孩子只会学习，没有发展什么兴趣。二是数学成绩好，物理成绩好，生物成绩不行。这不叫兴趣，这叫学科。三是给他报了个编程班、象棋班，他学得还行。这是培训班，不是兴趣。

其实学术兴趣很简单。我见过喜欢收集蜘蛛标本的孩子，不用管他，他自己就会去捣鼓。这就是兴趣，背后的学科就是生物，后来这个孩子去了南加州大学读本科。

我也遇到过北京海淀的一位妈妈哭诉自己8岁的孩子不爱做英语卷子，请我推荐英语培训班。但聊了一会儿才发现只要不管孩子，他就会去翻看科学杂志，多好的兴趣基础啊！如果引导他慢慢读一些简单的英语科普文章不好吗？上培训班真的有必要吗?

大不了就是家长给我回一句:"孩子爱打游戏算不算?"算,当然算。如果打游戏打到琢磨怎么自己开发游戏,那绝对是学术兴趣。其实游戏这门新兴专业的背后也有3个学科方向:理工方向的编程,艺术方向的动画插画,文科方向的文学历史(编辑)。

所以作为中介顾问,自己要有足够的积累,能够在了解孩子的基础上找到孩子的兴趣点、发现家长作为非专业人士看不到的细节。

掌握这些能力,才有机会帮助孩子做到"塑形",而不是像一些低水平中介人员一样:要么就是高二才很积极想把学生签进来,因为前边的"塑形"做不了又费劲,只想挣申请费的"快钱";要么就是初三、高一花里胡哨地把学生签了,但不理解招生规则和兴趣的培养,初三、高一只能给人家推销一些付费科研和实习去填充,高二只会让学生刷分,那凭什么每年向家长和学生收取好几万元的辅导费呢?辅导什么了?

特点三:不善于把很好的课外活动与申请中的"能力体现"相结合。家长愿意报各种辅导班且看重成绩,所以再好的方案,跑着跑着就偏向以刷分为主,课外活动为辅,重在参与,付钱拿证书。

这个时候是能看出中介顾问教育初心的时候。因为顺着家长的思路、给家长推荐一堆给钱拿证的活动,既容易沟通不用费事,又有额外的钱挣,短时间内大家都皆大欢喜,看不出什么问题。但如果真的要冲好学校,其实是很"费劲"的。需要费口舌引导家长和学生理解"领导力",理解这些相关能力在冲刺优秀学校时的重要程度,有时候孩子甚至还要付出不情愿的努力去"速成"创造、领导、沟通、说服别人等技能,顾问也要花很多时间引导孩子思考和行动。

选皆大欢喜还是费心费力?在这个事情上中介顾问是要讲良心和水平的。

特点四:不知道怎么写文书,即便你已经帮他选好了素材。

因为中国学生从小受的写作训练和英国、美国本科要求的写作是两个路数,所以不太知道怎么写好文书。这个时候中介顾问需要有一套成熟的方法和流程把学生的写作能力引导出来,带到文书写作里。比如,我带学生的时候通常会有三个流程上的把控点。

第一个,花一下午的时间跟学生头脑风暴,找到他经历中的闪光点。让学生回去把挑出来的10个闪光点,每一个分别写一个主要内容和中心思想,不超过50个字。

第二个,在10个有主要内容和中心思想的点里,挑5个优质点来写作,我会和学生理好主线思路。

第三个,我要确保学生写出来的初稿的中心思想符合构想、内容结构紧凑合理,调整结构性。这一轮我根本不改错的字词语法,只给结构建议,学生再回去修改。

这次的修改稿返回来，只要符合我和学生讨论的预想，我就不管了，交给下面的名校学长或者资深文案顾问去琢磨细节。因为一篇文章80%的价值已经敲定了。这么做的原因可以翻回到前面介绍文书"五三二公式"的部分。

你看，时间花费在前，而不是像很多家长和经验比较少的顾问在后边花时间。因为，方向不对，努力白费。而且，整个过程下来，学生的参与性很强，文书也都是"学生"风格，符合大学申请的道德要求，但重要的地方都把控到了。大家不一定都要按照这个流程来，这个只是我10年一线带学生总结、磨合和提炼出的方法。重点是好的顾问要有自己的一套方法把学生带出来。

特点五：不知道怎么"做自己"，尤其在面试中。

大部分中国学生很少在陌生人面前用英语表达自己，所以常表现得生疏或者像在背稿。面试准备也是中介机构必备的服务内容，面试准备也分三档：

三流服务在面试前模拟训练；

二流服务在申请季开始的暑假模拟训练；

一流的服务不训练，而是三年时间引导学生实际去做、去带动别人、用英语表达自己。到了申请面试的时候，只是实事求是地讲述原本的自己，一切都是自然的。

如果顾问对于申请某些学校没把握，那就不要为了签约拍胸脯保证，实在迫于竞争的压力可以给到预估概率。家长和学生不懂是正常的，容易被一些无良中介拍胸脯的保证带偏，但中介顾问之间不能为了抢单子内卷到"我们保证你的孩子能上哈佛"吧？不切实际地保证，弄得大家都很难看。其实客观向家长讲清楚难度，实在迫于竞争的压力，你可以凭借经验真实地估计并告诉家长说"孩子这情况能上常青藤的概率有两成"也行，真正理性的家长也是能理解的，反而会更加信任。

除了那些非专职的顾问，不要轻易对家长说你一年只带10个学生。有的中介顾问为了显得自己高水准，企图把高收费稳住，明明自己一年带了30个学生非要对家长说自己一年只带10个。你服务别人合理，想多挣钱拦不着，但你至少要确保你的精力确实能顾得过来，别影响每个孩子的辅导和服务。

自己勤快些，把学生重要的节点整理出来进行列表管理，别等着人家反过来催你。带的学生多了，到申请季大家扎堆写文书、扎堆提交申请的时候，中介服务经常很混乱。如果中介顾问自己不把学生的要点整理、管理清楚，到了申请季的时候，学生和家长等不及了找过来就很难看。这个行业口碑不好的原因相当一部分都来自不会时间管理的那些顾问。

在这个信息化年代，能公开透明的就公开透明，不能透明的把原因讲清楚，善意的人都能理解。从大学的要求来讲，本来整个申请都是属于学生个人的，能给学生家长透明、提前讲清楚的，就讲清楚。大家都想把事情办成，没有哪个家长和学生在签中介的时候是为了跟中介吵架的，绝大多数问

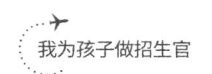

题都出在沟通不到位。

这一点上自我炫耀一下，大家现在随便找一家稍微大点的中介机构都会宣传申请过程全"透明"，会把所有过程以及材料及时告知甚至在他们自己的系统上可以查询。整个行业的这个标准是我2017年干成的，我自豪地为留学行业的这个小进步做了点贡献。从2016年下半年开始，我利用在留学行业的影响力坚定地在"顺顺留学"平台推进"透明系统"，率先通过手机客户端App把申请流程向学生和家长开放，每一个重要的节点学生都能像网购物流跟踪一样查到进度。刚开始的时候内外部阻力都很大，内部的阻力在于增加顾问和管理者的工作量；外部的阻力在于行业一般的观念："我不跟家长和学生说就没麻烦，说了反而费口舌，还可能惹麻烦；顾问的一些常见错误操作会被发现，会闹纠纷……"

但我向反对我的内部团队乃至全行业提了一个问题：有没有一种可能，当我们把过程向家长和学生公开时，各位担心的本该不存在的误会和矛盾就会减少甚至消失？我强行要求团队做出了行业第一个公开透明的申请流程系统，并于2017年推出，受到了学生和家长的热烈欢迎，事实上也减少了很多顾问工作中解释的时间。但整个行业感受到了竞争压力，毕竟那时候"顺顺留学"也是行业五大中介机构之一。五大中介机构之一的杭州某公司最先回过神来，从反对到支持，立刻跟进，随后是同为五大的北京某公司。他们的推进速度就落后我们2个月，紧紧尾随。

他们越包抄我越开心，说明这个举措得人心，是广大学生和家长一起配合我把这件事做成了。五大里边三家都这么干了，那行业也是迟早的事。基本到2018年我从顺顺首席执行官的岗位上卸任，整个行业都以透明公开的系统为标配，面貌焕然一新，也就有了大家现在看到每家中介机构都有的常态。

8. 90%的中国家长在赴美留学的路上把孩子推偏了

其实在录取过程中所有的偏差都来自中国家长对美国招生体制的陌生，毕竟这个迥然不同的招生体制超出了大多数家长的认知，因为绝大多数家长都是在中国的高考体制下成长起来的。

而这其中80%的问题都来自他们对分数的执着认知和虚幻的安全感。中国家长内心的安全感往往来自漂亮的分数和孩子深夜在灯下看书、做题的背影，因为看得见、摸得着，貌似也处于掌控之中。超出这两者的东西，比如我们常说的综合素质、领导力、个性等，家长往往觉得这些素质也挺好的，但就是不踏实。这种中国高考体系下常见的情绪和社会氛围，自然而然地也存在准备接受美国教育的学生家长那里，就变成了"他们说的综合素质都对，但分数不到还是不行啊"。

于是，很多良好的意愿遇到苦大仇深的中国家长就变了味。

托福、SAT这些考试可以多次考试的初衷是不想给学生太大压力，因为总有一次会考得不错；到了中国，就变成了逼着孩子有机会就考，因为下一次分数肯定能更高。

美国院校考察学生课外活动的初衷是健全学生的人格、培养学生的勇气和奉献精神。到了中国，就变成了大干快上争主席，争不上就自己再搞一个，甚至考试考得没时间了生造一个。

好多人说看现实国情，管他三七二十一，先拿到录取通知书要紧。但现实是走偏之后，连录取通知书都不一定拿得到。用最常见的说法来举例："综合素质很重要，但最重要的还是先把分数提高"。光是这句话里就有两个误区可能会把孩子带偏，可能让家长在录取结果出来后痛苦：第一，"先"，貌似分数和综合素质是要换个解决的问题；第二，"把分数提高"，貌似分数是在家长的掌控之中。

现实的结果是，这两个假设往往都不成立。更常见的是，"先"永远不来：SAT考了一年多，怎么也提高不到预设的2 000分。等终于放弃2 000分的目标时，回头一看，已经开始申请了，没时间做漂亮的课外活动和个性塑造。这个时候要么拿着一个仅有的不满意的成绩申请，要么就是纸面上"现编"。

至于"把分数搞上去"，就需要家长们问问自己了：你们希望孩子的分数达到班级第一、第五、第十已经多久了？孩子真的达到了你们的期望吗？分数真的是在你们的掌控之中吗？为了托福提高 2 分付出的 50 个小时，如果投入孩子自己喜欢的黑客编程里，可能已经做出个雏形了。在招生办眼里，这个雏形可能要比多出的 2 分更有分量。更何况，谁能保证 50 个小时就一定能换来提高 2 分，而不是降低 2 分呢？考试这东西当然靠实力说话，但是很多时候也带着那么一点偶然性和不确定因素。就拿中国这些年的高考状元来说，很多状元在高考前的模拟考中也并不是年级第一的。

建议很简单，齐头并进，整体平衡。因为没有哪样东西是可以由家长掌控的，所以尽力即可。引用之前一个学生对妈妈的"抗议"来结尾吧，"您非要让我考 2 200 分，哪儿有那么容易，说考就考。您怎么不试试自己考？"

第六章

说说高中留学、高考班和国际学校（国际部）

1. 中学留学

中学留学的潜在问题我在前边的误区章节已经分析过了，也提到了如果计划中学留学需要具备的几个条件，这里不再重复，而是需要强调三件事：

第一，不要低估未成年人的情感需求，情感因素就是未成年人学习能力和态度的一部分。所以如果依然决定送孩子中学出去，请尽全力父母一方陪读或者给足情感支持。成年人、尤其是对孩子期待高的家庭，很容易眼睛里只有"把孩子送到前20美高，上大藤[1]的概率提高5倍"，但孩子在陌生

---

[1] 大家观念里的大藤是指哈佛、耶鲁、普林斯顿这三所常青藤八校里万年不动的头部老三大、再加上麻省理工和斯坦福这两所虽然历史上不是常青藤学校但声誉比肩老三大的学校，这五所又统称哈耶普斯麻，算是美国本科申请里的圣杯。剩下的五所常青藤学校被称为小藤，哥伦比亚、宾夕法尼亚、布朗、达特茅斯和康奈尔。

环境、英语学习、全新文化和社交里的挑战是摆在眼前每一天的，如何有效地应对这些压力，将直接关系到孩子们"上大藤"的概率是增加两倍，还是减少到原先的两成。

莫向外求。前面已经从招生办的考察标准里说明过美高更容易上藤校这个论断是没有可靠依据的。事实上，国内国际学校和国际班的录取目前并没有缩减、只不过是相对集中在招生办熟悉的中学而已。所以录取的核心还是看学生本人，这一点大家在看完招生办的几个原则后应该感觉更加明显了。学生本人的兴趣、挑战、贡献都还没打造好的情况下，天天盯着哪里录取概率高根本没有意义，舍本逐末。讲直白点，这种情况下，即便学校爬藤概率高，那也不是你的，你也是当那个概率分母的。

第三，出去上中学、乃至整个出国留学的目的只有逃离内卷是不够的，出去的更大目标是迎接新的挑战。如果只是为了逃离内卷，从心态上来讲，更容易"一步退、步步退、退到最后退无可退"；但如果是做好准备迎接新的挑战，那就是找到了一个地方发挥自己的长板，是勇往直前、迎接挑战，这才符合我们前边说的"军事天才"的培养。

操作上，美高避免去读 11 和 12 年级，英国 13 岁和 16 岁入学的比较多，新加坡公立最迟不要超过初二入学，香港地区中学最好是在小学 5 年级插班过去准备。具体操作上这本书里不展开了。

2. 高考班

高考班的字面意思就是准备留学的学生跟正常高考的学生一起上课的班级。不论是公立还是私立的普通高中，课程设置完全围绕中国高考，活动规划也是中国常规的高考体系。有的家长可能会问，都上了国内普通高中了，本科留学的道路是不是就走不通了呢？完全不是啊！普通高中的孩子也是可以进行留学规划的。美国本科的录取是综合录取，中国的孩子正常就读普通高中学校，同时准备出国留学，或者高考留学两手准备是完全可行的，只不过这个要求对孩子而言会比较高。就历年统计数据显示，国内普通高中的学生考上清华、北大同时还能收到常青藤院校录取通知书的人数每年都不会超过5人。

但如果要求不是那么高，不是必须上美国本科排名前30的院校，普通高中是完全不会影响你的申请的，同样会有很多种方式可以申请到世界各地的顶级名校。

大家这里先树立这个概念，具体的规划方案我都统一放在规划那一章，可以参考"普高不普"小节。

3. 国际学校（国际部）

国际学校指的是国内私立高中学校，一般而言多是民营，有独立的校址，以寄宿制学校为主。这类学校大多不会规划高考课程，多半用国外优秀的教学体系 A-Level（英国高中课程）、IB（国际文凭组织所提供的一种高中学术课程体系）等或者 AP（大学先修课程）考试课程，学术方面多半会有一些外教，甚至英语和理科课程是全外教配置；会规划很多的标准化考试，很多课程会围绕标准化考试展开。学校内部设施会比较有特色，会有一些相对优异的活动，可以给学生提供较多的课外表现的选择，也会有不少商业化的假期活动。国际学校的招生多半会有一些商业目的，导致学生个体差异性较大，从而进行分级教学，常规会有一两个重点班级，所以每年会产生少量的名校录取。当然，更多的学生可能只是平行班，学习方面很难达到一个很高的程度，不过丰富的课外活动也会给学生的申请进行一定的助力。收费方面相对较高，而且一旦选择，只能去国外上大学，不太可能回归高考。

国际学校入学门槛低，当然有部分顶流的国际学校入学难度跟公立有过之而无不及，尤其在上海区域。具体入学标准因学校而异，但国际学校核心是校内选择比较多，同学素质、能力多元化，比较适合十分优秀、自律性高、有跟学校匹配的一技之长的学生，或者学术能力不强但兴趣广泛、独立生活能力强、没有名校情结的学生也能在国际学校找到合适自己的发展路径。

国际部指的是国内公立学校开设国际课程的班级，一般都是名校才会开设，有些与高考部的学生共用一个校址，也有一些是单独的校址。国际部的学习方面多半会选取国外的优秀教育体系 A-Level、IB 等或者 AP 考试课程，但是一般会兼顾一些国内教育的内容，在一些学科上甚至可能兼顾高考方面的思维与知识，学期设置方面会参考标准化考试的相关时间，但是不会完全围绕这些考试来设定。学生主要目的肯定是出国留学，但是万一情况有所变化，转国内的高考会相对国际学校更加轻松一些。学校的活动与高考部的学生一体规划，更多的还是面向高考的相关活动，商业化的课外活动资源相对较少，需要自己找一些其他资源或者渠道去增加自己的课外活动。因为是公办背景，所以学生入学有分数线的要求，生源相对整齐划一一些，标准化考试成绩方面比较容易出高分。每年也会有不少的名校录取名额。收费方面一般会比高考学生贵，但是比国际学校便宜一些。

优秀的国际部入学门槛很高，学生多半是公立体系训练过的，校内学习压力较大，课外活动方面还需要补强。适合分数足够高，抗压能力强，对课外活动有自己的规划的学生，也是去名校可能性最大的一个选择。

除此之外，国际学校（国际部）的住宿生活可以让学生提前体验留学生活，出去以后学生可以更快速地适应之后的留学生活，是一个非常好的过渡。

需要注意的一点，国际学校整体上南强北弱，以北京为代表的北方地区还是公办国际部掌握着优秀的师资和生源。而上海、深圳这些区域则是国际校和公办齐头并进甚至国际学校招生灵活占据很多好的生源和师资、录取结果压公办一头。所以也是个地域色彩浓厚的事情，选择的时候要考虑到这个因素。

4. 国际学校适合什么样的孩子

国际学校适合下面这些孩子。

自控力强，不容易受环境影响的孩子。寄宿学校的孩子一周5天都只能生活在校园里，身边的同学可能来自五湖四海，很难不出现一些矛盾与摩擦。如果孩子不会控制自己的情绪，总是被环境左右，把大量的时间都用在消化负面情绪上或是解决同学矛盾等方面，那么分到学习上的时间和精力必然减少，从而导致自己的学习成绩大打折扣。

有一个名校梦和留学梦的孩子；有明确的目的性，内心有强烈愿望的孩子。因为这样的孩子会想尽办法创造条件来实现梦想。就像春节回家过年，与家人团聚。有的人千方百计想办法买票回家，有的人实在没办法买到票，甚至骑单车、骑摩托车，辗转数千里，历尽艰辛也要回家，为的就是年三十晚上到家吃上一顿团圆饭。这就是在强烈的愿望下所发自内心的强大驱动力。名校梦是青春期的孩子挑战自己的最大动力。

英语有一定基础。英语是基础中的基础，不但需要很好的英语成绩——托福成绩（评判你是否可以在国外正常沟通与生活）；SAT/ACT 成绩（评判你是否具备用英语进行学习的能力），还需要能用英语学习数理化等学科（比如 AP 考试成绩，可以在一定程度上体现这个指标）；用英语写作，输出你的观点（可以参加一些竞赛，或者你的文书也能在一定程度上反映你的输出能力）；用英语演讲，说服你的听众（演讲比赛是一个十分常见的展现口语和思维能力的场景）。当然，我们要记住英语不是目标，英语只是工具。但是如果学生连最基本的工具都不具备，那么他之后的留学之路真的会很痛苦。

不愿意死读书，更愿意多方面拓展自己。国际课程相比国内的知识体系而言最大的优势就是多元化，评价学生的维度更加多元，绝不是只用一个成绩来排名和定义的。如果孩子就是比较活跃，愿意在自己感兴趣的地方投入时间和精力，并取得不错的成果，那么国际体系无疑是更加适合孩子的选择。

中考成绩低，实在无学可上的孩子。这个就是最无奈却也最现实的一类学生，无论什么地方都有学霸，也都有一些学渣。社会发展到现在，很多家长都是不甘心只让孩子上一所职业高中，但是孩子确实考不上高中，那么民办的国际高中部绝对是一个最现实的选择，毕竟很多的民办学校还是以营利为目的，需要生源。而且在学校进行 3 年的学习，成功拿到国外排名前 100 或者前 200 的学校录取通知书并不是一件遥不可及的事情。所以这条道路是最适合学习成绩不好的学生逆袭的道路。

5. 国际课程怎么选

在挑选国际学校之前，有一个前提是以终为始，即选国际学校的前提是自己把目标想清楚，我上这个学主要想解决什么样的问题，是想留在国外发展，还是想冲一个美国的本科，或是想上一个好一点的本科做跳板，再申请一个很好的美国研究生，一定先把终点想清楚。终点想清楚了，接下来你的选择就非常清楚，因为你唯一要做的事情就是将你的选择和目标进行匹配。那怎么以终为始呢？我们要先确定孩子的留学重点区域，美国、英国、加拿大、澳洲还是其他国家，虽然说 A-Level、AP、IB 这几个考试课程在全世界都是通用的，但每个考试对于孩子的难度是不一样的，或者说对于孩子的目标国，每个考试的难易程度以及达到招生办的要求程度也不一样，所以确定好区域就便于你选择不同的课程体系和选择不同的学校。我们把这 3 种常见的考试课程体系结合国内的普通高中，给大家做了一个比较具体的对比，可以先看一下：

表 6-1 课程体系对标表

课程体系	A-Level	IB	AP	国内普通高中
学制	2 年	2 年	根据学生课程而定	3 年
课程内容	英国高中课程	国际高中课程	美国大学先修课程	中国高中课程

续表

	A-Level	IB	AP	普通高中
高中学历	是	是	否	是
整体难度	整体难度友好，国内普高可以胜任，但部分科目也难读很高，比如进阶数学	最难，难的原因是综合度对公办选手不友好；单科的HL较难	整体较难，单科难度较高	较难
是否可以换学分	高分可以	高等级课程在美国可以	可以	否
每科最高分数	A⁺	7	5	100—150
考试时间	5月、11月、1月	5月	5月	6月
是否可以单独报考	可以	不可以	可以	不可以
大考几次	2—3次	1次	1次	1次
留学方向	更倾向英联邦	欧美体系都认可	美国为主	美国少数、英国部分、加拿大部分、澳大利亚较多、新加坡、中国香港等认可
是否可以自由选课	可以	规定范围内	可以	各地区政策不同
科目数量	最低3科	6科	不限	根据本省要求
考试地点	指定授权地点（中国大陆可考）	IB学校	指定授权地点（中国大陆可考）	指定考点

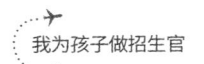

看完表格有几点需要各位注意一下：

请大家注意，其实国内的普通高中是可以申请美国本科的，美国本科是接受国内普通高中三年的成绩单申请的，只是大部分学校不接受直接用高考成绩申请。所以上国内普通高中申请美国本科是没有任何问题的，只要按照前面章节招生办的原则、准备得足够早，国内普通高中一样可以申请到美国排名前 20 的学校，甚至最好的常青藤院校。

从难度上来讲，整体上 A-Level 是进入中国比较早的课程体系。师资和匹配程度都比较好，开得面非常广，再加上中国人独特的应试能力，A-Level 整体在中国是中国学生最适应也因此最简单、最容易出分的。当然也并不是说这个课程体系简单，而是中国人基本已经把它研究得比较透了，所以 A-Level 在国内可供选择的学校范围比较多。通常来说，只要这个学校开 A-Level，它的师资体系都不会太差，也比较容易出分。

IB 在国内相对来说是最难出分的一个体系。因为它进入中国的时间比较晚，对学生的要求非常的全面。难点在两个：一是国内 IB 的师资体系没有像 A-Level 那么早和健全；二是 IB 本身对学生是全面性的要求，6 门学科都需要，文科理科都需兼顾。所以它相对来说是比较难出分的一个体系。

而 AP 从办学历史和师资充裕程度是差不多在中间的一个体系，这个供大家参考。

还有一个需要特别给大家普及的信息就是大家对方向的一个误区，很多人经常会说 A-Level 去英国，AP 去美国，IB

哪都可以去。其实这是错误的判断！这给很多家长造成了误区，好像学生上 A-Level 就只能申请英国，上 AP 就必须要去美国，完全不是的。

这三个课程体系在全世界范围内都是得到认可的。AP 的课程设置和考试设置跟美国的综合录取要求的能力模块更匹配一些，就是一个对一个。所以 AP 在申请美国本科的时候，招生办比较容易搞得明白。相反，如果拿着 AP 去申请英国本科，完全可以申请，但是因为科目对应的内容不一样，AP 换成英国可以对标的 A-Level 会面临"折算损失"，所以一般 AP 申请英国本科至少要 6 门才能有好结果。

A-Level 的考试科目设置虽然跟美国本科录取不是严格对应的，但美国本科也是可以接受的。虽然偶尔也会出现类似进阶数学（Further Math）这种单科难度超过 AP 的科目，但整体上 A-Level 的单科难度不及 AP，不能完全满足前面说的美国本科招生办要求的"聪明勤奋"原则，需要用一些挑战性的学术经历补充，可以是加考 AP 但不用太多门数，也可以是暑期学校或者科研、论文、竞赛。所以在这个事情上请大家一定注意，实际上不管申请哪里的这 3 种课程体系都可以，我们的普通高中 3 年成绩也是受到美、加、英、澳这些国家认可的，关键是了解招生办的实质。大家一定要搞清楚这些课程体系，它们只是侧重不同、适合的孩子不同，并没有说哪个体系只能用在哪个国家，其他国家就不能用。

我们如果了解了前提，搞清楚了我们的终点，对大概课程体系的匹配程度也了解了，接下来我们就要进入大家最关心的问题——怎么选学校。

有的家长和学生遇到一些学校经常会自我催眠：这所学校感觉非常好，硬件、软件都很先进，老师都很亲切，在网上的口碑也不错，亲戚朋友都说好，课程设置也特别多，学校内测做得特别精美。其实这些感觉往往来自他们感性的判断，然而感性的判断通常具有局限性，可能代表信息传达不全。

有的人会说，去国际学校就是选择一个圈子。一个国际学校一年的学费就10多万甚至30多万，外加其他各种费用或多或少一年就30—50万了，能负担得起这笔费用的家长都是精英阶层。以后孩子就是一个圈子，家长之间也是一个圈子，这样的圈子最终会成为孩子的人脉。我觉得这个想法把顺序搞反了，是先达到这个水平、再融入这个圈子，而不是相反。

不否认这种人脉可能在十年二十年之后见效，但是家长和学生现在的问题还没得到解决，你怎么能够确保你选这个学校能帮助孩子最大限度地发挥其特点，然后进入最好的大学。还是先把现在问题解决了再说那些。很多家庭选择国际学校还有一个问题就是凭感觉，看了也都是白看，转了一圈就觉得自己好像看了很多学校，实际上，大多数家长跟逛街差不多。

如果喜欢凭感觉，现在就给家长和学生介绍一个凭感觉选择学校的模型，记住这个模型至少能保住择校不出现大偏差。这是一个非常功利的模型，不需要你了解一大堆东西：

国际学校的一些潜规则，各种小道消息，八卦消息等。你就看三个：两硬一软，一个个套就好。也就是下面的三角形：

图 6-1 三角模型图

这个三角模型图（图6-1）最上面是出口，就是学生的去向；最下面是入口，表示学生是怎么来的。这两个条件是非常硬性的标准。中间的课程怎么设置、跟孩子的匹配程度、校内活动开设多少、选择范围多大、校风校纪好不好这是软性指标。先确定好两个硬件，再看一眼软件，那对一个国际学校（国际部）的判断几乎就八九不离十了，甚至这个模型可以应用于全世界这种类型的国际学校。曾经有家长问过我一些海外的国际学校好不好以及如何选择的问题，他们渴望我给一个合适的建议。但其实海外的这类型学校遍地都是，不可能有人了解所有的学校。那我怎么判断，我的头脑里也是这个模型，它可以帮我迅速地判断出这个学校的水平，最后给出我的建议。

首先，需要看出口。看出口就是要看这所学校过去3年毕业生的去向，比如去美国前10、前30、前50或者去英国的牛津、剑桥、G5前10的比例大概有多少？这个学校的学生托福、雅思的分数怎么样？这个学校过去3年A-Level、AP和IB考试的学生的平均分水平如何？这个学校过去3年的考试分数是上升，还是下降？这个学校高一到高二中途多少孩子转学流失了？当把这几个东西都看了以后，这个学校大概的情况就知道了。

能送一大批学生去美国排名前30甚至前10的学校，这样的学校会差吗？不会的。学习氛围会差吗？也不会的。你不需要了解那些感性的事情，因为硬性的数字指标摆在那儿，数据说明一切问题。

其次，看入口。看入口就是看这所学校录取的都是什么样的学生。录取线就是摆在面前可以直观了解的指标。以北京的国际学校（国际部）为例，那些能达到630分、640分、650分的中考录取分数线的学校，你觉得它的生源会差吗？它的学习氛围会不好吗？你还可以去了解下这所学校的学生家庭背景是什么样的，不是去看这些家庭的资产规模多少，而是去看这些家庭父母的教育背景。比如像北京的中关村第一小学、第二小学，学生家长基本上都是中科院的工作人员，几乎都是博士研究生，那这个氛围就不会差。但是在入口的时候注意，不要盲目地说：我就要硬上，我就要冲，我就要身边都是学霸。毕竟这还涉及同年级排名的问题。

美国的大学非常在意学生在同一年级里的相对地位和排名。说白了就是除了本身分数要高，还会考量学生在整个年级里面排名的百分比。所以家长和孩子一定要考虑清楚，认清孩子的真实水平，非到迫不得已不要硬上。如果把学校的档次稍微往下放一点，让孩子在就读学校同一年级的排名靠前，比如前10%或20%，这样孩子的自信心是会被放大的。人一旦自信起来，很多事情都可以事半功倍，由此孩子的未来可能比硬着头皮上最好的学校还要好。关于这一点我在前面讨论招生办的时候已经多次强调，在招生办的眼里，排名非常重要。

所以家长和孩子一定要注意辩证地吸收。当前国际文化特别讲究"中庸"，很多人都没有正确理解什么叫"中庸"，认为中庸就是在中间，不上不下，不当出头鸟，也不拖后腿。错！中庸是刚好、恰好的意思，少一点就欠缺，多一点就过犹不及了。我们选学校也是，不是所有孩子都要去最好的学校。如果孩子本身不是特别优秀，他去最好的学校竞争大压力大，排名落后，学着费劲，必然成绩不会理想，最后申请的时候也申请不到特别好的大学，这肯定不是家长和孩子想要的。选择一个适合孩子学习程度的学校，他在学校学习也有劲儿，排名也不错，申请的时候也拿得出手，这才是对孩子最好的选择。

出口和入口都看完了，这时候看一下内部。我们在选择国际学校（国际部）的时候应该为孩子想到：我的孩子将要在这所学校生活三四年,每一天的课程强度怎么样?校内活动给孩子提供选择的范围大不大?孩子还需要到校外参加补习班吗?如果还要在校外补科研、补兴趣,那国际班的学费不是白交了吗?诸如此类……

有两个最核心的问题是家长和学生一定要关注到的,这两个问题可以直接了解国际学校(国际部)对于大学招生办的理解程度:一是关于成绩管理,二是关于推荐信。

成绩管理。你可以试探性问国际学校(国际部)的招生老师:孩子申请大学的时候,成绩单是怎么出的?是学校统一出,还是分数可能稍微会有调整?他一定听得懂,但如果这个时候学校或明或暗告诉你他们是可以接受调整的话你就得小心了。表面上这样的学校感觉是满足了某些家长和学生的需求,但是这个回答代表着他们压根儿不理解国外本科招生办,这样的学校跟国外大学招生办的关系一定不太亲密。通过这个问题你可以判断出这个学校对于终点和招生办的理解程度,以及这个学校最重要的成绩管理的严谨程度。

推荐信。针对这个问题你也可以问这个国际学校(国际部):孩子在高三申请国外名校的时候,推荐信怎么出?是任课老师写完你们提交,还是由家长和学生自己在校外找中介写好之后送到学校签字呢?如果这会儿学校管得比较严,告诉你他们不接收中介写好的推荐信而是由老师与你们沟通后亲自撰写,那这就是管理非常严格的学校,这样的学校在国外大学招生办那里会有比较好的口碑。但是如果学校给的回复是让你感到非常灵活，可以接受中介帮忙撰写后由他们负责递交的这种情况，那这所学校的管理就是非常不规范的。这样做有可能导致这所学校在招生办的口碑和信誉度大大下跌，因为一个反面案例影响整个年级学生的申请，甚至未来好几级学生去到好学校的概率。

如果一个国际学校（国际部）只是想营销你，只想收取你的学费，他们当然会顺着你说，但实际上顺着你说的答案都是不好的答案。但如果这所学校给的反馈是成绩管理非常严格，没有调控的空间；推荐信管理非常严格，都是老师亲自写，实际上这样的国际学校（国际部）虽然听起来不能满足学生和家长的自由意愿，但实际上这所学校的口碑是不会差的，反而是可以信赖的，把孩子送进去也是可以放心的。

所以大家再回顾一下这个三角模型图，一个硬出口、一个硬入口，然后中间看一下软条件，把这个东西记住，两硬一软判断法。用好这个判断，大概率就能迅速把国际学校的水平判断出来，并了解清楚。聊完这个最重要的这个工具之后，我们再提几个可以进一步优化的关注点：

第一个看阶段。目前小初阶段，全国范围内国际化办学受到的支持较少，也就意味着孩子享受到优秀师资的难度较高。高中阶段则情况较好。当然，这个也跟地域有关，上海、深圳等地还是比较容易找到小初阶段的优质国际化办学资源的，北京作为一个特大城市也不是没有。但其他地区小初阶段就要慎

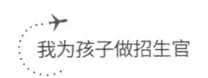

重考虑。

第二个看地域。上面提到过国际学校南强北弱，北方地区公立国际部掌握资源。一般一、二线城市的国际学校的办学历史相对较久，教育资源也是不错的。如果能在本省、本市、本区找到合适的国际学校，那孩子的适应成本肯定是最小的。但如果是一些三、四线城市，没有特别完善的国际学校，那家长为了孩子更好地发展值得考虑一下是否能将孩子送到一线城市的国际学校，这样可以最大化地提升孩子未来冲进好大学的基础条件。

第三个看匹配。硬件软件都要看。硬件条件各种设施家长们都能看得见，软件要看看校园活动跟孩子的兴趣发展方向是否匹配、是否能呈现出前面说的招生办需要的兴趣、挑战、贡献；另一个软件是外教比例和外教的教学背景。现在外教的比例一定程度上会受到比较多限制，但如果一所国际学校的外教能稍微多一些，同时背景也比较好，那对孩子而言接受的就是一个比较正统的教育。还有一个软件是学校口碑。查一下学校的相关新闻，太多负面消息的要排除。

所以家长和学生一定要注意，除了最核心的三角模型，剩下的这些要点也是在选择国际学校（国际部）的时候需要参考的因素。把这些东西都了解完之后，记住一句话：强扭的瓜不甜，不能揠苗助长。这世上没有绝对意义的好坏，适合学生自己的才是最好的。

第七章

如何培养孩子，以及制定留学规划

第七章 | 如何培养孩子，以及制定留学规划

1. 三个培养工具

首先介绍三个培养孩子的工具：

MTC 模型，来自美国高中联盟、哈佛等常青藤院校；
三板斧，来自我 10 年的学生辅导经验；
12 字阶段重点，来自学而思。

(1) MTC 模型

美国高中联盟 MTC 在 2018 年发布了 A New Model 的第一版（下称 MTC 模型），是由 MTC 内百所美国顶级私立高中创建的"新模式"学生评价体系。这个模型从 2018 年一发布就有以哈佛为代表的常青藤院校参与其中。

模型包含了 8 个维度、61 项能力，试图颠覆传统 GPA 成

绩，希望打磨出覆盖更多软实力的考核模式。MTC 评价没有具体的分数和等级，而是通过持续的追踪记录来对应评估学生的能力和素养。如果理解了前面介绍的美国招生办"通过申请材料推测学生品质"这个工作流程，就能理解 MTC 模型其实直接给出了招生办想要找的东西，MTC 的成绩单和评估是这个样子的（见图 7-1：MTC 模型图）。

因此可以把 MTC 模型理解为"综合素质成绩单"。在这个评价体系下，不同于传统的以科目、时间和成绩为基础的成绩单，学生不会得到任何字母或是数字形式的分数。而是学生通过某个课程或具体活动获得能力学分（Mastery Credits），由此可视化呈现学生在几大主要维度上的基本能力，如学术能力、领导能力和沟通能力等。

MTC 模型其综合评价体系已经获得哈佛大学、斯坦福大学、麻省理工大学、达特茅斯学院、威尔斯理学院等百所大学认可，还收获了有"教育创新领域奥斯卡"之称的"重新想象教育"K12 年度金奖[1]。

在国内，由马云投资创办的私立学校——杭州云谷学校是第一所采用 MTC 模型出成绩单的高中，也邀请了原来北京四中国际部的校长担任学校校长。2023 年 3 月发布的美国本科录取是云谷第一届高中毕业生，已经一口气拿下耶鲁大学、康奈尔大学的录取通知书。一个全新的国际学校第一届毕业

---

[1] https://www.sohu.com/a/313033795_100216144

图 7-1 MTC 模型图（约瑟夫·史密斯的数字成绩单）

生就有这样的战绩，其美国大学的偏好表现得非常明显。

MTC 模型给有志冲刺英美顶流本科的家庭提供了一份指南，按照这些能力而不是分数培养孩子，录取名校的机会更大。

关于这 8 大类、61 项能力的具体分析这里就不赘述了，大家可以自己搜索。2022 年 11 月，我还不知道云谷学校是采用 MTC 模型，我把 MTC 模型的各项能力在一门课程中做了非常细致地拆解，截至完成书稿之日，云谷学校和我也算是在国内仅有的两个系统介绍 MTC 模型的。当然，云谷学校更厉害，直接在校内落地教育，值得钦佩。

（2）三板斧：建立连接、因果逻辑、输出输入

MTC 模型要求的能力太多了，8 大类、61 项能力。而且这只是要求的能力，并没有说怎么培养。根据我 10 年辅导学生的经验，我把培养这些能力的具体方法总结成了五点，不详细展开，其中最容易操刀的是这三板斧。

第一板斧，建立连接。

陶行知说："生活即教育。"从事教育 14 年，见得越多，越觉得这句话了不起。

激发兴趣。很多孩子学习不好是因为没有动力，很多考高分的学生没有冲上常青藤、牛津、剑桥等院校，是因为没有强烈的学术兴趣。小学、初中学生学习兴趣的一个重要来源是：发现原来书本上的东西在生活里也可以看到。

这件事上需要专业分工。专业的人办专业的事，大家做自己擅长的事，家长和老师要分工。学校老师在催作业、催做题、知识讲解方面已经很专业、花了很多力气了，家长就不要再逼着提高分数了。家长要做学校老师做不了但对孩子很必要的事——建立连接。

怎么建立连接呢？比如，在厨房里顺手用拇指和食指沾一沾切开的大蒜，再打开一个生鸡蛋，两个指头一下就能把蛋黄抓起来。孩子看了很有意思，这其实就是分子键的力量，准确说是二硫键的力量。孩子就能发现生活中有化学。你甚至可以让孩子自己去查，同时又锻炼了他的信息检索和做研究的能力。

这样的事情老师上课是没工夫讲的，但对培养孩子的学习兴趣很重要。这样的知识家长又从哪里来呢？其实现在很多少儿科普读物中都有，家长可以偶尔翻翻书、做做功课，也充实一下自己。

再比如，可以跟孩子讨论国际新闻，里边的内容涉及生命、伦理、地缘、经济，这都是鲜活的素材，他不可能不感兴趣。

第二板斧，因果逻辑。

多问孩子为什么，也多回答孩子的问题，回答不上来就跟孩子一起查资料，现在还有 ChatGPT 辅助。因果律是这个世界最重要的规律之一，不仅在科学领域，在人文社会也讲因果。科学领域的因果律是科学原理和公式，人文社会的因果律是权利、义务和责任。

科学原理很好懂，不赘述了。这里举个人文的例子：

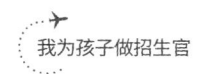

"爸爸今天出门不带你了。"

"为什么?"

"因为昨天带你出去,你没有按照约定专心在旁边学习,扰乱了爸爸的工作会议。爸爸尊重你的意愿带你出去,但你没有遵守和爸爸的约定,没有尊重爸爸的工作,所以今天爸爸不能带你去了。如果你还想去,我们可以明天再看看。"

边界感、互相尊重、权利义务都涉及,不用吼叫,不用说教。孩子习得之后,在他跟其他小朋友玩、组织班级同学活动时,也会用这套社会规则和人际交往方式,是培养领导力的基础。

第三板斧:输出输入。

中国话叫教学相长,还有个名字叫费曼学习法。用我高一数学老师的话说:"你以为你懂了,其实你还不懂呢。等你会给别人讲一遍了,就真懂了。"孩子如果爱阅读,就让他写作、让他演讲,从日记、小作文、小分享开始,输出带动输入;孩子如果喜欢理科,就让他搭建模型、拆装汽车玩具、相机、电脑、家电,输出带动输入。

掌握上面的三板斧,几乎能直接培养MTC模型里80%的能力。

(3)12字阶段重点

学而思有一套教育理念值得分享:**激发兴趣、培养习惯、**

塑造品格。2016 年我联合创办的顺顺留学和学而思换股实现了上市，也相当于学而思收购了顺顺留学，董事会改组后我留任顺顺留学 CEO 的同时进入学而思体系成为高管，顺顺留学逐步被打造成学而思留学。当时以学而思培优为主，整个学而思集中力量把学生成长的教学经验总结为"激发兴趣、培养习惯、塑造品格"，这非常符合教育的本来目标。

在国内应试环境下其实有点难落实，大家都被裹挟偏离教育本来的目标，但既然这本书的读者是考虑美国本科、英国本科的申请家庭，那么这 12 个字还是可以得到落实，而且在准备英美本科申请的长周期过程中确实有用。

这三样工作家长的权重应该更高，而且是从小学到高中按顺序逐渐登上舞台：

小学阶段家长最重要的工作是激发兴趣，逐步培养一些学习习惯。

初中阶段家长最重要的工作是培养习惯，兴趣进一步具象和强化，并注意基本品格的塑造，为初三进入美国本科、英国本科的冲刺跑道准备素材。

高中阶段家长最重要的工作是塑造品格，兴趣追求和习惯基本交给孩子自己掌舵。品格需要到实践中锤炼，这就是课外活动的真正意义，所以要真的去做。习惯已经逐步形成，进行微调；兴趣需要聚焦到一两件事情上打磨到极致、深入，形成冲刺美国本科、英国本科的一把利剑。

不过可喜的一件事情，是现在国内体系也开始发生了变化,大的目标是科教兴国,对应的课程标准也完成了10年才有一次的更新。比如新课标里的数学科目,直接从原来的"分析问题、解决问题"的工程能力要求,调整到了"发现问题、提出问题、分析问题、解决问题"的创新能力要求。

即便是刷题体系,题目也开始朝着灵活运用、连接实际的方向调整,从九省联考、广东一模、北京中考的变化都能看到,从国家层面直接给教育提要求,要求大学要培养原创能力、高中要选拔具有探索和创新能力的人才。

看起来,用好三板斧、12字,即将迎来国内外体系双赢的盛况。

2. 从小学到高三的培养建议

(1) 小学低年龄段

英语:培养兴趣,可以选择英语原版绘本、动画片等载体形式,观看动画片时长以每天半小时左右为佳。在阅读、观看之后,家长需要和孩子进行情节讨论,不需要刻意的提问和记忆,通过自然而然的亲子讨论,不经意带出绘本和动画中提及的单词和短语。孩子的学习能力是很强的,重复听见的英语素材、再能在生活里跟实物和动作挂钩,那就能迅速能被他们所习得并应用起来(TPR教学法)。如果是对英语比较感兴趣、已经不满足于绘本的孩子,桥梁书(介于绘本和纯文字书之间的一种图书类型,适合识字量不多、阅读能力还不够强的孩子阅读）也是很好的选择。

数学：注意培养孩子的底层思维逻辑。如学习乘法可以用实物演示，把6个小球摆成3排，每排2个，然后告诉孩子一共有6个小球，这样底层逻辑就清楚了。孩子知道乘法就是加法的简算。紧接着，让孩子画出3行方格、每行2个格子。再画出2行方格、每行3个格子，结果都是6个格子。孩子便知道2乘3和3乘2是一回事。至此，孩子便理解了乘法交换律。

这套观念叫数学的CRA教学法（Concrete-Representational-Abstract），是在全世界范围内被证明的非常有利于孩子培养数学兴趣和直觉的方法。可惜在国内，我们因为应试的需要，直接跳过很宝贵的C-R这一步，飞快地开始背公式、记定理、上大招从A到A、从抽象到抽象。一些所谓的应用题，都是一堆小明、小红套壳出题，结果损害兴趣，给初中埋下痛苦的种子。我是一定要把CRA这套东西想办法呈现在国内家长面前的。

对于低年龄段的孩子，不需要刻意培养学习与兴趣，以孩子的自然喜好为基础，家长只需要观察孩子对什么感兴趣并加以引导、激发，不要让孩子对学习产生厌烦就是最成功的培养。

（2）小学高年龄段 & 初中一、二年级阶段

英语：可以让孩子根据自己的兴趣选一些小说读，如《书虫》系列等，要以培养兴趣为主，兼顾一些学习单词的功效。家长需要多给予孩子及时反馈，与孩子共同探讨，聊聊看书的感受，从中传递价值观。培养孩子写日记的习惯，如果可以用英文写日记那是再好不过的事情了。当然，用中文写日记或作文也是培养孩子写作能力、思辨能力的一种良好方式。

数学：奥数类的课程是中国特色，孩子可以适当接触一下。如果对奥数有兴趣自然很好，如果没有兴趣，也不用强求。因为，真实的情况是，只有极少数的学生适合学奥数，现在给大批学生的奥数其实是浅奥，是一个创造出来的商业概念，其实差不多就是课后附加题难度，可以打开思维。真实的奥数实在不必强求，尤其还是计划走国际路线的家庭。在实际应用当中，偶尔涉及一些与数学较为紧密相关的领域，如金融、航天等相关问题，家长可以就一些新闻随机给孩子出题，一起探讨。

科学：可以尝试一些以探究为基础的学习模式。每个月做一两个课题探究，比如发电的过程、雨水的形成、气压的作用等。需要学生自己去探索，完成收集资料、设计实验、完成实验、撰写实验报告等过程。这种教育模式会让学生在课本之外的、非应试的项目上投入更多的时间成本，尽量激发自己对于不同科学主题的兴趣，同时培养并丰富思维能力。

艺术：当前年龄段是确定孩子是否可以将艺术兴趣爱好作为专业培养的重要阶段。如果家长发现孩子在某一方面有特长，既有兴趣，又有能力坚持完成，那么家长可以利用身边的资源协助孩子完成专业的学习。

除了各方面的培养建议，家长的鼓励和陪伴才是孩子成长最重要、必不可少的因素。孩子受年龄所限，学习意志不强，容易产生厌烦和气馁的情绪，所以家长在引导孩子学习中最重要的内容就是帮助他们舒缓情绪，引导孩子做正确的事情。比如朗读打卡，有的孩子基础薄弱，做起来很费劲。此时，缺乏正确意识的家长如果把孩子的错误列出一大堆，并反馈给孩子，我相信，这个孩子很难坚持完成打卡。如果家长改变做法，即使孩子表现得不够完美，也要先表扬、鼓励，然后再指出问题，我相信孩子打卡的积极性会越来越高，甚至可以一口气朗读好几段。日复一日地坚持，效果自然会显著提升。

总而言之，小学和初中阶段是孩子求学规划的早期，核心是培养孩子的兴趣，疏导孩子的情绪，提升孩子的信心，打牢孩子的基础。不要功利地去要求孩子储备多大的单词量、考到多少分，这些操作只会在很大程度上让孩子产生抵触心理，从而适得其反。这一点上偶尔也会觉得我身处的北京海淀令人窒息，走的有点偏了。

高中阶段才是孩子申请美国大学的核心阶段，所以我们的留学规划要精细到每个学期和假期。

(3) 中考后的暑假

以下方案可以视作一个模板，具体应该根据孩子的实际情况做调整。

做好四项工作：托福、SAT或美国入学考试标准化学习、高一校内学科课程提前学、非应试输出能力训练，以及寻找孩子的兴趣点。

第一项工作，托福、SAT或美国入学考试标准化学习。不同的学生有不同的托福分数起点，我们可以根据托福成绩分层来确定中考后暑假的核心任务，各位同学可以根据分层对号入座。

托福0—80分，建议该层级的同学进行基础阶段学习：单词、语法、长难句；听写；口语、了解写作的评分标准和进行语料积累。只要反复做好以上这几件事，就能够顺利进入下一个阶段。

案例分享：来自某中学国际部的两位同学，自中考结束后的暑假开始学习托福，高一上学期期末前12月份的托福成绩分别为65分和78分，高三达到110分，两位同学的提前申请分别被全美排名第25的弗吉尼亚大学物理学和心理学专业录取。附上他们的心得分享。

"口语练习，一定要坚持。你们以为我在考前只练习了1个月，其实我练习了1年。为了做口语打卡，我的手机内存都满了，这才从高一首考的17分提高至高三的27分。"

"做完题之后一定要主动思考还有哪里可以改进。阅读听力我喜欢盘根问底，口语练习的录音我都会再听一遍，然后再改几遍，直到改掉最开始的问题，才发给老师评阅修改。"

托福80—100分，建议该层级的同学进行托福的冲高挑战：刷题、文本精析、口语写作专项突破和练习。做好这几件事，阅读和听力尽力冲满分，口语和写作提高到23分和24分以上，总分才能大概率上100分。

案例分享：来自某国际高中的两位同学，初三寒假托福分数分别为72分和83分，在中考后进行了托福冲高挑战，下半年的托福考试分数分别达到了105分和101分。于是他们开始SAT和ACT的学习，同时探索校内的学科课程，最后在高三托福成绩考了110分，两位同学分别被美国排名第14的圣路易斯华盛顿大学本科生物学、化学和计算机专业录取。

托福100分以上，建议该层级的同学进入非托福阶段的SAT/ACT学习。

SAT和ACT两个考试难度没有本质区别，但SAT在分数分配上更有优势。SAT满分1600分，分别分为：阅读400分、语法400分、数学800分；ACT全科满分36，分别分为：阅读36分、语法36分、数学36分、科学36分、写作选考。所以，如果有同学想要避开科学这一科目，同时觉得ACT考试要求的答题速度太快的话，有条件的话可以考虑去中国香港、中国澳门、新加坡参加SAT考试。

案例分享：分别来自某国际高中的两位同学，中考前的托福成绩分别为105分和101分，中考后进入SAT和ACT的学习，同时比其他同学提前进入学科探索阶段（生物、化学、商科、物理）。两位同学在高一期间都考出了110分的托福成绩，并在高二上学期参加了 ACT。高二下学期分别以托福 117 分、ACT 34 分和托福 116 分、ACT 35 分结束标准化战斗。同时，两位同学在高中两年的时间里，分别在各自的学科领域拿到了全球前 100、全球前 50 等超级大奖，并在申请季收到了来自英国牛津大学、帝国理工学院，美国杜克大学、莱斯大学、西北大学等世界顶级学校的录取通知书。

第二项工作，高一校内学科课程提前学。暑假的标准化学习一般需要耗时一个月，剩下一个月是假期。在中考后的休息放松之余，一定要安排高一课程的预热学习。在高一阶段，大部分公立学校的国际部以会考科目学习为主，内容一般包括语文、数学、英语、物理、化学，部分学校开设生物、地理基础课程或者微观经济 AP 课程，这些课程也会计入学生的平均学分绩点。在这些课程中，数学、物理难度较高，初中阶段不开设经济课程，如果是高中必修科目，建议同学们提前准备，要预留好在暑假进行提前预热学习学科课程的时间。

第三项工作，非应试输出能力训练。可能很多家长会比较疑惑：什么是非应试输出能力？简单地说就是不以应试为目的的输出能力训练，包括阅读、写作和口头表达等偏文科方面素质的培养，建议家长们从初三开始对孩子进行培养。

非应试阅读：阅读《纽约时报》(*The New York Times*)，遇到大量生词看不懂没关系，可以借助网页浏览工具，但不要通篇翻译阅读，阅读英文文章非常不建议每次遇到生词都借助词典工具查询，除非这些陌生词汇实在影响上下文理解，再查看解释也不迟。现在有了ChatGPT，一方面可以借助技术增加理解，还可以把文章喂给ChatGPT后跟它聊天、提问、总结文章和进一步阅读，效果很好。

非应试写作：可以从每日随笔写起，无论中英文都可以，孩子遇到自己觉得有意思的新闻，可以想想为什么？应该怎么看待这个事情？有条件也可以报一个中文写作兴趣班，锻炼写作的思维逻辑。

表达：可以让孩子扮演新闻记者，练习对身边发生的事情做口头报道。

这种非应试训练输出能力需要持之以恒，并且不断增加难度，逐步过渡到以下状态。

非应试阅读：阅读《纽约时报》，可以达到每一篇报道不用查单词就能完整理解文章的意思。

非应试写作：月度坚持用英文撰写记录和摘要，发送给学习小组，同时也发给老师确认。

口头表达：对于各自感兴趣的领域和话题，每月和同学组织一次讨论活动，充分探讨一个话题。最理想的情况是，有在被讨论相关领域具备丰富经验的成年人当现场顾问，当然，孩子们也可以尝试自己邀请专家来参与讨论。

第三项工作看起来似乎并没有前面两项工作"有用"，但是这才是培养孩子能力的最见成效的环节，也是招生办录取学生时最想看到的孩子身上的输出能力。在这个维度上，家长有必要多花费一些时间让孩子养成好习惯。

第四项工作,寻找孩子的兴趣点。对比其他几项看起来是一项工作,实际上每年都有大量的中国天才把平均学分绩点和标准化成绩刷满了,但是由于这个活动的处理不够好、重视度不够高,从而使一些成绩高的学生没有申请到自己心仪的学校。所以,一定要重视软实力在申请中的作用。比如,孩子找到2—3个学术领域做研究,自己写文献综述;如果是实践领域,做领域研究同样需要自己写现状综述。做社团计划需要体现如何把影响力扩大到校外,如果做得好能给社会和他人带来哪些变化?有没有竞赛?有没有评比?有没有峰会?所研究的领域的职业发展是什么样子?针对第四项工作,一般建议家长或相关领域人员加入,给学生提供启发。

(4) 高一开学前

高一开学前一到两个星期,许多同学会面临新学校的分班考试,准确来说叫作分层考试,同学们在考试之后,将会根据成绩被限制选课的层级。如果分数较高,可以选修高等级课程;如果分数较低,则只能选修基础课程。

而学生在分层考试中最重要的任务就是让自己分到合适的层级中去。如果学生在分层考试中超常发挥,被分到了高层级,但在后续学习中乏力,导致平均学分绩点过低,申请时将受到很大的影响;反之,如果发挥失常,分到了低层级,虽然平均学分绩点较高,但是成绩单中体现不出学术难度,且后续选课受限,也会影响申请结果。

要提前准备分层考试的话，可以参考往年的考试题目类型：英文托福难度，理科中考难度。需要注意的是，分层考试并非每个学校都有，每所学校每年的安排不同，且分层后的课程安排亦不同，具体需要参考学校官方通知。

（5）高一上学期

高一开学后，同学们开始正式的高中课程学习。大部分公立学校的国际部在高一开设的课程以会考科目为主，以及少数选修课；到了高二，大部分课程为学科选修课程。由于美、英、加、澳四大主流国家的大学对于高中时期的选课非常关注，这一点我们需要格外重视。

选课主要分三步：确定专业方向、擅长领域、该领域的建议课。

分配三年课程的学习节奏。美国本科的申请，大部分高校会要求学生在中学阶段至少完成四年完整的数学和英语学习；建议首选与专业最相关的核心课程，这样对后续竞赛和科研探索有帮助，例如，想要修读经济专业的同学建议学完AP微观经济和宏观经济课程，参加全美经济学挑战赛时需要这两科的课程知识。同时，建议同学们尽可能在能力范围内做到科学和社会科学课程的兼顾，尽量文理两手抓。

在高一上学期的12月份，大部分同学会进行高中的第一次托福考试。这个考试成绩有三个用途，分别是确定寒假安排、校内英语分层和夏校报名。因为非常重要，所以需要关注学生的考前任务完成情况，主要从两个方面入手：阅读、

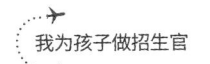

听力的解析和口语写作的考前训练。

经过从夏季到秋季的学习和积累，学生在单词和语法方面都会有一定进步，配合教师指导的阅读听力的精听精读，托福考试的前两项（听力和阅读）分数会得到一定提升。但在考前一定要注意口语、写作的专项训练，因为在这两个专项考试上，学生面临的大多是个性化问题，很难在多人同时上课的辅导班上实现大的突破，需要一对一的小课教师针对性地讲解、练习和批改。

同时，学生还需要在此期间确认自己的学习兴趣，了解行业和职业发展，也可以和老师商议、制订学习兴趣领域的学习和研究计划，找到符合自己方向的导师。学术导师优选高中学科老师，如果高中任课老师无法支持，也可以选择大学老师或者所在领域里的博士，帮助学生完善和开展研究计划。除此之外，学生还需要了解自己兴趣领域的 AP 课程，如果学校提供先修课程，学生可以在校内学习，如果所在学校没有提供或者提供的先修课程有限，学生可以在校外机构完成学习或者自学，哪怕用中文学一遍也能起到一定效果，用于实现减轻高二学习压力的目标。

学生一定要学会查看校内的各种社团活动清单，充分利用学校资源，结合自己的兴趣爱好参加相关活动。如果学校没有相关平台和机会，则需要自己或者家长来创造。换句话说，这本身也是一个学生能够充分发挥能动性、想象力，发现和创造新事物的阶段。如果学生在初三就已经有了明确的目标,高一开学后需要了解校内的各种社团和活动,借此完善初三暑假制订的计划书,在导师、家长或其他专家的协助下,将其扩展为一份完整的三年计划书,用于指导学生在高中时期借助学生组织、社团等力量或者自行发起活动、组织,推进完成研究活动。

(6) 高一寒假

根据往年的平均数据,有一半以上的学生会在高一上学期 12 月份的托福考试中达到 80 分以上的成绩。高中的寒假时间通常比较短,去掉春节假期,一般会有三个星期左右的时间。因此,当学生和家长在确定高一寒假的日程安排时,需要提前考虑好,这三个星期是用来冲刺 AP 课程,还是 SAT、美国入学考试和托福学习考试。其实,确定寒假要做哪些事情的标准很简单——看托福成绩。以托福成绩 100 分为分界点。

托福成绩 100 分以下的学生,寒假应该继续主攻托福考试,哪里不足提高哪里,具体参考第一关的攻略内容。需要注意的是,对于中考后才开始学习托福的同学来说,90 分是一个非常重要的里程碑,打好基础很重要,不可揠苗助长,操之过急。托福成绩 100 分以上的学生,可以申请夏校,开始 SAT、ACT 学习。托福成绩 90 — 100 分的学生,视具体情况而定,如果托福 90 分以上但阅读分数非常高,想提前开始托福 100 分以上的学习计划,同样也是可以的。

想在高一下学期的 5 月份参加 AP 考试的同学,寒假不要忘了学科备考,从消耗时间的维度排序,首先是A-Level5—6月大考,科目多,需要的准备时间最多;其次是5—6月的AP考试;最后是IB考试。

高一寒假期间,还有一项任务需要家长配合完成——了解夏校。由于夏校的申请时间是每年寒假,申请前通常托福成绩要达到100分,所以大部分同学实际上是高二才去读的夏校。家长们在高一寒假可以先熟悉夏校的要求、课程设置和申请难度。高一上学期,托福成绩100分以上的同学可以在高一寒假直接申请学分夏校;高二上学期,托福成绩100分以上的同学可以在高二寒假申请学分夏校。

关于高中阶段就读夏校,同学们需要重点关注的夏校可以分为三类:

学分夏校,一般2月1日开始报名,名额先到先得放完为止,大部分学校要求托福成绩100分,个别学校要求托福成绩90—95分。尽量早提交,分数达标够用即可,如果晚提交可能会因为名额已满而被调剂或喜提拒绝。

还有一类夏校没有学分,但是录取严格,含金量及口碑比较高,比如由耶鲁大学主办的领导力夏校——YYGS(即Yale Young Global Scholars,耶鲁全球青年学者项目)和斯坦福人文夏校(Stanford Summer Humanities Instrtute,简称SSHI),这两类都可以被认为是高端夏校。不过,这些高端夏校现在也因为内卷变得"大路货",真正好的夏校选择还是要符合前面提到的招生办看中的兴趣,而不是追求夏校的名气。

申请高端夏校，托福分数需要有竞争力。通常来说，申请耶鲁全球青年学者项目和罗斯数学训练营的学生托福分数需要达到110分以上。

也有一部分同学选择参加科研类夏校，这种夏校一般没有入学门槛，但需要有明确的专业方向和课程选择。

(7) 高一下学期

每年的5月份是国际教育学科大考月份。学科的统考和选课有直接关系。不同课程体系的同学面对的考试形式略有不同，但考试时间大部分都集中在5月份。

AP考试时间：5月上半月；A-Level考试时间：持续整个5月，延伸至6月初；高一IG大考在5月，高二预估分考试和高三结业大考也在5月。学习AP课程的同学需要注意：AP选课和AP考试是两件事，如果想在校内选课的基础上多考几门AP，可以自学一些课程，但是一定要记得在学校报名参加考试。

(8) 高二上学期

经过了高一的重重关卡，学生们对留学备考已经有了一定的心得，摸清了一些规则，但还远远不到放松身心、玩耍娱乐的时候。到了高二，由备战托福转为长线积累，SAT/ACT需要持续学习，同时，学科任务、竞赛和活动任务也在增加，几乎每一位同学的日程表都不同，但又是同样的繁忙。因此，家长和孩子在共同向前走的过程中，需要看到每一条小路的终点。

在这一关，我们需要回答如下两个问题。

问题一：托福分数达到 100 分之后，为什么不趁热打铁冲到 110 分呢？

处在不同阶段的学生，对于这个问题有不同的答案。有的学生英语基础非常好，刚开始学习托福就成功拿到了 100 分，但这种情况并不多见，对于这个英语学霸小群体来说，学得兴致正浓，完全可以继续冲刺 110 分。事实上，一部分学生也确实是这么做的。

大部分在高中阶段托福考到 100 分的同学，都经历了托福基础阶段的不断重复练习。在这个阶段，他们会遇到一个小的瓶颈期，需要非托福（SAT/ACT）这种难度更高的课程来帮助实现突破。

问题二：托福成绩 119 分的学生一定比 114 分的学生申请结果更好吗？

这个问题非常具有代表性，然而，它也有一个非常准确的答案：不是的。在申请中，托福成绩 119 分和托福成绩 114 分都属于高分，你可以理解为，考出这两个托福分数的学生他们的英语水平相当，几乎没有差别。所以，申请结果如何完全取决于其他指标。在高手对决中，英语水平（托福/雅思）、学术水平（SAT/ACT）、学科水平（AP/A-Level/IB、学科活动竞赛）都要高，所谓冲常青藤院校无短板。如果申请人只有托福分数高，而其他表现都很一般，那么毫无疑问，申请结果一定也不尽如人意。

那些被宾夕法尼亚大学沃顿商学院、普林斯顿大学数学专业、普林斯顿大学哲学专业录取过的"逆天"高手，他们都有一个共同特点：托福成绩110分以上、SAT1500分以上、AP科目5门以上，学科上获得过国际金奖或超级金奖，参与过高端夏校和高水平科研活动。

所以，在语言成绩准备之外，孩子一定要坚持自己已经开始的兴趣活动，并且争取做出一些阶段性成果，树立起更多长板，而且让长板足够长，才能在申请中如鱼得水，立于不败之地。比如，选择参加学校的志愿者社团，要一直坚持参与社团活动，争取在社团中作为领导者并组织一两次大型活动。如果自己创建了志愿者社团，则需要考虑这件事能给自己和他人带来什么结果和影响，这样才能让社团持续发展下去，也能让自己在诸多优秀申请者中脱颖而出。

(9) 高二下学期

前面八个关卡中除了夏校，基本都围绕着标化考试和学科课程展开，在此，我们把活动和竞赛单独拎出来讨论。

活动和竞赛规划遵循五个原则：

第一，申请方向最晚需要在高一暑假后，高二开学前确定完毕。

第二，绝大多数竞赛是学科的延续，所以一定要优先学好学科课程。

第三，竞赛选拔性越强，含金量越高。

第四，并非所有学生都是绝顶高手，也并非所有比赛都是华山论剑，根据自身情况选择竞赛，尽量做到手中有奖，避免到此一游。

第五，科研活动尽可能创造社会价值，不要停留在实验室里或论文纸上。

竞赛方面，可以参考过往案例，曾经被芝加哥大学生物学专业录取的莎琳，获得过美国学术十项全能比赛全球二等奖、丘成桐数学奖和丘成桐生物奖；被斯坦福大学数学专业录取的本，参加过美国数学竞赛、美国数学邀请赛、全美高中数学竞赛、普林斯顿大学数学竞赛等，他和计划中另一位被剑桥大学计算机专业录取的同学在罗斯数学训练营有过碰面、交手。

活动方面，几乎每一位被排名前20的美国本科名校录取的学生都在自己的专业方面有拿得出手的研究成果，比如，被加州大学伯克利分校环境科学专业录取的汉森，他曾经参与的项目促成了外卖餐饮平台增加"是否需要一次性餐具"的选项，编写的程序被投入测试海洋污染物的应用中。这种亲自参与，并切实对所在群体和社会产生了贡献和改变的案例，在申请中会成为活动的点睛之笔。

其实大家可以看到，对于活动而言，美国本科录取绝不只是看活动的知名度，而是，不论什么样的活动，学生的参与度和活动之后的反思与后续工作才是真正的亮点。

(10) 高三开学

这个关卡意义重大，不仅需要多维度考量，而且需要家长和学生一起参加，全家共同商议决定。家长需要盘点自己家孩子在前九个关卡中收获的"战利品"，权衡各个国家、各个学校的利弊，把握时间节点，配合做出判断。虽然都是高三开学就着手申请学校，但对于瞄准不同目标国家、不同目标学校的学生而言，这万里长征的最后一程，并不是同一程。

比如，美国加州大学 UC 系统申请于 11 月 30 日截止。通常来说，美国其他院校的早申请放榜后，常规申请和第二轮提前申请于 1 月 1 日截止。各种差异，需要家长和学生无论在 DIY 申请还是和中介机构配合申请的过程中，都做好互相配合，多维度把握，精准出击。

还有一点，即使到了本书的结尾部分也要郑重提示大家，请千万不要忘记：所有美国大学在录取过程中，最看重的就是 9—12 年级的成绩单。所以，无论你刷到了多高的标准化分数，无论你选了多少门 AP 课程，无论你的兴趣是什么，无论你做出了多么厉害的成就，这些都是在你拥有优异 GPA 前提下的加分项，GPA 是一切的基础，这一点请大家一定要牢记，9—12 年级的 GPA，再强调都不为过！

3. 留学规划

随着留学热度越来越高，各种留学中介机构也越来越卷，很多中介都会告诉你：留学要提前规划，越早越好。恨不得从早教阶段就开始贩卖焦虑、创造营收了。其实 90% 以上的留学中介都没有长期规划能力，它们的作用主要是在申请季对已经成长定型的孩子进行包装。业务能力优秀的中介，可以把看起来只能进世界排名前50院校的孩子成功包装送进世界排名前30的院校，甚至排名更高的院校。注意，此处的中介包装绝不是凭空造假的简单粗暴操作，也不是前后持续5—10年，把学生送进常青藤院校的长期高端精致服务。那么，你家孩子到底应该如何规划？家长在什么时间节点需要做哪些事情才有更大概率把孩子送到美国名校，甚至常青藤院校呢？

在这里，我要给大家提供一个美国本科申请的长期规划参考。

小学和初中：建议北方大多数家长在孩子的小学阶段，安安心心把孩子送到公立学校学习，南方家长在特定城市可以考虑小初阶段切入。有如下几个原因：

教学质量。虽然目前国内已经出现的一些头部双语或国际学校（下文统称国际学校）有非常好的本科录取结果，但UWC（常熟）、鼎石、平和、包玉刚、深国交、惠贝这样的国际学校是极少数的。国内北方地区大部分国际学校其实是比不上公立学校的生源和教学水平的。而且从我们国家的国际学校办学历史来看，都是先从高中阶段引入，逐渐向低年龄段延伸。目前全国的国际学校整体也就是高中阶段比较清晰，师资有一定的储备，初中和小学的教学和师资还处于非常基础的阶段。即便是所谓小初阶段的一些好的当地私立民办学校，那也是用公立学校那一套加抓得紧而已，不是国际学校课程体系在小初阶段的成功。

当然，南方地区如果是上海、深圳这样的城市，国际办学资源丰富，小初阶段找到过硬的学校，也是可以的。

费用。不要跟钱过不去，大部分是普通家庭，中产家庭也需要省点钱啊！我大概算过一笔账，以现在的物价水平，一个孩子从小学到国际学校体系一直到美国本科念完，需要1 000万元。像现在那些"海淀妈妈""顺义妈妈""徐汇妈妈""越秀妈妈"的投入水平，比如国际学校学一套，外边还要请哈佛、耶鲁、普林斯顿、牛津、剑桥大学的学生辅导或者搞个在线美国高中学籍，这个水平的投入会更高。其实小初阶段没必要这么夸张。

后路适应度。毕竟此时孩子的年龄太小，一切生长发育都没有定型，家长暂时无法过早给孩子确定一条精准的升学道路，义务教育时期的孩子，如果在公办体系接受基础教育，无论是未来继续走高考体系，还是转换赛道申请出国留学都会相对容易；然而，相反的情况是，如果孩子从义务教育阶段就在国际学校学习，日后万一需要重新转回国内传统教育体系几乎不太可能。试想一下，从小适应国际教育体系的孩子回归国内高考教育体系，日复一日地应对各种考试，从周考到月考，想想就头疼。但是，如果孩子从小学就上公办学校，是不是就万事大吉、什么也不需要做了呢？并不是，家长依然需要对孩子进行兴趣培养。

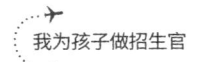

我们先看一个学霸的案例。

她学过法语，综合能力非常强，初中时雅思成绩已经考到了 6.5 分。那时候她刚参加完中考，并且已被西安铁一中学的国际班录取。但是，她的家长不想让她继续留在国内，她自己也计划 11 年级去美国加州读高中。

她来咨询，内心肯定是希望我能支持她的选择，并帮她完善优化一下路径。可是她不会料到我当场给她泼了一桶冷水：我直接告诉她，她的这个计划是不可行的，会鸡飞蛋打。

之前我们也提到过：有一种说法，去到美国加州的高中更容易上美国加州的好大学。这个说法并没有可靠证据支持。再加上她不理解招生办的规则，所以她计划 11 年级去美国加州读高中，是在大学申请里面最差的一个方案，是在坑自己。

我建议她专心在国内读书，接受西安铁一中学国际班的录取。

首先，在高中阶段出去留学实际上是一个要求比较高的事情。复习一下之前说过的几个条件：第一，孩子自身出国留学意愿非常强烈，想出去。第二，孩子的自主能力非常强，执行力强且成绩优秀，能出去。第三，父母双方中间至少有一个会陪同，出去会过得好。这三个条件一定要同时满足，才适合高中阶段送出国。如果不能同时满足，一般来讲最好在国内上学，这是第一个原因。

其次，她的这个规划是不可行的，踩中了招生办的雷区。他们想象的是，假如自己在国内先念完高一，相当于美国高中的10年级，然后再接上美国的11年级，12年级就开始申请，这是一个"1+2"的计划。但这个方案属于想得很美好，却很难保证孩子在竞争更激烈的地方还可以保持竞争力。因为在这个计划下，它有两个具体的可执行方案：

第一个执行方案是10升10，就是在国内念完10年级，然后在美国再重新念10年级。但最大的问题在于对于这个方案他们没有提前了解和计划，现在孩子马上就要上10年级了，也就意味着7月份咨询完，9月份就要开始提交申请了。她必须在12月底之前就提交转到美国就读10年级的申请，那这会儿她会发现如果想去好学校，托福成绩得到100分或者雅思考到7分；同时她还要准备SSAT，这对于一个初三的学生是很难的。在三个月的时间里，同时兼顾这两个考试且要考出好成绩非常难。所以这个10升10的方案基本不现实。

第二个方案就是，她在国内读到10年级，做好充分准备再去读美国的11年级。但是请注意这是非常不可取的，这就是由于家长和学生不理解招生办的规则造成的。因为美国本科的招生办录取是需要在12年级的上学期提交申请，也就意味着招生办看到的是学生9年级、10年级、11年级这3年的成绩。其中11年级是时间距离最近也是招生办考核成绩时给予最大权重的一个年级，它几乎可以决定学生大学的录取，非常重要！但是对于这个孩子来说，如果她准备在11年级去美国加州高中，即便能力再强的孩子都得至少花一个学期的时间去适应当地环境，所以第一个学期的成绩一般都不会太好，有的孩子甚至得适应一年。而到美国加州读11年级所需适应的这一年对招生办来讲，却是考核成绩权重最重要的一年。这一年学生把所有精力投在适应环境上，导致成绩不太好，即便好学校的招生办可能会非常同情她，也不会录取她。

排除她所有可行的选项，其实现在最好的方案就是在国内就读国际高中。

然而在内地，尤其是二三线城市的国际高中，这些年我接触的学生都存在一个普遍的问题：他们的家长可能不像一线城市的家长对于留学信息了解得十分全面。基本很多二三线城市的国际班、国际学校包括家长都还停留在国内高考的思路：不管怎么说，还是分数最重要，先不要搞其他的，先把分数考上去再说。比如先把AP考好，6到8门AP考5分；或者托福先考到100分，SAT先考到1450分。然后再去弄其他的项目，再去做其他准备。

他们的思路是先做一个，再做另外一个，类似串联电路。但实际上是没搞清楚终点的规则，终点的规则需要并联电路，几件重要的事情要同时进行，因为几件重要的事情都需要3—4年的连续履历。串联的方式是没办法达到这样的要求的，所以这实际上是一个非常不科学的做法。

在一些二三线城市的国际班这是一个非常普遍的问题，甚至跟我打过交道的很多二三线城市国际高中的校长和主任，也是这么思考的。所以导致为什么很多二三线城市的国际班总是很想推动孩子去常青藤，但就是出不来。因为指挥官的思维和指令出问题了，指挥官不是特别了解好学校本科的招生逻辑。

所以对于这个孩子，她最好的选择就是在国际学校读高一时便开始探索学习兴趣，而不是等到出了分再说；她还需要为阅读和写作做大量的准备工作，同时准备标准化考试和课外活动，而不是等到一个出了分再做另外一个。这种详细的学霸规划，后面会给大家进行阐述。

说完了学霸的案例，我们再看一个学习成绩中等学生的案例。

这是一个在北京刚上初三的学生，成绩中等，家长认为凭借孩子现在的成绩可能连个普通的北京重点高中或者一个公办高中的国际部都考不上。所以家长在犹豫要不要选择一个私立的国际学校，然后送孩子出国留学。他们的第一选择是美国的名校，所以向我咨询如何进行择校和后续规划。

针对这个情况我为这位家长提供了两个背景信息。

一个是上面说过的南北差异。以北京为代表的北方，它的教育资源其实还集中在公立体系，所以在北京的国际学校层级第一梯队当之无愧的全部是公办学校国际部，好的录取基本全部来自公办的国际体系，第二梯队才是优质的民办国际学校，比如鼎石、德威等，这是北京的情况；但上海和深圳相较北京就不一样，上海和深圳的民办国际学校很强，往往可以和公办学校打平手。像上海的包玉刚、上海美国学校这类民办学校就非常厉害，每年都有常青藤甚至是大藤的录取，深圳的深国交号称牛剑收割机终于也在2024年迎来了第一个哈佛录取。所以大家在选择的时候一定要注意不同区域的差异。

另一个信息，大家过度夸大了学校梯队的作用。其实即便是北京第一梯队的公办四大国际部，这些学校里去掉头部藤校牛剑的学生，中档学生的录取和二梯队国际班国际校里的录取差别没有想象那么大，基本都在30—50的区间。

对于这个孩子，如果把重点了解清楚之后，就很容易得到结论。如果家长和孩子对于国外大学的期待没有那么高，他们并不期待美国排名前20之类的名牌大学，追求的是英国G5这个水平，这样的话其实是有很多选择的，既可以上北京二梯队的国际学校，也可以是国内普通高中。

如果家长选择让这个孩子就读北京普通的非重点高中，只要在高一、高二时期给孩子额外增加一些雅思、托福的英语辅导，哪怕孩子高考考得不好，大多数孩子也有在高考之后去国外选择名校的机会。如果觉得孩子还是有余力在普通高中课程以外加点英语、策划一些课外活动，这样孩子就更有可能冲刺美国名校了。我一再强调，美国的学校是可以接受中国普通高中三年的成绩单的。但请家长和学生清楚地认识到，中等学生是很难在留学和高考之间权衡并兼顾成绩的，这样会让学生的精力过于分散，虽然初心是把两者都兼顾、都做好，结果可能会什么也没做好。

如果这位家长和学生的大方向确定了，接下来就重点专注一个方向。

方向一：想全力冲击国外排名靠前的大学，就专心冲北京一梯队的国际学校，但做好准备大概上不了，所以其实上到北京二梯队的国际学校也是可以的；

方向二：如果对国外大学的排名没有那么执着，也不想完全放弃高考，那就上普通高中，只要多学一些英语把雅思和托福成绩考出来，高考之后还是有很多选择。

总结下来：不要自我洗脑、夸大学校梯队的作用，美高英高、或者一梯队二梯队的概念都是这样；核心还是学生本人；想清楚目标，路径总有不止一个。

4. 普通高中不普

"上了普通高中就只能一门心思冲刺高考，不能出国了。"这句话纯属瞎扯，说这种话的人还需要再多读读书。

准确来说，只能说精力有限，绝大多数学生无法高考、留学双线兼顾而已。但从操作技术和录取要求上讲，除了英国以牛津大学为代表的部分学校，全世界大多数国家和地区依然可以接受中国普通高中学生的申请，包括最为复杂的美国本科体系。

大多数家长产生这种误区是因为没有完全了解世界各国的本科录取体系。而家长之所以不了解，主要是因为留学中介行业极少有人能够把世界各国的录取标准同时说清楚，因为留学行业发展的这20年，从业人员已经非常专业化细分了。一个能将国际班孩子送进美国本科排名前20的优秀顾问，大概率完全不了解欧洲国家的录取；一个熟悉欧亚20国本科录取体系的优秀导师，可能也完全搞不明白英国牛津、剑桥本科的那一套；一个专业做英国、美国留学中介的中型连锁机构，从创始人到高管，再到一线员工，对于澳新欧亚本科录取体系可能都是茫然。

我能放眼全球，完全是罕见的机缘巧合：本身从最复杂的美国录取体系出身，后来因为把留学公司做到上市的规模，作为一把手能够同时接触美、加、英、澳、欧亚五大条线的学校和全国最优秀的一批顾问，这才补全了留学行业最难的"万国咨"这一课，算是作为当年留学行业五大机构掌门人的特权吧。

因为这个视角，我看到的是普通高中家庭自动放弃的大量留学机会。我们逐个国家地区简要地看一遍：

第一是美国。美国是综合录取，看学习但不只看学习，还接受你讲故事——就是我们说的简历、文书、推荐信等。录取要求：需要在12年级的9月份（高三上学期）开始准备材料，到12月申请就截止了，次年的春天会拿到录取通知书。千万不要等到高考之后再行动，不是一样的逻辑。

申请材料包括：

（1）成绩单/GPA：9—12年级平时成绩单（中英文），

A-Level、IB、普通高中成绩单均可（普通高中的成绩单完全满足申请要求）；

（2）标准化成绩：TOEFL/IELTS，SAT/ACT/AP（选交）；

（3）活动清单／简历：9—12年级（初三到高三）；

（4）文书：大文书和对应学校及专业的小文书；

（5）推荐信：顾问＋老师，不超过3封。

面试：部分学校申请年前置、部分筛后开展；

申请方式绝大多数申请走通用申请系统，UC系统单独，UIUC类极少。

其他录取方式：预科、双录取、社区大学、春季、转学等（通常导致需要多花一年时间来学习语言）。

中国的普通高中学生，没有AP、SAT也是可以申请美国本科的，不是必须去国际学校（国际部）才能去美国，这个想法完全是错误的。

再次重申：普通高中可以申请美国本科！

第二是英国。英国是学术学科录取，非常强调学生高中阶段的预修课跟大学阶段课程的匹配程度，所以需要学生在高中阶段对本科专业有一定的规划，同时需要拿出优异的高中成绩单。申请时间跟美国相同，需要在12年级的秋季申请，次年的春天会拿到录取通知书。

申请材料包括：

（1）成绩单/GPA：9—12年级平时成绩单（中英文）；

（2）课程体系：A-Level、IB、AP、高考成绩（部分学校），均可申请；

（3）标准化成绩：TOEFL/IELTS（可后补），SATII/AP/竞赛，部分学校专业有要求的专科标准化成绩，比如生物学入学考试、大学临床能力倾向测验、剑桥大学数学系入学考试等，这个要看学校院系要求；

（4）活动清单/简历：不是必须；

（5）个人陈述：偏学术、工作、兴趣履历，不同于美国的文书；

（6）推荐信：学术推荐信1封。

面试：偏学术，而美国体系更为开放。

申请方式：全部走UCAS系统。

其他录取方式：预科，国际大一。

特别强调：英国对专业匹配的要求特别高，所以无论哪种课程体系，都需要学生的高中选修课与本科申请专业高度匹配；而美国对专业要求很模糊，进入大学后转专业相对比较容易。

英国有两大学校体系：牛津系不接受高考成绩；剑桥系接受高考成绩。举个剑桥系学校的例子，剑桥的成绩要求为本省前0.1%高考成绩+雅思7—7.5分；伯明翰、格拉斯哥的成绩要求为高考不低于本省满分的75%+雅思7分；可以用高考成绩抵消 A-Level、IB 等成绩；语言成绩是不可以抵消的。

第三是加拿大。加拿大也是采取以成绩为主的录取方式，但是对预修课的要求与美国类似，不像英国要求得那么的严苛。申请时间跟美英相同，需要在 12 年级的秋季申请，次年的春天会拿到录取通知书。

申请材料包括：

（1）成绩单：9—12 年级平时成绩单（中英文）；

（2）普通高中学生：接受会考成绩，高考成绩申请（一般一本线）+TOEFL/IELTS；

（3）国际高中学生：TOEFL/IELTS，SAT/ACT，AP/IB/A-Level；

（4）推荐信和文书：要求很少，部分专业可以补充提交。

其他录取方式：双录取。

第四是澳大利亚。澳大利亚是中国学生就读欧美名校最后的防线，它是四个主流目的地国家中对中国学生要求最低的。而且澳大利亚在南半球，主开学季是二月，刚好给中国的高考生留出一个学期的准备时间，可以在高考结束之后考出雅思成绩，申请澳大利亚的学校。

申请材料包括：

（1）高中毕业证书或在读证明；

（2）成绩单：9—12年级平时成绩单（中英文）；

（3）文书：部分专业需要个人简历、个人陈述、入学动机等文书；

（4）普通高中学生：接受会考成绩，高考成绩申请+TOEFL/IELTS；

（5）国际高中学生：TOEFL/IELTS，AP/IB/A-Level；

（6）推荐信：校方推荐信2—3封。

其他录取方式：预科，国际大一申请。

第五是新加坡。新加坡属于中国留学生极青睐的目的地之一，距离近，文化相似，十分安全。因为它属于英联邦体系国家，所以和英国一样以成绩为主，但也会考虑硬核的课外活动。申请时间跟美英相同，需要在12年级的秋季申请，次年春天会拿到录取通知书。

申请材料包括：

（1）成绩单：9—12年级平时成绩单（中英文）；

（2）公立大学走普通高中路线，需要高考成绩+雅思成绩（公立要求中国高考一本线上60—100分，"新二"实际录取要达到中国"985"大学水平）；

（3）走国际高中路线，需要A-Level成绩或新加坡剑桥GCE"A"水准考试（高中毕业，新加坡一年培训通过3门课程）；

（4）走私立大学，需要学校英语内测——不需要高考成绩和雅思成绩。

第六是中国香港。中国香港也是内地留学生青睐的目的地之一，在西方的视角中，中国香港和中国澳门更像西方的教育体系，所以在香港就读本科之后申请硕士比内地的本科有一定的优势。香港属于英联邦教育体系，以成绩为主，也会考虑硬核的课外活动。国际生的申请时间跟英美相同，需要在 12 年级的秋季申请，次年春天拿到录取通知书。

申请材料包括：

（1）成绩单：9—12 年级平时成绩单；
（2）2 封推荐信；
（3）个人陈述信和个人信息表；
（4）普通高中学生：高考成绩申请，港三需达到国内一流 985 高校录取标准；
（5）部分学校参与内地统招，学校直接走高考统招；
（6）不参与内地统招的学校高三秋季开放申请，高考结束补高考成绩；
（7）国际高中学生：标准化成绩 TOEFL/IELTS，SAT/ACT，IB/DSE 等。

第七是中国澳门。类似中国香港，申硕的时候会有一定优势。英联邦教育体系以成绩为主，对中国的学生有一定偏爱，

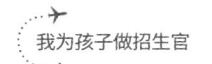

所以有一点点浮动的空间，可以勇敢申请，一切皆有可能。

申请材料包括：

（1）高考录取：成绩是王道，对内地生有偏爱、有非成绩空间；

（2）普通高中学生：高考成绩出分后申请；

（3）国际高中学生：TOEFL/IELTS，SAT/ACT，AP/IB/A-Level等。

所有主流目的地国家录取分三类：

第一类，可以使用高考成绩的。

除了美国和英国的大部分学校，都可以使用高考成绩，但是操作看细节！

绝大多数主流目的地国家需要提前一年申请。高三的秋季申请，次年春季会拿到结果，如果不清楚申请时间，误以为要等高考完再说，会导致错过一年；

可以接受和使用高考成绩，同时需要提交语言分数。如果高考结束后学生没有雅思或托福成绩，会导致无法申请。加拿大前三大学的直录大一一般要求高考一本线配雅思；澳八大直录大一是要求一本线配雅思；英国爱尔兰直录是高考满分65%—75%不等配雅思；德国是一本线配德语。注意：一个普通的高中生需要一年的时间才有可能拿到5.5的雅思分数或60分左右的托福成绩。

第二类：不看高考成绩，特别看重平时成绩（包括普通高中的平时成绩）。

美国是这类最典型的代表。它接受国内的普通高中成绩，非常在意平时的成绩，综合录取给孩子更多的申请途径。

双录取：语言学校的录取和本科录取，需要先读一年语言课程，语言成绩达标，再用语言成绩换取本科正式录取。

预科：除了语言课程，还需要上一些专业基础课，也是成绩达标后可被正式的本科录取。

国际大一：用当地语言开始学大一的课程，会把学生放到国际学院，课程难度比预科稍高，比本科大一略低。

第三类：不看高考成绩，只要拿语言成绩和高中平时成绩就可以申请。

这类欧美大学对平时的成绩没有美国那么看重，只需要提交成绩单，同时准备语言成绩即可申请。

简单介绍一下其他国家。

俄罗斯：俄语国家不需要英语成绩，只需要先学一年的俄语，达到要求之后就可以申请包括莫斯科国立大学在内的所有大学。

马来西亚：雅思成绩达到5.5—5.6分可以读马来亚大学预科，如果没有雅思成绩，也可以读其他学校的预科。

匈牙利：母语是匈牙利语，但是英语授课非常多。还是欧洲的"牙医技校"，是为数不多的本科开放国际生申请医科的国家。

韩国：只需要先学一年的韩语，如果韩语成绩达到要求，可以申请几乎韩国所有的学校。

爱尔兰：英语国家，只要雅思成绩达到 5.5 分或者学校的内测达标，都可以读预科。

北欧国家（瑞典、挪威、芬兰、丹麦、荷兰、冰岛）：只要雅思 5.5 或者学校的内测达标，都可以读预科。

这类型欧美大学考核的核心是语言成绩，不论是小语种还是雅思成绩达到 5.5 分都是必须要准备的。这些国家也有很多都是世界排名前 100 或前 200 的学校。

最后还有一个特殊的项目：中外合办。因为这两年关注的人非常多，我们单独放一个小节。

5. 中外合作办学（美国方向）

前面章节，介绍了美国留学的主流路线，准备周期相对较长。而这两年留学大众化后，很多走高考路线的家庭，会同步考虑美国留学。

对于这批走高考路线的学生，美国院校提供了多种入读方式：双录取、桥梁课程、本科转学等。除了这些方式以外，还有近几年逐渐火爆的中外合作办学。

先简单科普一下什么是中外合作办学：中外合作办学是指中国教育机构与外国教育机构，依法在中国境内合作举办，以中国公民为主要招生对象的教育教学活动。

根据业内最新数据，目前全国中外合作办学机构和项目的数量将近三千个。

从招生方式上划分，中外合作办学分为计划内招生和计划外招生。

计划内招生：学生通过高考志愿填报系统选择学校，学校也严格按照高考分数从高到低录取。通过这种方式，学生不仅能拿到中方大学颁发的毕业证书和学位证书，也能拿到合作对接的海外学校颁发的学位证书。

计划外招生：不走高考志愿填报，参加学校组织的自主招生测试。但只能拿到合作对接的海外学校学位证。

从学制上划分，中外合作办学的学制分为4+0、3+1、2+2、1+3。

不同招生方式，不同学制，给高考生提供了丰富的选择。那么，不同选择能对应哪些美国方向学校呢？

首先是计划内中外合作办学。计划内的中外合作办学，又分为两类：中外合作办学机构和中外合作办学项目。

中外合作办学机构，通常指外国教育机构同中国教育机构在中国境内合作举办以中国公民为主要招生对象的教育机构。

中外合作办学项目，通常指经国家教育部批准的国内高校与国外高校中外合作的办学项目，包括研究生教育合作项目、本科教育合作项目、高职专科教育合作项目等不同层次中外合作的办学项目。

本科阶段，中外合作办学机构，主要指有独立法人资格的中外合作大学，目前有十一所。

分别是上海纽约大学、昆山杜克大学、香港中文大学深圳校区、宁波诺丁汉大学、西交利物浦大学、北京师范大学-香港浸会大学联合国际学院、广东以色列理工学院、温州肯恩大学、深圳北理莫斯科大学、香港科技大学广州校区、香港城市大学东莞校区。

其中，上海纽约大学、昆山杜克大学，温州肯恩大学，均是中方学校和美方学校的合作办学。

在这里简单做一个介绍：

第一所：上海纽约大学

上海纽约大学成立于2012年，位于上海，是经教育部批准，在上海市及浦东新区政府大力支持下，由华东师范大学和纽约大学合作创办的中国第一所中美合办研究型大学。

在录取上，上海纽约大学结合了美国本科录取规则和高考规则。

意向上海纽约大学的学生，需要提前一年在学校官网提交申请材料，由学校初审。初审合格后，再参加学校的各类测评考试，具体的测评方式可在学校官网查询，符合要求后，学校会发放预录取，等到高考结束后，学生提交符合预录取标准的高考成绩，把预录取变成正式录取。

第二所：昆山杜克大学

昆山杜克大学成立于2013年，位于江苏昆山，是经教育部批准,由武汉大学和杜克大学联合创办的高水平研究型大学。

在录取上,昆山杜克大学的录取和上海纽约大学类似,具体流程不在这里赘述,学校官网都有详细的介绍。

第三所:温州肯恩大学

温州肯恩大学成立于2014年,位于浙江温州,是经教育部批准,由温州大学和美国肯恩大学合作办学。

在录取上,温州肯恩大学和前面提到的上海纽约大学、昆山杜克大学有所区别:不需要提前申请,完全通过高考志愿填报系统录取,在本科一批次段招收学生。

除了中外合办大学,国内还有很多中外合作办学项目,都是直接通过高考志愿系统填报。

在这里简单例举几所:

中国农业大学和美国康奈尔大学的合作办学,专业是食品科学与工程,学制采用4+0模式。四年都在国内念书,但每年会选拔优秀的学生,奔赴康奈尔大学交流学习。

上海交通大学和美国密西根安娜堡大学的合作办学,开办的专业有机械工程、电子与计算机工程、材料科学与工程。学制分为4+0和2+2,学生可以申请到密西根安娜堡大学,完成大三和大四的学业。

浙江大学和美国伊利诺伊大学厄巴纳香槟校区的合作办学,开办的专业有电气工程及其自动化、电子与计算机工程、土木工程、机械工程,学制采用4+0模式。

计划内的所有学校，都可以在《中华人民共和国教育部中外合作办学监管工作信息平台》(https://www.crs.jsj.edu.cn/) 进行查询。

说完了中外合作办学计划内对接美国大学的方式，再说下中外合作办学计划外如何对接美国留学。

计划外和计划内最大的区别在于计划外参考高考成绩，不通过高考志愿填报系统，也不占用统招名额，因此学生在选择上更灵活。可以选择1+3、2+2、3+1、4+0的学制，这里我根据学制的不同做一个简单介绍：

1+3，本质上是先读一年预科课程，再申请美国大学本科。学生通过一年的学习，取得美国大学要求的成绩，比如SAT、托福成绩，再申请美国学校。

当然，随着中外合作办学的成熟，近年来出现了一类中外合办1+3定向班。中方学校和美方学校定向合作，第一年满足语言、学业成绩的要求后，直接到定向对接的美方学校读大一。额外提一嘴，美国大学通常是四年制，所以只要选择了美国方向的1+3，最后都需要再读四年本科。

2+2，本质上属于转学，和美国社区大学转公立大学有些类似，不过是把前两年的学分课程放到了国内学校。和1+3不同的是，2+2提前确定了学校和专业，满足绩点和专业课程的要求后，就能转去对接的海外学校。

3+1，3+1情况比较复杂，有机构办的专升本3+1，也有教育部留学服务中心引进的SQA 3+1。如果选择SQA3+1，第一年为国际预科课程，强化英语；第二、三年为项目专业课程学习。通过三年的学习，毕业生将具备熟练的英语应用技能，并掌握一定的相关专业的国际化、前沿的专业理论知识，然后申请对应的海外学校，值得注意的是，SQA3+1，能够对接的海外学校，有一个固定名单，上面大概有五十多所学校，每年固定名单都会有细微变化。

五十多所学校里，主要是英国学校，美国大学很少。比如在2024年，中国留学网公布的SQA3+1对接的海外院校名单里，美国方向只有位于宾夕法尼亚州匹兹堡市的劳洛施大学。

4+0，中外合办计划外4+0非常特殊。因为完整四年在国内念书，毕业拿海外学位，这样的4+0项目大多在中外合办计划内，不过也有例外。目前，教育部批准了九所学校通过自主招生的方式招收4+0学生，能够对接美国方向的学校有中国农业大学、北京理工大学、集美大学、海南大学、沈阳师范大学五所，具体招生要求可以去学校官网查询。

以上便是通过中外合作办学去美国留学的简单介绍。顺便给家长提个醒，中外合办这两年热度非常高，但相对应的问题和毛病也不少。比如一些机构打着学校的幌子招生，又比如一些学校的能力不足却承办了中外合办，结果就是学生最后无法进入理想学校。所以在选择中外合办的时候，家长们一定擦亮眼睛，再下判断。

6. 并不能保证录取的保录取

这里展开一下前面提到的"新物种":保录取,防止踩大坑。

随便在抖音、小红书、知乎、微博这些社交平台上,以"保录取""内推"为关键词搜索,就能看到一大堆不符合正常录取逻辑的小广告:

"世界顶尖名校,无条件直录"

"免GPA、免雅思托福、就读世界前十"

甚至还明码标价,从哈佛耶鲁斯坦福,到美国前三十、英国G5、再到澳洲八大、港三新二,在他们的宣传口径里,就没有钱不能搞定的学校。

可事实上,绝大多数的保录取都是韭菜局,中介收完家长钱之后就玩消失,不知所踪。

2023年杭州著名的暴雷案例,有家长通过短视频某姐账号宣传,签下一个1,000万买哈佛录取的保录取合约,结果7月的时候,人去楼空,整个机构原地消失、短视频账号再无更新。

而号称通过"保录取"拿到录取通知书的那批家长,大多数录取的学校也不咋地,属于那种随便找个靠谱机构,甚至自己动手准备就能申上的学校,根本不值得你付出这多钱。

机构的宣传通常是和学校有关系,但哪怕是走学校官方途径、捐款到潘石屹千万美元量级、见到校长的保录取。校长也会告诉你需要满足基本条件。

如果把学校的同意算作真正的保证,那我们可以说,哪怕是真正的保录取,其实也不保录取!

说到底,保录取完全是一个中介包装出来的概念,这种"保录取"扒开外表包装,来路不超过如下三种:造假保录取、技术保录取、资源保录取。

先给大家一个概念,造假保录取不要做,技术保录取可以做,资源保录取大部分人想多了。

第一种,绝对不要做的造假保录取,这也是市面上绝大多数号称能保录取的机构依赖的操作方式。

之所以绝对不要做,因为这种录取就是纯造假,用最简单成本最低的方式,批量复制一堆"学霸"。

最低端的,直接用图片制作软件,给你开出年级排名前10%、5%、甚至前1%的成绩单,你交了十几万保录费,人家的成本可能就几块钱电费。

高级一点的,会联系真实存在的海外高中,用金钱开路,开出相对"真实"的成绩单,但这些学校不可能只为你一个服务,能给你开出前5%的成绩,就能给别人开。

同理,托福、雅思、A-Level、AP、ACT之类的考试,只要花钱,都能一概解决。

光鲜亮丽的成绩单开出来了,可没有人帮你善后,所有的代价都是学生自己承担。

而且造假保录取导致的结果不仅出现在申请这种初期阶

段,更如定时炸弹一样潜伏在学生出国求学及就业的整个生命周期中,随时可能爆雷。可谓近忧远虑都躲不了。

先说近忧吧,如果学生在申请阶段就被学校怀疑或者发现造假,学校感觉你的材料有问题会进行深入复审复查,但凡发现作弊就肯定不会录取你。在申请阶段被学校怀疑、发现而被拒收,其实这个结果还不算最糟糕的。远虑是什么?远虑是你到了学校之后被发现、被遣返。

谈个不少人都知道的案例,哥伦比亚大学集体作弊开除事件。当年好多中国人被哥大录取了,结果一上课,老师发现上课提问没有一名学生有任何反应,后来才发现这些学生的语言能力非常差。这个老师去找招生办问怎么回事。招生办说,这些学生在录取的时候显示背景都很好,成绩也不错。然后招生办就开始查,结果发现这些中国学生大概 70% 的申请材料都是假的。结果哥大把那一年通过那个项目进入学校的所有涉嫌作弊造假的中国学生全部开除,而且做了记录,相当于这些学生永远不能进到哥伦比亚大学。

另外,更坏的结果是美国移民局认为造假是很严肃的事情,一旦被发现是会被遣返的,并且 5 年之内不能再登陆美国,所以这个事情后果很严重。最后导致的结果是哥大那个专业在之后的 3 年要么不招中国学生,要么招生人数特别少。

那么造假保录取怎么识别呢?有几个信号是让你可以辨别机构是否在做造假保录取的:

第一种信号是遮遮掩掩。如果一家机构说：我给你保录取，但是具体怎么操作不让你知道。一旦说出这种话，那他就是妥妥的造假，你就不用信了。机构常常提到所谓的人脉、厉害的关系。中国家长容易被"人脉"骗，总喜欢找人，然后一听说有人脉关系，签了所谓的正式"保录取"合同，最后实际上是给你造假，一切全靠编。比如一个机构靠"编"一共服务了10个学生，有一半的学生可能成功，他就把这个钱挣到了。

比如一个学生收10万元，10个人里边5个成了，那他50万元到手，剩下那50万元用作退费。所以遮遮掩掩的这种一定是强烈的、真正造假的信号。机构其实并没有什么关系，如果真的能走关系就不会造假了。

还有一种是明目张胆。有的机构会直接告诉你，我给你找一些跟我们关系好的海外高中把履历改了，学历证书由该校出具，保证全部可查真实。这样就能保证没有风险吗？这种学校可能是野鸡学校，甚至这个学校压根不存在，可能是临时注册的一个空壳（国外注册很容易）。

或许这家机构最初保证的是全部材料真实可查，提供的材料也是由这个学校出具的。但是你要注意，大学不傻，招生官也不傻。首先大学一旦不了解这个学校就有可能去查询这个学校的大概情况，结果发现这个学校可能是个虚假学校就会直接把你拒了，这还是好的。

也有可能大学没有查，你侥幸被录取了。机构就会发现这个事儿能成能挣钱，利益的诱惑和成功的经验会让他复制这套造假模式至明年、后年继续使用，继续挣钱。结果大学第一年发现好多来自这个从来没有听说过的学校来的申请人，第二年又来了一拨。他们就读后都很差，英语不好、学习不好，甚至连课外活动也不好。这时学校就会警觉起来开始查，如果发现是假的，那就把所有来自这个虚假学校的录取全部取消，甚至已经拿了学位的，也会被全部剥夺。那时，造假的中介机构也许看到势头不对早就卷钱跑路了，最后只能由学生自己承担后果。

所以我想警醒大家：造假这件事情千万不要碰、不要买。

第二种，可以做的技术保录取。其实这个技术保录取不是保录取，只是改头换面的正常申请。

这种"保录取"有无害的一面，又有迷惑的一面，所以每次说起这个话题心情都很复杂。

无害的一面是技术保录取不改成绩单、不搞假材料，不损害学生长期发展；迷惑的一面是因为技术保录取其实就是正常申请、完全没变，只是涨了个价、签了个上不了全退的合同。

之所以说可以做，因为技术保录取是基于学生本身条件，利用行业里的信息差和机构自身的包装、美化能力，帮学生提高录取概率。所以市面上会有两类机构提供技术保录取，一种是有自信、有实力、非常懂申请的机构能做，艺高人胆大；另一种就是水平一般但是博概率，签10个总能成2个。

举个例子，一个5分的学生，他包装后能到7分，在这7分包装的情况下有70%的概率被学校录取，这样机构也有

70%的概率挣到合同约定的费用。所以技术保录取靠的是机构包装的能力和机构对学校录取标准的了解。机构能够把学生美化到目标学校录取的水平，挣的是提升录取概率的钱，全凭手艺吃饭，所以这件事是可以做的，学生和家长是自愿找他提升录取概率的。

可如果学生本身连5分的能力都没有，再好的机构，再强的包装，也可能陷入"巧妇难为无米之炊"的尴尬。

所以，从商业意义上来讲，整个中介行业其实都是"技术保录取"，因为现在大部分合同都是提供咨询服务，如果没有录取到指定范围的学校，全额或者大部分退款。

所以现在出现第二种博概率的技术保录取：就是服务没有任何变化、纯靠包装技术，但是给自己套上一个保录取的名义，价格立刻从15万翻到50万，收10个50万，总有一个能录取的，搏概率的钱。

总结一下，技术保录取其实就是博概率的常规申请，不造假所以对学生无害，只不过钱口袋付出大一些，大家量力而行。

第三种，大部分人想多了的资源保录取。

为什么说大部分人想多了，因为资源保录取确实存在，但普通人根本接触不到。

通常我们叫做"内推"，这是在学校的文化和招生制度之下，存在并且可以在学校决策层内部拉出来单独讨论的事情。

比如，国内某大佬给常青藤捐了5,000万美元、或者给学校做了非常大的贡献，那么他有可能得到一个校董的称谓，每年可以向学校举荐3-5名申请人。这才是内推，这个推荐渠道在学校招生体系内部是可以公开拿出来说和讨论的。

所以辨别内推真假很简单，这个推荐是否可以在学校体系内部公开讨论。如果可以，就是真内推，完全合理合法；如果不可以，就是假内推。

但这样的，哪怕是存在，一般人根本接触不到。有推荐资格的校董也许会有推荐额度，他会优先留给他关系极好、或者跟他事业有关联有帮助的人，付费都是最后一步的事情了。

当然，通过捐助拿到美国大学优先录取资格的门槛是比较高的，相比较中学就便宜很多。比如就有家长选择以较小的金额捐助美国前10高中Deerfield拿到资格，把自己的四个孩子陆续送进了这所高中。同时因为获取了推荐资格，家长也可以每年向一些计划进入Deerfield的家庭收取一定费用"保录取"。这样既降低了捐助的资金压力自己可以承受、又能在1-2年内通过"保录取"收回自己成本、还把自己的孩子也都录取送入了著名高中，相当于"众筹保录取"，不得不说这是有一定资金但又不是很雄厚的条件下非常讨巧的办法。唯一的挑战是哪怕从知名高中进入藤校也还是要费一番功夫，而且本科录取跟高中录取毕竟难度不是一个量级，这种通过理解高中招生去推测本科招生的逻辑还是不够的、有时候甚至会出错。而且这个事本身已经很讨巧了，高中也是睁一只眼闭一只眼，但如果公开高调推广，最后可能本身、高中和参与的家长脸上都没有光彩。这也是这种方式并没有进入大众视野的原因。

所以凡是跟你说有内推的机构，多数还是假内推，事实上是造假保录取，或者技术保录取标高价来割韭菜。

最后，做个总结：

资源保录取，即内推，真实存在，但普通人基本接触不到、也不是一般的代价。

技术保录取，拼实力，有操作空间，但也做不到保证录取。

造假保录取，纯埋雷，碰都不要碰，凡是不懂，必挨一刀；上了赌桌，没有必赢。

大多数普通家庭，最适合的其实还是常规申请。

7. 日趋常态的英美联申

十几年前我刚做留学的时候，考虑去美国和英国的学生基本是两拨人。因为两套教育体系相差较大，英国源于纽曼模式，美国是克尔模式，并不能轻易互相替换。

但最近几年，情况发生了变化。美国申请本身越来越卷，疫情、国际关系叠加安全顾虑，再加上学校排名高、学制短、学费相对较低，很多家庭会考虑英美双申，看拿录取的情况再说。

所以出于很多美国申请人同时也会考虑英国本科的原因，这里也很简化地说一下英国的本科录取。

英国本科录取关键词：学术学科

英国本科录取的关键词就四个字：学术学科。18 岁申请，16 岁就要定专业方向，整个高中阶段的选课和学习，都要围绕学术学科来展开。甚至英国本土著名的九大公学里，入学考试就已经基本 A-Level 水平和科目了。

这源于英国大学的两个特殊之处。第一：相对于国内高考和美国本科申请的"申学校"，英国本科申请的是具体的学校、院系。每个院系对于学生在高二、高三两年的大学先修课，都有非常具体的要求。高中时候没有修，就没办法申请。甚至还有的院系直接有不建议的选修课，比如像 UCL 的应用医学，明确要求必须修生物、化学、经济。第二：上了大学之后，不能轻易改专业。

这就倒逼学生在高中阶段对本科专业有一定的规划。拿出优异的高中成绩单、学术成果，并且展现脉络清晰、完整进阶的学术履历。

典型的英国本科申请人，会在 GCSE 阶段尝试十几个学科，充分体验不同的学科差异，从中找到自己的兴趣。然后在高一的暑假，确定大概的未来方向，找到两年后要申请的本科专业。再根据本科专业要求倒推，确定高二、高三两年的选课。

所以英国本科申请中，几乎不会出现美国路线中高中学了两年天文物理、申请时候突然去报人文学科专业的情况。16 岁的时候，把专业定下来，然后沿着这个专业继续往下走。完成对应的课程、学术探索、并拿到一定的结果。

第七章 | 如何培养孩子，以及制定留学规划

2024 年 2 月，我与剑桥大学负责亚洲地区招生的前招生官、面试官 David Cardwell 教授有过一次深入探讨，他总结了剑桥招生的 6 个重点要素：学术要求、学术兴趣、学术信心和能力、学术研究思维、学术热情。甚至直接提出了一些美国学校要求、但英国学校根本不看的东西，比如特殊背景、特定中学的类型、无关的课外活动。

图 7-2 源于 2024 年 1 月 6 日剑桥大学副校长 David Cardwell 的演讲《剑桥选才标准、流程与教育启示》

但在跟中国家长的实际沟通中，我发现很多家长把"学术"跟"学习"混淆。把"学术成果"跟"竞赛成绩"混淆。其实并不一样。刷分是学习，A-Level 考试考了电磁力，把题目答对，拿到高分，这叫学习。但在分数之外，学生主动研究

电磁力是怎么产生的、物理学上电磁力和强力、弱力、甚至引力如何统一表达,这叫学术。没有分数,但是自己愿意钻研。这些学术上的探索和研究,会直接体现在英国本科大学,尤其是牛津剑桥等 G4 名校的笔面试过程中。

举个例子,牛津历史专业的笔试,可能直接给你一篇一手史料,要求在 1 小时内撰写一篇分析文章,看看你的阅读能力、深层理解、思辨分析的能力,有点像直接做专业附加题。这个就不是简单的"学习"可以学出来的,需要学生确实做一些课本外的自主阅读和思考,这就是学术的雏形。

英国本科申请的 12345

我用一张图总结英国本科申请的核心内容:

```
05 五道关卡    仰望星空:选课规划、个人陈述、
               推荐信、笔试、面试
04 四项提升    脚踏实地:竞赛、论文、科研、
               夏校
03 三类学科    定方向:理工、人文社科、艺术
02 两个补充    定目标:语言标化 + 学校活动
01 一个基础    选路径:9—11 年级课内成绩
```

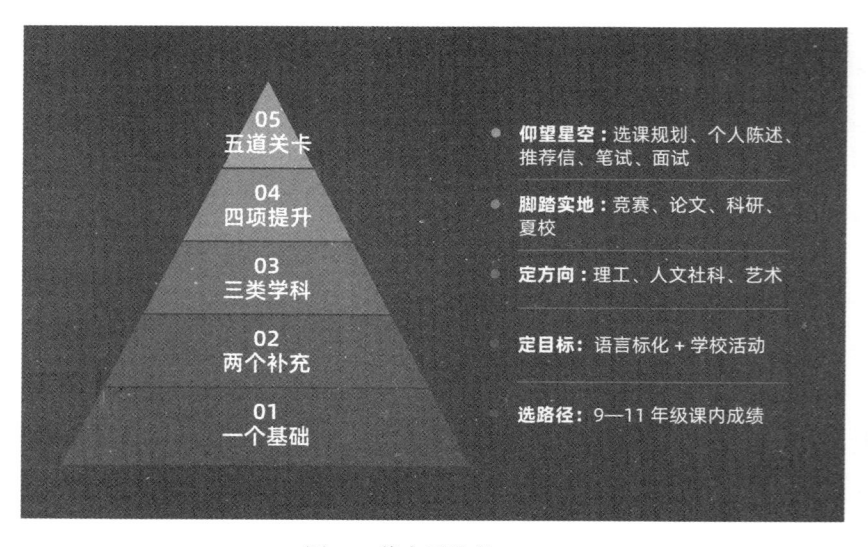

图 7-3 英本录取的 12345

(1)一个基础。选路径,9-11 年级课内成绩,不论学科体系。

（2）两个补充。定目标：语言标化＋学校活动，不过英国本科核心是学术类活动，美国本科那些非学术类的活动在英国申请里作用不大。

（3）三类学科。定方向：理工、人文社科、艺术，这个主要是会决定高二、高三阶段的选课，确保满足大学录取的前置要求，有点类似普高的文理分科。从这一点上，可以再次看到英国的录取体系其实相比美国更接近国内高考，这也是很多学生和家长觉得英国本科比较好理解的原因。

（4）四项能力。脚踏实地，在自己的未来学科方向上，安排一些竞赛、论文、科研、夏校，我把这叫四件套。不过这么一说，虽然比较好理解好记忆，但又有点太形式化了。背后还是学科兴趣和学术研究潜力，这个大家去参照前面美国本科的章节。

（5）五道关卡。仰望星空，在高三年份通过 UCAS 系统进行申请，涉及到选课规划、个人陈述、推荐信、笔试、面试，跟美国本科不同，这些东西都是学术向的。

按着这个思路，梳理了 9—12 年级需要做的事情：

九年级应该做什么

（1）考入合适的高中［国际学校、国际班、普通高中（10年级）均满足要求］

（2）探索专业大方向

（3）入门级竞赛、科研、导读

(4)准备语言考试

(5)确定课程体系和选课

十年级应该做什么

(1)了解目标院校及专业

(2)先修国际课程

(3)继续考出语言/标化成绩

(4)参加中级别竞赛/科研/夏校

(5)适当参加学科相关的实践活动

十一年级应该做什么

(1)敲定目标学校及专业,选对课程、提前准备目标学校专业的特定考试

(2)确保考出大考成绩及预估分

(3)参加高级别竞赛/科研/论文比赛

(4)准备文书和 UCAS 申请

(5)提前学习笔试及面试知识

十二年级应该做什么

(1)UCAS 系统及时提交所有申请材料

(2)冲刺学科笔试及面试

(3)预录取后确保课程达到条件,转无条件录取

(4)A-Level 和 IBDP 最终出分

(5) 签证及行前准备

大家在这个准备工作中可以看到,如果计划英美双申,英国本科的绝大多数准备都是可以和美国本科的学术类准备共用的。但有两点要注意:

(1) 如果本身就是 A-Level 或者 IBDP 体系,那么申请英国本科天然顺利

(2) 如果本身是美本为主的 AP 路线,这会儿在用 AP 满足英国本科的课程前置要求时会面临一定程度的折损,导致一般要申请 G5 本科会需要 6-8 门 AP,这个主要是因为 AP 分科较细造成的 。比如,AP 课程里分为宏观和微观,但是 A-Level 里只有经济,这就需要修 2 门 AP 才能达到学校的预修要求。

(3) 英美联申不要平均用力,确保有一个主线,否则容易鸡飞蛋打。

英国本科申请有美本化的苗头

值得注意的是,最近英国的录取也有一些变化:

第一:成绩倒查 4 年。前些年,帝国理工以下的学校,基本上看到 A-Level、IB 成绩就可以下录取。近两年竞争激烈,越来越多的学校开始像美国一样,从初三高一的成绩开始看。英国前 9 的学校开始陆续要求 IGCSE 的成绩。希望录取的是一直持续努力并且获得了好成绩的孩子。而不是后期突然爆发的黑马选手。

第二：背景信息增加。2024 年 UCAS 系统更新，要求申请人填写教育信息、英语技能、国际签证、居住地等细节信息。熟悉美国本科申请的人一下子就能感觉到美国本科录取"背景对抗"的味道。而且，2024 年预计实施的文书大改革，取消了原有的 4000 字个人陈述，改成了 6 篇小作文，一定程度上，要求学生讲述"在什么条件下获得了怎样的成果"。当然，目前英国本科申请整体定位还在"学术学科"领域内，与美国大学更看重社会活动、社会责任的思路并不完全一致。

第三：录取越来越卷。最近几年英国申请的要求越来越高。2024 年牛津全专业雅思成绩要求从 7 提到 7.5。剑桥对 IB 的要求也提升，所有专业从原本的 40-42 变更为现在的 41-42，足见竞争激烈。虽然剑桥官方口径是 3-4 门 A-Level 两门 A* 已经足够，但是从北京上海的录取结果看，相当多成功录取牛津剑桥的学生 A-Level 达到了 5-6 门，甚至全部是 A*。

总体看来，在英本的这个录取趋势下，对学生的要求也在提升。核心原因其实还是竞争变得激烈、学校有余地设置更多的条件来筛选学生。建议学生这样准备：

第一：九年级开始提早准备和规划，选对课程结构。如果是 AP 课程报美国方向，还需要提前考虑换算时候的折损，选对课程、选够数量。

第二：十年级开始有意识积累学术的履历和反思。学术项研究或竞赛，这一点和美本可以共用，是英本成绩外的主力参考因素。一定要注意朝着未来学校和专业积累自己学术路径的塑造。并且注意特定专业要求的考试。

第三：多提升语言水平，不能光靠顾问，光靠培训班，到了这么多学生，其实大量的英语阅读和自主写作才是王道。

第四：丰富活动经历。非学术类的课外活动与英本无关。需要注意学术类课外活动的积累，并且体现自己关于职业生涯学术的学习准备和思考。

英国本科申请的其他途径

第一种，高考生直接申请英国大学本科。牛津系不接受高考成绩；剑桥系接受高考成绩。举个剑桥系学校的例子，剑桥的成绩要求为本省前 0.1% 高考成绩 + 雅思 7–7.5 分；伯明翰、格拉斯哥目前的成绩要求为高考不低于本省满分的 80%+ 雅思 6.5~7 分；可以用高考成绩抵消 A-Level、IB 等成绩；语言成绩是不可以抵消的，依然要单独提交。

但大家注意，这条路很少有人走，因为虽然表面上可以用语言成绩 + 高考成绩替代国际课程成绩，这只是替代了硬性要求，不能替代学校在学术方面的其他要求，比如类似 BMAT、STEP 这类的指定考试。

所以使用高考成绩直接申请是可以，但一般会间隔一年（GAP），几乎相当于重新准备，这一点需要学生和家长慎重考虑。

第二种，普高生通过 AST 考试，申请普通大学本科。AST 全称 Aptitude Scholastic Test，是中国首个国际标准化大学入学考试，也被喻为"国际高考"。AST 考试是世界名校中国英才遴选工程（China Excellence Identification Scheme - CEIS）用于选拔成绩优秀的中国学生参加剑桥大学等世界顶尖大学面试和录取的重要工具。一般建议在高二时候考出 AST 的成绩，高三正常申请。

直接遴选（模式 A）流程及时间轴

剑桥大学（提前申请）	其他成员校（正常申请）
每年7月前报考AST考试	每年7月前报考AST考试
*考前准备	*考前准备
当年8月中下旬参加AST考试	可选择当年8月中下旬参加AST考试*
考试结束15个工作日后查分，并查阅剑桥大学官网，了解申请要求与专业信息	考试结束15个工作日后查分，并查阅目标院校官网，了解申请要求与专业信息
当年10月15日前完成所有申请资料准备并完成剑桥大学申请	
	每年11月前报考AST考试
	*考前准备
当年11月至12月参加剑桥大学面试	
	也可选择当年12月中下旬参加AST考试
	考试结束15个工作日后查分，并于查分后完成送分表填写
	次年1月前完成所有申请资料准备并完成申请
次年1月至3月收到录取通知	次年1月至3月收到录取通知
次年5月至6月从收到的录取通知书中选取最终入读的大学	次年5月至6月从收到的录取通知书中选取最终入读的大学
次年8月至10月完成签证及其他材料准备	次年8月至10月完成签证及其他材料准备
次年9月至10月入学	次年9月至10月入学

*注：申请剑桥大学之外的大学的学生，可以选考每年12月的AST考试，也可同时参加8月和12月的考试以选取最好的成绩。具体申请流程或因所选大学政策有所不同。

*注：考生可通过AST考试中心的官方授权备考中心参加线上、下的备考准备，具体备考信息及内容以各备考中心为准。

图 7-4 源自 CEIS 官网

走这条路，AST 的成绩要求不会像高考成绩要求那么极端。这也是英国的大学越来越了解中国学生、中国高考之后做的一种改进。

目前，用 AST 考试可以入读 40+ 学校，其中的英系学校主要有：

剑桥大学

爱丁堡大学

伦敦政治经济学院

布里斯托大学

华威大学

格拉斯哥大学

杜伦大学

诺丁汉大学

谢菲尔德大学

纽卡斯尔大学

卡迪夫大学

雷丁大学

利物浦大学

拉夫堡大学

目前新加坡的南洋理工也加入了 AST 的认可队伍。

第三种：英国预科录取。预科适合动手比较晚、要求又不高的普通学生。如果目标是英国的王曼爱华及一下学校，看了一考虑预科。一些集团预科不看高考成绩，高考会考完，拿平时成绩和高中毕业证就可以。节省一年时间，大约能去到 QS

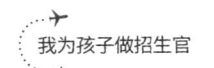

排名前 100 的学校。可以算作普娃逆袭的备选道路之一。

预科适合愿意努力学生，近些年英国预科的本校升学率逐年降低，建议了解清楚之后再做决定。

但预科也存在不少问题，比如：

（1）部分学校可以接受高二通过会考就可以开始预科，但也有部分学校必须要求念完三年高中才可以开始，而且要高三申请，比如 UCL 和 KCL 的预科。

（2）预科存在升学概率问题，大家在看升学数据或者听宣传的时候一定要非常仔细地看清数据口径，避免盲目乐观和误判。比如 UCL 官网公布的预科升大一比例可以到 90% 左右，但这里边真的升入 UCL 本校的大约一半，省下的"滑档"去了其他学校，但是"滑档"也统计在 90% 以内。即便是进入了 UCL 本校，也存在冷门专业问题。说到底，预科不是万能药，只是又给了一次机会，但能不能如愿，还是要学生自身努力。

（3）预科的入口比较多，比如常见的曼彻斯特大学，有学校自己办的预科，也有教育集团 INTO 办的预科，也有另一个集团 NCUK 主办的预科，彼此间存在升学难度、专业的差异，一定要仔细甄别，让中介介绍清楚。

第四种：普通高中 +A-Level 和英语培训班。这个其实跟前面说过的普通高中申请美国本科原理一致，类似的还有 OSSD 等小众国际课程体系。

英国的 UCAS 系统，有一类注册方式叫做 "individual"，英国大学完全接受个人申请者的申请,而且鼓励多样化的学习方式,哪怕你在家完全通过自学完成了 A-Level 考试,都可以正常申请。

根据学生的年级和基础不同,所需要的学习方案和规划差别很大。完成初中课程的同学,可能需要 2—2.5 年完成整个 A-Level 的学习及申请。而完成高二课程学习的同学,通常需要 1.5—2 年时间。也有基础好的同学,不到 1 年就能考出 3—4 门 A—A* 的成绩,但这个难度是比较高的,不能期待人人可行。

同样,脱产学习 A-Level 的同学需要注意选课问题。想学医学专业就必选化学,想学英语则必选英语文学或语言学,而想学理工类专业一般必修数学乃至进阶数学。

需要注意一点,如果目标是牛津大学,还需要考虑 A-Level 之前两年 IGCSE 成绩。UCL、LSE 等其他前 9 学校的热门专业同样有这个考虑。这就需要普高的学生尽量早规划,把该准备的成绩准备出来。

后 记

最后的反思：优等生和后进生究竟差在哪儿

做教育行业这么多年，我每年都会见到各种各样的孩子，也一直在思考：优等生和后进生的差别究竟在哪儿？在我看来最核心的就是三个方面的差距：责任、坚持和好奇心。

真正优秀的孩子是有着很强的责任感与使命感的，他会有很清晰的目的，而且会有一种特别强烈的内驱力，一种天生就是为某某而来的那种使命感。我们都知道周恩来总理的名言：为中华之崛起而读书。在我看来，这类孩子就是有这种责任感的，他会为自己设置一个非常明确的目标，不达目的誓不罢休。这样的孩子是可以有一个很长的反馈周期的，他可以为一个目标努力三年、五年甚至十年，其中不需要太多的短反馈，也可以把自己的状态调节好，始终让自己处于全力冲刺的状态，这就是做学霸第一重要的责任感。

除了责任感就是持之以恒的韧性了。《朱子语类》中说："为学须先立志。志既立，则学问可次第着力。立志不定，终不济事。"意思就是学本领之前要立下远大的志向，设定好学习的目标，做好为学习吃苦耐劳的准备。常立志不如立长志，这个道理是尽人皆知的。其实不管做什么都是这个原理。有的学生一考试就傻眼，然后痛定思痛，决定要改头换面，奋发图强。可是还没努力两天就觉得生无可恋，生不如死，这个时候必须要打几局游戏、跟同学逛个街或去郊游来放松一下，这样的例子不胜枚举。那些凿壁偷光、头悬梁锥刺股的有着坚定目标并坚持不懈的孩子，跟三天打鱼两天晒网、每次考试就制订计划然后执行一周就更改计划的孩子，其最终的成就肯定也是天差地别的。

有了责任感和坚持，学生成才才是个确定性事件，或者换作家长的角度，这个孩子以后肯定能安身立命、承担起父母给予的一切甚至发扬光大。

如果在此之上，还希望孩子能在社会上卓有成就，就需要另外一个东西：好奇心。

好奇心是带着开创性质的，是创新的原点。大家回顾一下整本书，其实是美国大学招生在想尽办法发现的事情，也是这几年来我们国家教育体系从"双减"到"科教兴国"一系列举措所追求的事情。点到为止，因为这是另一个大话题了，从小到大的子女培养值得另写一本书。

所幸的是，现在有了短视频媒体，留学方面的新鲜事和分析我都发布在"亮哥留学"（抖音）、"亮哥留学周五晚七点见"（视频号）、"亮哥国际升学规划"（抖音、视频号）上，从小到大的子女培养的泛教育心得我都发布在"哈佛亮爸"（抖音）、"哈佛亮爸教育规划"（视频号）上，便于区分。一下方便了很多，想必下一本有关子女培养的书是不需要10年了。

成长这件事，贵在坚持，来自家长的持续鼓励是对孩子最好的陪伴。在陪伴的过程中，祝福家长和孩子一起顺利找到属于自己的留学规划之路。

跋

在翻阅何亮老师的新著《我为孩子做招生官》的刹那，仅仅是目录的几页，便激起了我内心深处的共鸣——仿佛是对往昔我在孩子大学申请旅程中的自我审视。何老师描绘的家长认知误区，不禁让我思绪万千，这不就是我自己的影子吗？

我的盲目自信源于自己过往的成功：1993年保送北大计算机系，俞敏洪老师的门下高徒，托福GRE高分的获得者，甚至斯坦福大学计算机系的博士录取通知书也曾在手，尽管奖学金的缺失让我选择了另一院校。我以为，凭借我丰富的经历和人脉资源，孩子的成长道路定能平坦。然而，现实啪啪打脸。由于自己深陷事业而忽视了对老大全面、深入的规划、思考和陪伴，导致孩子成长之路跌跌撞撞。幸好我在孩子高二那年觉醒过来，重建了亲子关系，投入很多时间陪伴孩子纠偏，支持他通过自己的努力考入一所英国G5大学。

一口气读完书里详细阐述招生官的种种真实视角、牛校的招人底层逻辑和铁律，以及如何选择合适的专业机构和留学顾问的章节，真的是感慨万千："我当年要是早早读过这本书该多好！家里的二哥和小弟弟真幸运，爸妈吃透这本书，申请美国名校的重点抓手和长期规划一下子清晰太多了！"

如果何老师写完本书留学机构这章就收尾，也已经是一本高价值的申美家庭宝典了。显然身为爸爸和教育工作者的责任感驱使亮爸又输出了两个超级重要的章节：国际学校择校和孩子的长期培养。我猜何老师内心深处可能是为自己孩子写这本书的，字里行间都透着"老爸"的理性、睿智和一种淡若柔丝、暖如旭日般的父爱。

"以终为始，把孩子当人；掌握科学原理，发现孩子的兴趣，培养孩子的优势"，这些是当代睿智成长型父母从本书中可以学到的"黄金法则"。

掩卷深思了很久，我必须向何老师致敬。这本书是我这十几年读过的大量有关"留学"话题书里最好的一本，不仅打破了大量不为人知的信息差和迷思、给出了大量翔实参考的案例，还贯穿了作者从个人申请成为哈佛学生，到哈佛招生委员，再到资深教育工作者并成为孩子的爸爸这一路积累的价值观和底层思考，对于那些渴望为孩子寻找一条通往成功、理想和独立追求幸福人生的道路的家长们，这本书是不可多得的宝典。

最后，我也强烈推荐留学行业的老师和顾问们都详细研读本书，一起推动全行业积极进步，给广大家庭提供更有价值的信息和服务。

吴颖（犟爸）
励步英语创始人
北大、哈佛校友